BIBLICA ET ORIENTALIA - N. 33

JOŽE KRAŠOVEC

DER MERISMUS

IM BIBLISCH-HEBRÄISCHEN UND NORDWESTSEMITISCHEN

ROME
BIBLICAL INSTITUTE PRESS
1977

BIBLICA ET ORIENTALIA

SACRA SCRIPTURA ANTIQUITATIBUS ORIENTALIBUS ILLUSTRATA

1. — W. PAULUS, Marduk Urtyp Christi ? (in-4°). 1928. 66 p., II tab.
2. — E. BURROWS, Tilmun, Baḫrain, Paradise (in-4°). 1928. 34 p.
3. — G. MESSINA, I Magi a Betlemme e una predizione di Zoroastro. 1933. 104 p. Divenditus; out of print.
4. — Fr. BLOME, Die Opfermaterie in Babylonien und Israel. I. Teil. 1934. xx-469 p.
5. — A. DEIMEL, *Enuma Eliš* und Hexaëmeron. 1934. 92 p. Divenditus; out of print.
6. — A. DEIMEL, Die altbabylonische Königsliste und ihre Bedeutung für die Chronologie. 1935. 66 p. Divenditus; out of print.
7. — G. MESSINA, Inizi di lirica ascetica e mistica persiana. 1938. 53 p.
8. — I. DI MATTEO, La divinità di Cristo e la dottrina della Trinità in Maometto e nei polemisti musulmani. 1938. 86 p.
9. — G. MESSINA, Libro apocalittico persiano: Ayātkār-i Žāmāspīk. 1939. 156 p.
10. — G. MESSINA, Notizia su un diatessaron persiano tradotto dal siriaco. 1943. 128 p., II tab.
11. — T. O'SHAUGHNESSY, The Koranic Concept of the Word of God. 1948. 72 p.
12. — E. S. DROWER, Šarḥ ḏ Qabin ḏ Šišlam Rba. 1950. 112 p.
13. — S. LYONNET, Les origines de la version arménienne de la Bible et le Diatessaron. 1950. 302 p.
14. — G. MESSINA, Diatessaron persiano. I. Introduzione. II. Testo e traduzione. 1951. CXIV-390 p.
15. — S. MOSCATI, L'Epigrafia ebraica antica 1935-1950. 1951. XIX-123 p., XXXIV tab.
16. — D. HILLERS, Treaty-Curses and the Old Testament Prophets. 1964 XIX-101 p. Divenditus; out of print.
17. — M. DAHOOD, Ugaritic-Hebrew Philology. Marginal Notes on Recent Publications. 1965. VIII-89 p. Photomech Reprint 1976

18A. — J. FITZMYER, The Genesis Apocryphon of Qumran Cave I. A Commentary. Second, Revised Edition. 1971. XVI-260 p.

19. — J. FITZMYER, The Aramaic Inscriptions of Sefîre. 1967. XIII-207 p., XVIII tab.
20. — H. J. VAN DIJK, Ezekiel's Prophecy on Tyre (Ez 26,1 - 28,19): A New Approach. 1968. XII-149 p.

BIBLICA ET ORIENTALIA

(SACRA SCRIPTURA ANTIQUITATIBUS ORIENTALIBUS ILLUSTRATA)

33

ROMAE
E PONTIFICIO INSTITUTO BIBLICO
1977

JOŽE KRAŠOVEC
Ljubljana - Maribor

DER MERISMUS

IM BIBLISCH-HEBRÄISCHEN UND NORDWESTSEMITISCHEN

ROME
BIBLICAL INSTITUTE PRESS
1977

PRINTED IN ITALY

TYPIS PONTIFICIAE UNIVERSITATIS GREGORIANAE — ROMAE

Vorwort

Die vorliegende Studie wurde unter der Leitung von Prof. M. Dahood als Dissertation zur Erlangung der Doktorwürde am Päpstlichen Bibelinstitut in Rom geschrieben (verteidigt am 17. März 1976). Ihren Anstoss verdankt sie den vornehmlich der literarischen Stilistik verpflichteten Vorlesungen von Prof. L. Alonso Schökel über die Psalmen. Von ihm erhielt ich auch die Anregung zu nordwestsemitischen Studien, die mir unter der fachkundigen Anleitung von Prof. M. Dahood als notwendige Voraussetzung und Grundlage dieser Dissertation dienten. An dieser Stelle möchte ich daher beiden Professoren für ihre Hilfe herzlich danken. Dass Prof. M. Dahood mein besonderer Dank gebührt, versteht sich von selbst. Er hat bereitwillig die Leitung der These übernommen und ihr Entstehen von Anfang an mit Interesse verfolgt. Er wies mich auf manche Beispiele hin und war für mich gerade bezüglich der linguistischen Methode wegweisend.

In der Reihe derer, die in diesem Dankeswort nicht fehlen dürfen, steht auch Prof. L. Sabourin, der seinerzeit meine Lizenziatsarbeit (siehe: « Die polare Ausdrucksweise im Psalm 139 », BZ 18 (1974) 224-248) betreut hat. Im Zusammenhang mit dieser Arbeit ergab sich nämlich eine erste Idee zur vorliegenden Dissertation. Mein Dank gilt auch den übrigen Professoren des Bibelinstituts sowie den Professoren der *Ecole Biblique* zu Jerusalem, wo ich ein Studiumsjahr (1973/74) verbracht habe. Zu danken habe ich ferner meinen ersten Professoren der Bibelwissenschaft, J. Aleksič und S. Cajnkar von der theologischen Fakultät in Ljubljana; vor allem aber meinem Bischof-Ordinarius M. Držečnik, der mich für das Studium freigestellt hat, und der Deutschen Bischofskonferenz, welche die gastlichen Jahre im *Collegio Teutonico* (Rom-Vatikanstadt) ermöglichte. In diesem Kolleg habe ich viele gute Freunde gefunden, die für meine Arbeit anregend waren.

J o ž e   K r a š o v e c

Maribor, Ostern 1976

Inhaltsverzeichnis

Vorwort V

Siglen- und Abkürzungsverzeichnis IX

Literaturverzeichnis XI

Einleitung

1. Die rhetorisch-stilistische Figur des Merismus und seine Beziehung zur Antithese 1
2. Methodologische Prinzipien 4
3. Möglichkeiten und Grenzen der Arbeit 7
4. Parallelismus und masoretischer Text 9

I. Teil: Synthetisch-analytische Behandlung nach wichtigeren Kategorien 11

Erstes Kapitel: Der kosmisch-geographische Aspekt 11

1. Die Folge « Erde » - « Himmel » 11
2. Die Folge « Himmel » - « Erde » 16
3. « Himmel » - « Unterwelt » 25
4. Vertikale und horizontale Dimensionen 33
5. Einige Beispiele der geographischen Gliederung zur Bezeichnung der Himmelsrichtungen 40
   a. Ugaritische und KAI-Belege 40
   b. Belege aus dem Biblisch-Hebräischen 43
      aa. Ps 65,6a-9 43
      bb. Ps 89,12-13 44

ZWEITES KAPITEL: DIE GLIEDERUNG DER LEBEWESEN 47

1. « Gott » (« Götter ») - « Mensch » 47
2. « Fürst » (« König ») - « gewöhnlicher Mensch » 53
3. *ʾlmnh* - *ytwm* und verwandte Begriffe 58
4. « Mensch » - « Tier »; « Grossvieh » - « Kleinvieh » . . . 65

II. TEIL: MERISTISCHE WORTPAARE UND WORTGRUPPEN IN ALPHABETISCHER ORDNUNG MIT STELLENANGABEN 73

SCHLUSSERWÄGUNGEN 159

REGISTER 165

Siglen- und Abkürzungsverzeichnis

Die hier aufgeführten Werke sind im Literaturvezeichnis nicht eigens genannt.

AB . . . . The Anchor Bible (Garden City, N.Y.).
ANET³ . . . . J. B. Pritchard, *Ancient Near Eastern Texts Relating to the Old Testament* (Princeton, New Jersey ³1969).
Ar Or . . . . . Archiv Orientální (Praha).
ATD . . . . . . Das Alte Testament Deutsch (Göttingen).
BASOR . . . . Bulletin of the American Schools of Oriental Research (New Haven).
BHK³ . . . . . *Biblia Hebraica,* hg. von R. Kittel (Stuttgart ³1937).
BHS . . . . . . *Biblia Hebraica Stuttgartensia,* hg. von K. Elliger und W. Rudolph (Stuttgart 1968-).
Bib . . . . . . Biblica (Roma).
BK . . . . Biblischer Kommentar. Altes Testament (Neukirchen-Vluyn).
BV . . . . Bogoslovni Vestnik (Ljubljana).
BZ . . . . Biblische Zeitschrift (Paderborn).
BZAW . . . . . Beihefte zur ZAW (Berlin).
CBQ . . . . . . Catholic Biblical Quarterly (Washington, D.C.).
CTA . . . . . . A. Herdner, *Corpus des tablettes en cunéiformes alphabetiques découvertes à Ras Shamra-Ougarit de 1929 à 1939* (Paris 1963).
DISO . . . . . *Dictionnaire des inscriptions sémitiques de l'ouest,* hg. von C. F. Jean und J. Hoftijzer (Leiden 1965).
EA . . . . *Die El-Amarna Tafeln,* hg. von J. Knudtzon (Leipzig 1915).
ETL . . . . . . Ephemerides Theologicae Lovanienses (Louvain).
GB . . . . W. Gesenius - F. Buhl, *Hebräisches und Aramäisches Handwörterbuch über das Alte Testament* (Berlin-Göttingen-Heidelberg ¹⁷1962).
GHB . . . . . . P. Joüon, *Grammaire de l'Hébreu Biblique* (Rome ³1965).
GK . . . . . . W. Gesenius - E. Kautzsch, *Hebräische Grammatik* (Hildesheim ²⁸1962).
HbAT . . . . . Handbuch zum Alten Testament (Tübingen).
HkAT . . . . . Handkommentar zum Alten Testament (Göttingen).
HUCA . . . . . Hebrew Union College Annual (Cincinnati).
ICC . . . . . . International Critical Commentary (Edinburgh).
JAOS . . . . . Journal of the American Oriental Society (New Haven).
JBL . . . . . . Journal of Biblical Literature (Philadelphia).
JCS . . . . . . Journal of Cuneiform Studies (New York).

JNES ..... Journal of Near Eastern Studies (Chicago).
KAI ...... H. Donner - W. Rölling, *Kanaanäische und aramäische Inschriften* I-III (Wiesbaden 1962-1964).
KAT ...... Kommentar zum Alten Testament (Gütersloh).
KBL² ..... L. Koehler - W. Baumgartner, *Lexicon in Veteris Testamenti Libros* (Leiden ²1958).
MT ...... Masoretischer Text.
NEB ...... *The New English Bible* (Oxford-Cambridge 1970).
OTS ...... Oudtestamentische Studiën (Leiden).
PRU ...... *Le palais royal d'Ugarit* (Paris 1955-)
RA .... Revue d'assyriologie et d'archéologie orientale (Paris).
RB .... Revue Biblique (Jérusalem - Paris).
RSP I ..... *Ras Shamra Parallels. The Texts from Ugarit and the Hebrew Bible* I, hg. von L. R. Fisher, Analecta Orientalia 49 (Roma 1972).
RSV ...... *Revised Standard Version* (1946, 1952).
TO I ..... *Textes Ougaritiques I: Mythes et Légendes. Introduction, Traduction, Commentaire,* hg. von A. Caquot, M. Sznycer, A. Herdner, Litteratures anciennes du Proche-Orient (Paris 1974).
TRu ...... Theologische Rundschau (Tübingen).
TZ .... Theologische Zeitschrift (Basel).
UF .... Ugarit-Forschungen (Neukirchen - Vluyn).
UT .... C. H. Gordon, *Ugaritic Textbook,* Analecta Orientalia 38 (Rome 1965).
VD .... Verbum Domini (Roma).
VT .... Vetus Testamentum (Leiden).
WO ...... Die Welt des Orients (Wuppertal).
WuS ...... J. Aistleitner, *Wörterbuch der ugaritischen Sprache,* hg. von O. Eissfeldt (Berlin ²1965).
ZAW ..... Zeitschrift für die Alttestamentliche Wissenschaft (Berlin).
ZLH ...... F. Zorell, *Lexicon Hebraicum* (Roma 1965).

Die biblischen Abkürzungen sind aus den Loccumer Richtlinien entnommen. Die Reihenfolge entspricht der BHK:

Gen - Ex - Lev - Num - Dtn - Jos - Ri - 1/2 Sam - 1/2 Kön - Jes - Jer - Ez - Hos - Joel - Am - Obd - Jon - Mich - Nah - Hab - Zef - Hag - Sach - Mal - Ps - Ijob - Spr - Rut - Hld - Koh - Klgl - Est - Dan - Esr - Neh - 1/2 Chr - Sir.

Zur Bezeichnung des Verhältnisses der Termini, bzw. der Paare zueinander stehen folgende Zeichen:

\+ für Nebeneinanderstellung;
// für strikten Parallelismus (Poesie) oder für Zusammenordnung nicht nebeneinandergestellter Gegensatzbegriffe (Prosa);
... für Zusammenordnung in einer entfernteren Ebene;
/ für Trennung zwischen verschiedenen Wortpaaren, bzw. Wortgruppen.

Literaturverzeichnis

Die im Literaturverzeichnis aufgeführten Studien werden in den Anmerkungen gewöhnlich verkürzt zitiert.

Abel, F.-F., *Géographie de la Palestine*. Tome I: *Géographie physique et historique* (Paris 1933).

Aistleitner, J., *Die mythologischen und kultischen Texte aus Ras Schamra* (Budapest ²1964).

Albright, W. F., « A Catalogue of Early Hebrew Lyric Poems - Ps 68 », HUCA 23 (1950) 1-39.

Alonso Schökel, L., *Das Alte Testament als literarisches Kunstwerk* (Köln 1971).

Barr, J., *The Semantics of Biblical Language* (Oxford 1961).

———, *Comparative Philology and the Text of the Old Testament* (Oxford 1968).

Baumgartner, W., « Ras Shamra und das Alte Testament », TRu 12 (1940) 163-188; 13 (1941) 1-20; 85-102. 157-183.

Blommerde, A. C. M., *Northwest Semitic Grammar and Job,* Biblica et Orientalia 22 (Rome 1969).

Boccaccio, P., « Termini contrari come espressioni della totalità in ebraico », Bib 33 (1952) 173-190.

Böhl, F. M. Th. de Liagre, « Hymnisches und Rhythmisches in den Amarnabriefen aus Kanaan », *Opera Minora* (Groningen-Djakarta 1953) 375-379.

———, *Die Sprache der Amarnabriefe mit besonderer Berücksichtigung der Kanaanismen,* Leipziger Semitische Studien, V. Band, Heft 2 (Leipzig 1909).

Boman, T., *Das hebräische Denken im Vergleich mit dem Griechischen* (Göttingen ³1959).

Briggs, C. A., *A Critical and Exegetical Commentary on the Book of Psalms,* I-II, ICC (1969).

Brockelmann, C., *Grundriss der vergleichenden Grammatik der semitischen Sprachen,* Band I (Berlin 1908), Band II (Berlin 1913).

Brongers, H. A., « Merismus, Synekdoche und Hendiadys in der bibel-hebräischen Sprache », OTS 14 (1965) 100-114.

Bühlman, W. - K. Scherer, *Stilfiguren der Bibel,* Biblische Beiträge 10 (Einsiedeln 1973).

Buttenwieser, M., *The Psalms Chronologically Treated with a New Translation* (Chicago 1938).

Cassuto, U., *The Goddess Anath* (Jerusalem 1971).

Castellino, G. R., *Libro dei Salmi* (Torino-Roma [3]1965).

Collins, T., « The Kilamuwa Inscription — a Phoenician Poem », WO 6 (1971) 183-188.

Cooke, G. A., *A Text-Book of North-Semitic Inscriptions* (Oxford 1903).

Coppens, J., « Les parallèles du Psautier avec les textes de Ras-Shamra-Ougarit », Muséon 59 (1946) 113-142.

Cross, F. M. - D. N. Freedman, « A Royal Song of Thanksgiving: II Samuel 22 = Psalm 18 », JBL 72 (1953) 15-34.

Culley, R. C., *Oral Formulaic Language in the Biblical Psalms* (Toronto 1967).

Curtius, E. R., *Europäische Literatur und lateinisches Mittelalter* (Bern-München [7]1969).

Dahood, M., *Psalms,* I-III, AB 16-17A (Garden City, N.Y. 1965-1970).

———, « Ugaritic-Hebrew Syntax and Style », UF 1 (1969) 15-36.

———, *Proverbs and Northwest Semitic Philology* (Roma 1963).

———, « Ugaritic Studies and the Bible », Gregorianum 43 (1962) 55-79.

———, « The Value of Ugaritic for Textual Criticism », Bib 40 (1959) 160-170.

———, « Ugaritic and the Old Testament », ETL 44 (1968) 35-54.

———, « Canaanite-Phoenician Influence in Qoheleth », Bib 33 (1952) 191-221.

———, « The Phoenician Background of Qoheleth », Bib 47 (1966) 264-282.

Delitzsch, F., *Biblischer Kommentar über die Psalmen* (Leipzig [5]1894).

Driver, G. R., *Canaanite Myths and Legens* (Edinburgh 1956).

Driver, S. R. - G. B. Gray, *A Critical and Exegetical Commentary on the Book of Job,* ICC (1921).

Duhm, B., *Die Psalmen,* Kurzer Hand-Commentar zum Alten Testament (Freiburg-Leipzig-Tübingen 1899).

Eissfeldt, O., *Baal Zaphon, Zeus Kasios und der Durchzug der Israeliten durchs Meer,* Beiträge zur Religionsgeschichte des Altertums I (Halle 1932).

Falkenstein, A. - W. von Soden, *Sumerische und Akkadische Hymnen und Gebete* (Zürich-Stuttgart 1953).

Fitzmyer, J. A., *The Aramaic Inscriptions of Sefîre,* Biblica et Orientalia 19 (Rome 1967).

Friedrich, J. - W. Rölling, *Phönizisch-Punische Grammatik,* Analecta Orientalia 46 (Roma 1970).

Gevirtz, S., *Patterns in the Early Poetry of Israel,* Studies in Ancient Oriental Civilization 32 (Chicago 1963).

Ginsberg, H. L., « Ugaritic Myths, Epics, and Legends », ANET, 129-155.

———, *The Legend of King Keret,* BASOR *Supplement,* Nos. 2-3 (New Haven 1946).

Gordon, C. H., *Ugaritic Literature. A Comprehensive Translation of the Poetic and Prose Texts* (Roma 1949).

Gray, G. B., *The Forms of Hebrew Poetry,* KTAV Publishing House (New York 1972).
Gray, J., *The Legacy of Canaan* (Leiden 1957).
Gunkel, H., *Schöpfung und Chaos* (Göttingen 1895).
———, *Die Psalmen,* HkAT (Göttingen [5]1968).
Gunkel, H. - J. Begrich, *Einleitung in die Psalmen* (Göttingen [2]1966).
Harris, Z. S., *A Grammar of the Phoenician Language,* American Oriental Series 8 (New Haven [5]1971).
Hartmann, B., *Die nominalen Aufreihungen im Alten Testament* (Zürich 1953).
Henrich, E., *Die sogenannte polare Ausdrucksweise im Griechischen* (Progr. Neustadt a. d. H. 1899).
Hofmann, J. B., « Zum Wesen der sogenannten polaren Ausdrucksweise », Glotta 15 (1927) 45-53.
Holman, J., « Analysis of the Text of Ps 139 », BZ 14 (1970) 37-71. 198-227.
Honeyman, A. M., « Merismus in Biblical Hebrew », JBL 71 (1952) 11-18.
Horst, F., *Hiob,* BK XVI/1 (Neukirchen-Vluyn [2]1969).
Jastrow, M., *A Dictionary of the Targumim, the Talmud Babli and Yerushalmi, and the Midrashic Literature* (New York 1950).
Jirku, A., « Kana[c]anäische Psalmenfragmente in der vorisraelitischen Zeit Palästinas und Syriens », JBL 52 (1933) 108-120.
Kaiser, O., *Der Prophet Jesaja. Kapitel 1-12,* ATD 17 (Göttingen 1963).
———, *Der Prophet Jesaja. Kapitel 13-39,* ATD 18 (Göttingen 1973).
Keel-Leu, O., « Nochmals Psalm 22,28-32 », Bib 51 (1970) 405-513.
Kemmer, E., *Die polare Ausdrucksweise in der griechischen Literatur,* Schanz' Beitr. zur hist. Syntax der griech. Sprache 15 (Würzburg 1903).
König, F. E., *Stilistik, Rhetorik, Poetik in Bezug auf die biblische Literatur* (Leipzig 1900).
———, *Historisch-Comparative Syntax der hebräischen Sprache* (Leipzig 1897).
Krašovec, J., « Die polare Ausdrucksweise im Psalm 139 », BZ 18 (1974) 224-248.
——— « Božja in človeška svetost v Izaijevem preroškem svetu », BV 33 (1973) 48-60.
———, « Sintaktična in teološka formulacija v Iz 43,1-3a », BV 33 (1973) 288-295.
Kraus, H. J., *Psalmen,* BK XV (Neukirchen-Vluyn [3]1966).
Kroll, J., *Gott und Hölle. Der Mythos vom Descensuskampfe* (Darmstadt [2]1963).
Kuhnigk, W., *Nordwestsemitische Studien zum Hoseabuch,* Biblica et Orientalia 27 (Rome 1974).
Lambert, G., « Lier-délier. L'expression de la totalité par l'opposition de deux contraires », Vivre et Penser (= Revue Biblique). Recherches d'exégèse et d'histoire, 3e série (Paris 1945) 91-103.
Lausberg, H., *Handbuch der literarischen Rhetorik,* I-II (München 1960).
Lidzbarski, M., *Kanaanäische Inschriften* (Giessen 1907).

Massart, A., « L'emploi en égyptien de deux termes opposés pour exprimer la totalité », *Mélanges Bibliques A. Robert* (Paris 1957) 38-46.

Newman, L. I. - W. Popper, *Studies in Biblical Parallelism* (Berkeley 1918).

Norden, E., *Die antike Kunstprosa,* I-II (Darmstadt [6]1971).

O'Callaghan, R. T., « Echoes of Canaanite Literature in the Psalms », VT 4 (1954) 164-176.

Oesterley, W. O. E., *The Psalms* (London 1962).

Patton, J. T., *Canaanite Parallels in the Book of Psalms* (Baltimore 1944).

Pax E., « Biblische Stilfiguren », Studii Biblici Franciscani Liber Annus 23 (1973) 359-373).

Pedersen, J., *Israel, Its Life and Culture,* I-II (London 1926).

Penar, T., *Northwest Semitic Philology and the Hebrew Fragments of Ben Sira,* Biblica et Orientalia 28 (Rome 1975).

Pfeiffer, C. F., *Ras Shamra and the Bible* (Grand Rapids 1962).

Podechard, E., *Le Psautier. Traduction littérale et explication historique. Psaumes 1-75,* I-II (Lyon 1949).

Pope, M. H., *Job,* AB 15 (Garden City, N. Y. [3]1973).

Prato, G. L., *Il problema della teodicea in Ben Sira. Composizioni dei contrari e richiamo alle origini,* Analecta Biblica (Rome 1975).

Ridderbos, N. H., *Die Psalmen. Stilistische Verfahren und Aufbau mit besonderer Berücksichtigung von Ps 1-41,* BZAW 117 (Berlin-New York 1972).

Riesenfeld, H., « Accouplements de termes contradictoires dans le Nouveau Testament », Coniectanea Neotestamentica 9 (Uppsala 1944) 1-21.

Robinson, Th. H., « Basic Principles of Hebrew Poetic Form », *Festschrift für Alfred Bertholet* (Tübingen 1950) 438-450.

Rudolph, W., *Jeremia,* HbAT 12 (Tübingen 1968).

Sabottka, L., *Zephanja. Versuch einer Neuübersetzung mit philologischem Kommentar,* Biblica et Orientalia 25 (Rom 1972).

Sabourin, L., *The Psalms. Their Origin and Meaning,* I-II (New York 1969).

Sauer, G., *Die Sprüche Agurs,* Beiträge zur Wissenschaft vom Alten und Neuen Testament 84 (Stuttgart 1963).

Schmidt, H., *Die Psalmen,* HbAT 15 (Tübingen 1934).

Smend, R., *Die Weisheit des Jesus Sirach. Hebräisch und Deutsch* (Berlin 1906).

Speiser, E. A., « A Figurative Equivalent for Totality in Akkadian and West-Semitic », JAOS 54 (1934) 200-203.

Stadelmann, L. I. J., *The Hebrew Conception of the World,* Analecta Biblica (Rome 1970).

Stamm, J. J., « Ein Vierteljahrhundert Psalmenforschung », TRu 23 (1955) 1-68.

Tournay, R., *Les Psaumes* (Paris [3]1964).

Tromp, N., *Primitive Conceptions of Death and the Nether World in the Old Testament,* Biblica et Orientalia 21 (Rome 1969).

Vattioni, F., *Ecclesiastico. Testo ebraico con apparato critico e versioni greca, latina e siriaca* (Napoli 1968).

Vogt, E., *Lexicon linguae aramaicae Veteris Testamenti documentis antiquis illustratum* (Roma 1971).

Weiser, A., *Die Psalmen,* ATD 14-15 (Göttingen [7]1966).

Weiss, K., « Wege der neuen Dichtungswissenschaft in ihrer Anwendung auf die Psalmenforschung » Bib 42 (1961) 255-302.

Xella, P., *Il mito di Šḥr e Šlm. Saggio sulla mitologia ugaritica,* Studi Semitici 44 (Roma 1973).

EINLEITUNG

1. Die rhetorisch-stilistische Figur des Merismus und seine Beziehung zur Antithese.

In den letzten Jahrzehnten ist der Begriff « Merismus » im Bereich der semitischen Studien zwar immer häufiger anzutreffen, es fehlt jedoch nicht nur ene ausführliche Monographie über diese Figur, sondern auch eine Erklärung ihrer Herkunft und dementsprechend eine klare Definition des Merismus. In den Grammatiken sucht man diesen Begriff vergebens. Deswegen ist es nicht verwunderlich, dass so viele Forscher die meristischen Beispiele überhaupt nicht bemerken oder sie mit der Antithese vermischen.

Damit der Zugang zum Sachverhalt dieser Studie erleichtert wird, soll zuerst eine Erklärung des Begriffes gegeben werden. Zunächst kann man feststellen, dass der Begriff « Merismus » mit dem griechischen Substantiv *merismós* — « Teilung, Zergliederung (lat. *partitio, divisio, distributio*) » zusammenhängt. Sucht man indes die Erklärung dieses Wortes etwa im Lexikon *Thesaurus Graecae Linguae* von H. Estienne, so wird man eher verwirrt als befriedigt. Im Griechischen bezeichnet nämlich dieses Wort so viele Aspekte der Teilung, dass man sich kaum orientieren kann. Etwas klarer ist die Bezeichnung des Wortes *merismós* im *A Greek-English Lexicon* (Oxford 1953) von H. G. Liddell - R. Scott - H. St. Jones - R. McKenzie, wo es unter b.) wie folgt lautet: « *The art of dividing a whole into its parts* ». Natürlich kann man auf Grund dieser kurzen Bezeichnung noch nicht festsellen, was für eine Art von Ganzheit und was für eine Art der Teilung dieser Ganzheit der Merismus meint.

In dieser Hinsicht können uns sehr gut die Handbücher der Stilistik und Rhetorik helfen, nur dass der Sachverhalt des Merismus in ihnen unter verschiedenen Begriffen erscheint, je nach dem Ausgangspunkt der Beurteilung. Bemerkenswert ist die Definition des Merismus unter dem entsprechenden lateinischen Wort *distributio* bei H. Menge, *Repetitorium der lateinischen Syntax und Stilistik* (Wolfenbüttel [9]1908) § 551,15: « Unter DISTRIBUTIO (*diaíresis, merismós*) versteht man die Z e r l e g u n g eines Hauptbegriffes in einzelne zu demselben gehörige Teile ». Dazu werden einige schöne Beispiele gegeben, die teilweise bei H. Lausberg, *Handbuch der literarischen Rhetorik*, I (München 1960) § 671 wiederkehren. Merkwürdigerweise behandelt H. Lausberg die fragliche Figur nicht unter dem Wort « Merismus » bzw. « Distribution », sondern unter *enumeratio*: Häufung im Kontakt (§§ 669-674). Im § 669 wird die *enumeratio* in den Zusammenhang mit jener Aufzählung gebracht, in welcher die Glieder der Aufzählung die koordinierten Teile eines Ganzen sind: « Das (durch die Teile versinnlichte und spezifizierte) Ganze ist hierbei (je nach dem Umfang der Summe der Teile) häufig ein abstrakt-kollektiver Begriff (' Vieles ', ' Alles ', usw.), der selbst ausgedrückt oder weggelassen werden kann. Wird das (semantisch übergeordnete) Ganze ausgedrückt, so kann es vor den (dann epexegetisch-versinnlichenden) Teilen stehen oder ihnen als summarisch steigender Abschluss folgen ».

Im § 671 werden unter Nr. 3) drei Kategorien der *enumeratio* mit vielen guten Beispielen gegeben:

a) mit steigernder Nachstellung des Kollektivbegriffs: ... Phèdre 4,2,1133 *Que la terre, le ciel, que toute la nature ...*
b) mit Voranstellung des Kollektivbegriffs ...: Andromaque 2,2,575 *Tout nous trahit, la voix, le silence, les yeux ...*
c) ohne Nennung des Kollektiv-Begriffs: Ov. met 15,871 *opus exegi quod nec Jovis ira nec ignis / nec poterit ferrum nec edax abolere vetustas ...*

§ 672: Eine Sonderart der Aufzählung ohne Nennung des Kollektiv-Begriffs ist die ' polare Ausdrucksweise ', die in der Reduktion der Aufzählungsglieder auf zwei gegensätzliche Glieder besteht: Cic. nat. deor. I, 121 *neminem ... nec deum nec hominem*; Phèdre 2,5,601 *en public, en secret ...*

Zur Bezeichnung der ' polaren Ausdrucksweise ' kann man nun mit Gewinn die Stelle von F. E. König, *Historisch-Comparative Syntax,* § 91 aufführen: « Conträre Gegensätze markieren den ganzen Umfang eines Begriffes u. deuten so das Pron. indefinitum ' alle(s; jeder) ' an »,

Im Hinblick auf diese Beschreibungen ist auffallend, dass derselbe Sachverhalt durch zwei verschiedene Termini ausgedrückt wird: « Merismus » (*merismós*) / « Distribution » (das lat. Wort für *merismós*) und « *enumeratio* ». Die Ursache dieser grundsätzlich verschiedenen Termini liegt im verschiedenen Ausgangspunkt der Beurteilung. Beim Merismus / Distribution geht man vom Ganzen zu den Teilen, bei der *enumeratio* von den Teilen zum Ganzen. Bei der Beurteilung der literarischen Stücke geht man natürlich nicht von der Ganzheit zu den Teilen, sondern von den Teilen zur Ganzheit. Wir haben trotzdem den Begriff Merismus gewählt, weil er im Bereich der semitischen Studien schon einigermassen beheimatet ist und weil wir gerade jene Eigenart der Sprache ausdeuten wollen, welche die Teilung der Ganzheit bevorzugt, statt abstrakte Begriffe zu bilden.

Dabei muss man besonders darauf hinweisen, dass die ' polare Ausdrucksweise ' nur eine Art oder *species* des Merismus ist und daher mit dem Merismus nicht gleichgesetzt werden darf, der ein viel umfassender Begriff ist [1].

[1] Im Hinblick auf die vorliegende Studie erscheint die wenig wahrgenommene Defi-

Ausserdem muss man sich ständig vor Augen halten, dass der Merismus nicht irgendeine, sondern eine ganz bestimmte Teilung oder Gliederung der Ganzheit darstellt; diejenige Gliederung nämlich, die die Berührung der Teile oder Glieder auf einer und derselben Ebene erlaubt. A. M. Honeyman bezeichnet diesen Prozess mit « the extension on one plane » [2].

Beim Merismus ist daher zwar wichtig, dass die Termini aufgezählt und eventuell entgegengesetzt werden, mehr aber noch, dass sie durch einen gemeinsamen Aspekt zusammengebracht werden können, wie etwa durch den kosmisch-geographischen Aspekt, durch Qualitäten, Aktivitäten usw. Der Merismus drückt also eine Ganzheit, eine Totalität aus. Dadurch wird die symbolische Gegebenheit des Merismus evident: Die einzelnen Termini besitzen nicht eine realistische Bedeutung, sondern stehen symbolisch-stellvertretend für die gesamte Realität oder Gattung einer gegebenen Ebene.

Das symbolische Charakteristikum des Merismus zum Ausdruck der Totalität auf einer Ebene ist besonders deswegen zu unterstreichen, weil der Merismus sehr leicht mit der Antithese verwechselt werden kann, die zwar ebenfalls aus entgegengesetzten Begriffen besteht, jedoch nicht, um eine Totalität auszudrücken, sondern im Gegenteil, um die entgegengesetzten Termini auf derselben Ebene auszuschliessen. Wie sehr der Merismus und Antithese verschieden sind, mag die Definition der Antithese bei M. Pope zeigen: « The antithesis is not in terms of contradiction, thesis and antithesis, but in opposite aspects of the same idea » [3].

Anzumerken ist schliesslich noch, dass dasselbe Wortpaar sowohl in der Funktion des Merismus als auch der Antithese verwendet werden kann. Das Wortpaar *ṣdyq* + *ršᶜ* — « der Gerechte » + « der Frevler » bezeichnet bei-

nition des Merismus bei A. M. Honeyman, « Merismus in Biblical Hebrew », 13f. genau zutreffend:

« Merismus, which is a figure of speech akin in some respects to synecdoche, consists in detailing the individual members, or some of them — usually the first and last, or the more prominent — of a series, and thereby indicating either the genus of which those members are species of the abstract quality which characterises the genus and which the species have in common. Symbolically expressed, merismus is the brachylogous use of A+Y or A+B+Y or A+X+Y in place of the complete series A+B+C ... +X+Y to represent the collective Z of which the individuals A to Y are members or the abstract *z* which is their common characteristic, and the terms selected for mention are commonly joined to each other by the copula. A particular type of merismus is that in which the two named species exhaust the whole genus, and the merismus assumes the form of a polar expression; in this case if Z = A+Y, Z may also be expressed by A+ non +A ».

Vgl. auch W. Bühlman - K. Scherer, *Stilfiguren der Bibel* (Freiburg 1973) 79.

[2] Ebd. 17. H. Lausberg, *Handbuch der literarischen Rhetorik,* I, § 670 meint anscheinend dasselbe, wenn er über die « semantische Gleichordnung » spricht: « Die völlige semantische Gleichordnung der Teile setzt die Vollständigkeit der Aufzählung der Teile voraus, die durch Setzung charakteristisch gegensätzlicher Teile abgekürzt werden kann (' polare Ausdrucksweise '; s. § 672) ».

[3] *Job,* LI. Um der Klarheit der Begriffe willen scheint es sinnvoll, nur in dieser Bedeutung den Begriff « Antithese », bzw. « antithetisch » zu verwenden, obwohl vor allem das Adjektiv « antithetisch » sehr häufig im Sinne von « gegenüberstellend » zu finden ist.

spielsweise in Koh 3,17 meristisch das Gericht über *alle* Menschen: « Gott wird den Gerechten und den Frevler richten ». Die beiden Gegensätze berühren sich auf der gemeinsamen Ebene des Gerichtes. In Ps 1,6 steht dasselbe Paar in der antithetischen Funktion: « Jahwe *kennt* (akzeptiert) den Weg der *Gerechten*; aber der Weg der *Frevler führt ins Verderben* ». Hier sind nicht primär die gegensätzlichen Termini *ṣdyq* // *ršᶜ*, sondern die Gegenüberstellung der Verba *ydᶜ* // *ʾbd* — « erkennen (akzeptieren) » // « verderben » entscheidend. Während hier diese verbale Antithese die Termini *ṣdyq* // *ršᶜ* auf einer Ebene ausschliesst, werden sie in meristischen Fällen durch ein einfaches *waw*, durch synonyme Verbindungsverba oder durch nominale Wendungen zusammengebunden. Gerade diese synonymen Verbindungsverba oder die synonymen nominalen Wendungen stellen den Merismus in die Kategorie des synonymen Parallelismus, im Gegensatz eben zum antithetischen Parallelismus / Antithese, den wir in der Zukunft ebenfalls systematisch und eingehender zu untersuchen hoffen.

Da dem Merismus eine Gliederung zugrundeliegt, die allen Menschen in allen Zeiten eigen ist, ist es selbstverständlich, dass diese Figur in allen Literaturen erscheint. E. Kemmer, der die polare Ausdrucksweise in der griechischen Literatur untersucht hat, fragt stets nach den zugrundeliegenden Phänomenen und gelangt zu wertvollen Feststellungen [4]. Er sieht mit Recht den Grund dieser Figur in der Natur der Teilung verschiedener Wirklichkeiten nach Aspekten, die universal und naturbedingt sind. Es ist notwendig, sich das stets vor Augen zu halten, denn dasselbe gilt bestimmt für viele andere literarische Ausformungen wie etwa literarische Gattungen und die Verwendung der Motive. H. Gunkel kommt in seiner Untersuchung der Gattungen in den Psalmen zu diesem Schluss: « Überall aber, wo ein Mensch die Hände zum Gebet erhebt, stellen sich die gleichen Bestandteile des Gebetes und die gleiche Reihenfolge dieser Bestandteile ein » [5].

2. Methodologische Prinzipien

Die bereits getroffene Feststellung bringt eine weitgehende Folgerung mit sich, die die Psalmenforschung als Ganze betrifft. H. Gunkel fährt weiter: « So betrachtet, beruht die Verwandtschaft zwischen der babylonischen und der israelitischen Gattung zu einem grossen Teile nicht auf Entlehnung, sondern auf der Eigenart des Gebetes überhaupt » [6]. Wenn das schon für die Gat-

[4] Vgl. seine Monographie *Die polare Ausdrucksweise.*

[5] *Einleitung in die Psalmen*, 261.

[6] Ebd., 261. Vgl. dazu auch die Bemerkung von S. Mowinckel, *The Psalms in Israel's Worship*, II, 177: « Psalmography everywhere springs from religious experiences and feelings and impulses common to all men, and so will frequently manifest itself in similar ways in different places and at different times ». Natürlich will er damit eine gelegentlich direkte Beeinflussung nicht ausschliessen. Er hält es für normal, das Israel in mannigfaltiger Hinsicht direkt von der Umwelt, besonders von Kanaan beeinflusst wurde.

tungen gilt, sollte es *a fortiori* für kleinere literarische Strukturen wie Termini und Formeln gelten, besonders wenn wir uns in einem bestimmten Sprachraum bewegen, wo eine ganze Reihe verschiedener fester Formen und Formeln als gemeinsames Gut allen Verfassern zur Verfügung steht. Deswegen ist es verwunderlich, dass ganze Generationen von Forschern auf Grund der gemeinsamen Termini und Formeln in verschiedenen biblischen Stücken meistens von Entlehnung gesprochen haben. Besonders charakteristisch in diesem Sinn ist B. Duhm [7]. Noch bezeichnender ist das Buch von P. E. Bonnard [8]. Wäre er bloss bei einer allgemeinen ideellen Beeinflussung Jeremias' auf die Psalmen geblieben, könnte man vielleicht nichts dagegen vorbringen. Aber er geht sogar in die einzelnen kleinen Elemente, ohne dabei noch andere Bücher ausser Psalter und Jeremia berücksichtigt zu haben. Hätte er mit derselben Sorgfalt eine komplette Konkordanz auf Grund aller Bücher gemacht, hätte er seinem Werk den Titel 'Der Psalter nach der hebr. Bibel' geben müssen. Neuerdings muss man aber einen solchen Titel noch mehr erweitern, indem man den gesamten nordwestsemitischen sprachlich-literarischen Bereich mitberücksichtigt. Einige Autoren sind bereits auf diesem Wege vorangegangen, aber trotzdem ist alles noch in der Anfangsphase, die sich mit vielen Missverständnissen und gegnerischen Ansichten auseinandersetzen muss. An dieser Stelle ist es noch nicht notwendig, auf die Schriften von M. Dahood einzugehen, denn er behan-

---

[7] In seinem Kommentar *Die Psalmen* sind solche Erklärungen häufig zu finden. Ähnlichen methodischen Ansichten begegnet man hinsichtlich der Beziehung innerhalb des Altkanaanäischen. F. M. Th. de Liagre Böhl, « Hymnisches und Rhythmisches in den Amarnabriefen aus Kanaan », weist auf Grund der hymnischen Belege in den El-Amarna Briefen, die gelegentlich auch mit den biblischen übereinstimmen, auf herübergenommene « Zitate » aus kanaanäischen Hymnen hin. A. Jirku, « Kanaanäische Psalmenfragmente », geht noch weiter und setzt eine literarisch fixierte Vorlage voraus, auf welche die Schreiber der Briefe zurückgegriffen hätten. Verschiedene Schreiber der Briefe hätten manchmal unabhängig voneinander aus denselben Quellen zitiert, wobei gelegentlich Erweiterungen oder Kürzungen zustande kamen. S. Mowinckel deutet dagegen glaubwürdigerweise eine andere methodische Richtung an. Seine Kritik an W. F. Albright, weil er die « Kanaanismen » in der Bibel als Benutzung kanaanäischer literarischer Quellen versteht, beruht auf der Voraussetzung, « das wir es mit einer traditionellen Dichtersprache zu tun haben, die sich Jahrhunderte hindurch erhalten hat, weil sie eben vom Jahwismus geistig assimiliert worden ist. Die Israeliten haben ja den ganzen Psalmenstil von den Kanaanäern übernommen » — siehe « Zum Psalm des Habakuk », TZ 9 (1953) 5. In *The Psalms in Israel's Worship,* II, 178 spricht er von der « participation in a common literary culture ».

[8] *Le Psautier selon Jérémie. Influence littéraire et spirituelle de Jérémie sur trente-trois psaumes,* Lectio Divina 26 (Paris 1960). Vgl. dazu die Rezension von M. Dahood, Bib 43 (1962) 535f. Während P. E. Bonnard ständig versucht, die Beeinflussung von 33 Psalmen durch Jeremia zu beweisen, gibt er gelegentlich die Erklärungen, die eine solche Beeinflussung überhaupt nicht verlangen. So z.B. auf der S. 40: « Il semble donc bien que le psalmiste s'inspire de Jérémie quand il s'adresse à la Justice de Dieu et à sa Science pénétrante. Ce n'est pas surprenant: les deux hommes se trouvent dans la même situation et partagent la même mentalité. Tous deux proclament leur bonne conduite; tous deux, persécutés, crient vengeance contre leurs oppresseurs ... » Kann man dieselbe Situation und dieselbe Mentalität feststellen, so braucht man nicht über die Beeinflussung zu reden.

delt meistens die lexikalisch-grammatischen Aspekte. Im Blick auf unsere Absicht gilt es, auf die methodisch glänzenden Arbeiten von U. Cassuto [9] und von S. Gevirtz [10] aufmerksam zu machen. U. Cassuto ist eigentlich neben H. L. Ginsberg der erste Forscher, der auf die literarischen Ausdrücke, ihre Strukturen wie die stereotypen Formeln, die Wiederholungen und die korrelativen Synonyma in beiden Literaturen eingeht. Auf Grund dieser Wechselbeziehung betont er stets, dass die Originalität der biblischen Literatur nicht in der Form, sondern in deren Inhalt und Geist zu suchen ist; in formaler Hinsicht setzt sie die Tradition der altkanaanäischen Literatur fort. Demzufolge warnt U. Cassuto die Exegeten, die wegen ähnlicher Bestandteile an der Entlehnung festhalten: « Since it has become manifest that there existed among the Israelites, from the very earliest period, a literary tradition incorporating a number of stereotyped formulas and expressions, we must be careful, where two passages resemble each other, not to frame the question in the form, ' Which is dependent on which? ' because there is a third possibility, which may actually prove the most likely, namely, that neither passage is indebted to the other, but that both have their origin in an earlier, common literary tradition » [11].

S. Gevirtz gelangt zu denselben Feststellungen auf Grund der vergleichenden Analyse einiger biblischer Stellen. Auch die Monographie von E. C. Culley [12] zeigt in diese Richtung, jedoch begrenzt der Autor seine Untersuchung auf die Psalmen und lehnt sich in methodischer Hinsicht an die Arbeiten über nichtsemitische Poesien an, vor allem an jene von M. Parry über Homer und südslawische Poesie.

Da der Merismus wesentlich mit dem Parallelismus verbunden ist, ist es klar, dass für unsere Absicht die sogenannten fixen Wortpaare [13] eine besondere Bedeutung haben. Immer wieder gilt die Bemerkung von C. Gordon, dass sich die Verwandtschaft des Hebräischen und Ugaritischen nirgends völliger manifestiert als in den synonymen Paaren, die in beiden Literaturen gebraucht werden [14]. Da der Parallelismus in beiden Literaturen so sehr charakteristisch ist, findet man sogleich die Gründe der verhältnismässig häufigen Verwendung des Merismus, denn die Zweigliederung, die meistens dem Merismus zugrundeliegt, begünstigt die parallele Ausformung, wie natürlich auch umgekehrt. So sollte man sich bei den Parallelen stets zweier Möglichkeiten bewusst sein: Ehe man mit der Entlehnung rechnet, muss man sich fragen, ob sie nicht eher natur- oder traditionsbedingt sind. Und das wird als Grundprinzip unserer Arbeit gelten.

[9] *The Goddess Anath.*
[10] *Patterns in the Early Poetry of Israel.*
[11] Siehe *The Goddes Anath*, 51.
[12] *Oral Formulaic Language in the Biblical Psalms.*
[13] Vgl. M. Dahood - T. Penar, « Ugaritic-Hebrew Parallel Pairs », RSP I, 71-382.
[14] Vgl. UT, *Grammar*, § 14.3.

3. Möglichkeiten und Grenzen der Arbeit

Die Existenz von RSP I, wo teilweise auch die meristischen Wortpaare katalogisiert sind, macht die vorliegende Arbeit in keiner Hinsicht überflüssig. Ein Katalog der Wortpaare sagt nämlich noch gar nichts über ihre literarische Strukturierung; auch nicht, ob es sich bei einem gegebenen Fall überhaupt um einen Merismus handelt. Andererseits muss man immer im Auge behalten, dass die Besonderheit der jeweiligen Literatur deutlicher werden kann, wenn man deren Ähnlichkeiten und zugleich Verschiedenheiten gegenüber einer anderen Literatur dieses Sprachraumes aufzeigt. Dabei darf man stets mit der Verwendungsmöglichkeit des Merismus für die textkritischen Zwecke rechnen, zumal diese Figur meistens die umfangreicheren literarischen Strukturen zum Ausdruck bringt, die sich manchmal auf mehrere Verse erstrecken. Gerade im Gebiet der literarischen Strukturen wurde dies in der Vergangenheit besonders wenig beachtet, wie L. R. Fisher mit Recht betont [15].

Eine Arbeit über die literarischen Strukturen ist besonders anspruchsvoll; sie kann aber ein weites Feld literarischer Forschung eröffnen. Zuerst sind die Grenzen zwischen den topischen und originalen Bestandteilen festzustellen, denn eine umfangreichere literarische Struktur wird schwerlich völlig formelhaft sein. Ausserdem muss man immer mit der Möglichkeit rechnen, dass auch bei der Verwendung derselben Wörter, Motive und Formeln der Sinn sehr schwanken kann, je nach dem Zusammenhang und der geschichtlichen Situation der Aussage. Da sich die Sprache parallel mit den geschichtlichen Situationen ständig entwickelt, kann nicht nur in der Beziehung des Hebräischen zum Ugaritischen, sondern auch in der Beziehung einzelner literarischer Stücke innerhalb des Hebräischen eine Verschiebung der Bedeutung eingetreten sein.

Eine Untersuchung dieser Art muss daher unbedingt historisch-vergleichend sein. Man muss stets analytisch verfahren und die syrisch-palästinische literarische Tradition als eine organische Ganzheit betrachten. Dieselbe Forderung erhebt E. R. Curtius für die europäische Literatur. Nachdem er die moderne « Literaturwissenschaft », die der Philologie abhold ist und dafür Anlehnung bei anderen Wissenschaften wie Philosophie, Soziologie, Psychoanalyse und Kunstgeschichte sucht, für ein « Phantom » erklärt, nimmt er folgendermassen Stellung: « Wie die europäische Literatur nur als Ganzheit gesehen werden kann, so kann ihre Erforschung nur historisch verfahren. Nicht in der Form der Literaturgeschichte! Eine erzählende und aufzählende Geschichte gibt immer nur katalogartiges Tatsachenwissen. Sie lässt den Stoff in seiner zufälligen Gestalt bestehen. Geschichtliche Betrachtung aber hat ihn aufzuschliessen und zu durchdringen. Sie hat analytische Methoden auszubilden ... Nur eine historisch und philologisch verfahrende Literaturwissenschaft kann der Aufgabe gerecht werden » [16].

---

[15] Siehe RSP I, XVII-XX.

[16] Siehe *Europäische Literatur,* 25.

L. R. Fisher ist hinsichtlich einer solchen analytisch-vergleichenden Untersuchung besonders anspruchsvoll [17]. Er setzt eine gründliche Kenntnis mehrerer Disziplinen voraus. Idealerweise soll man in die Tiefe jeder zu untersuchenden Tradition eindringen. Man sieht gleich, wie schwierig es sein muss, diesen Anspruch in unserem Fall völlig zu verwirklichen. Denn wenn wir uns auch grundsätzlich auf die poetischen Texte des AT begrenzen, müssen doch alle Parallelstellen innerhalb des AT und der sonstigen Literatur des syrisch-palästinischen Sprachraumes berücksichtigt werden. Will man aber zu einem Ende kommen, muss man sich irgendwie begrenzen. Das wird geschehen, indem wir im Interesse am ganzheitlichen Bild eher auf Details verzichten.

Die Arbeit wird vor allem nicht auf die bloss phänomenologischen Aspekte eingehen, die wohl allen Literaturen gemeinsam sein können, sondern will stets nach den Besonderheiten der einzelnen Tradition fragen. Vor allem muss man sich vor dem methodischen Missverständnis hüten, die Besonderheiten einzelner Sprachen oder sprachlichen Traditionen und die universalen Ideen oder Motive auf einen gemeinsamen Nenner zu bringen. So kann der Merismus als das textkritische Kriterium zum Hervorheben der semantischen Nuancen vieler Termini dienen und man sollte sich nicht nur nach der Bedeutung der meristischen Komplexe, sondern auch nach der Bedeutung ihrer Elemente fragen [18]. Dabei wird sich vor allem ergeben, welche meristischen Einheiten als gemeinsame topische Formeln und Darstellungsweisen zu verstehen sind, die sich bei den verschiedensten Gelegenheiten einsetzen lassen, und wo es sich mehr um freier geprägte Aussageweisen handelt, die die Individualität des Dichters deutlicher zum Ausdruck bringen. Ein solches synthetisches Verfahren kann auch die wertvollen Vorschläge in M. Dahood's Kommentar zu den Psalmen und in einigen anderen Werken auf übersichtlichere Bahnen führen.

Eine solche Arbeit, die unbedingt eine gewisse Katalogisierung nach verschiedenen Motiven voraussetzt, führt zuerst weg von der Gesamtstruktur des Gedichtes. Das stellt jedoch kein grösseres Problem dar, denn die meristischen Aussageweisen bilden selten einen so wesentlichen Bestandteil eines Gedichtes wie das etwa im Ps 139 der Fall ist, sondern machen vielmehr den Eindruck, als wäre ihr Vorkommen mehr einer Zufälligkeit als einer Überlegung zuzu-

[17] Vgl. RSP I, besonders XVII-XX.

[18] Die sowieso spärliche Literatur über den Merismus bzw. über die polare Ausdrucksweise begrenzt sich gewöhnlich auf die allgemeinen Beobachtungen über die meristischen Komplexe, ohne dabei textkritisches Interesse erkennen zu lassen. Vgl. A. Massart, « L'emploi », 39: « Ce qu'il y a de commun à tous ces binômes, c'est que l'accent porte sur le complexe même et non sur ses éléments, qui de soi ne fonctionnent que comme sigles du total exprimé. La signification propre de ces éléments est alors laissée complètement dans l'ombre ... » A. Massart gibt eigentlich nur einen Katalog der gegensätzlichen Wortpaare in der ägyptischen Literatur, ohne sie dann näher zu bestimmen. P. Boccaccio, « Termini contrari », geht dagegen auch auf die Beziehung zwischen « senso materiale » und « senso generale della totalità » ein. L. Alonso Schökel, *Das A.T. als lit. Kunstwerk,* 215-224. 243f; H.A. Brongers, « Merismus », A.M. Honeyman, « Merismus », bleiben meistens bei allgemeineren Beobachtungen.

rechnen. Viele Beispiele lassen sehr schnell eine feste Topik erkennen und eine Analyse der Texte würde dann nur dazu dienen, den Umfang der Arbeit auszudehnen. Andererseits wird jede Analyse mehr individuell geprägter Einheiten von selbst zu einer Untersuchung der Natur, des Sitzes im Leben und auch der Gattung des Textes führen. Je mehr die meristischen Darstellungsweisen inmitten der Gesamtstruktur eines Gedichtes die Einzigartigkeit der Anwendung und Entfaltung darstellen, desto mehr wird man auf eine Computermentalität verzichten müssen. So wird vielleicht die Arbeit öfters mehr wie eine Kunst als eine Wissenschaft aussehen [19].

Daraus ergibt sich noch eine andere Grenze der Arbeit: Das Ziel können nicht endgültige und mathematisch exakte Beurteilungen sein. Es geht viel mehr darum, den Lesern das grundlegende Material für ihr persönliches Urteil zu bieten. Die Voraussetzungen von L. R. Fisher können auch in unserem Fall gelten: « Ultimately it is the reader who must decide what is parallel, what is uncertain, and what is different about these two bodies of literature » [20].

4. Parallelismus und masoretischer Text

Das Vorhandensein der Wortpaare im Ugaritischen und Hebräischen ist natürlich vor allem der parallelistischen Natur der jeweiligen Poesie zu verdanken. Das gilt bestimmt für die Wortpaare und Wortgruppen, die nicht in die Reihe des gewöhnlichen Naturparallelismus gehören, der notwendigerweise auch in der nicht beherrschend parallelistischen Poesie vorkommt. Der Blick auf die Übereinstimmung des Hebräischen mit dem Ugaritischen hinsichtlich der Parallelismusstruktur und mit den damit zusammenhängenden festen literarischen Strukturen bietet Grund genug, dafür eine Erklärung zu suchen. U. Cassuto gibt uns einen bemerkenswerten Hinweis: « When we examine the initial stages of Biblical literature, we are struck by a fact that, at first, appears surprising: they do not give the impression of being ' first steps ' or ' first-fruits ', and they show no signs of experimental groping or of searching for techniques. On the contrary, they are perfected and polished writings, which bear witness to the existence of an artistic tradition that had evolved in the course of many centuries. But there was no time for such development in Israel's history, since the first phase of Scriptural literature coincides with the inception of the nation's life » [21].

Diese Feststellung ist besonders wichtig, wenn man bedenkt, wie sich diese grossartige Poesie, die anfangs voll lebendiger Empfindungen ist, allmählich aufgelöst hat. In der späteren Poesie tritt die Selbständigkeit und Schöpferkraft viel mehr zurück und die Häufungen ersetzen die kraftvolle Kürze. Dem-

---

[19] Vgl. dazu die Bemerkungen hinsichtlich textkritischer Prinzipien von M. Dahood, *Psalms* II, XVII-XXII.

[20] Siehe RSP I, XVI.

[21] Siehe *The Goddess Anath,* 18.

zufolge kann man in Psalter besonders zahlreiche gebräuchliche und formelhafte Wendungen in der späteren Periode feststellen [22].

Besonders bemerkenswert ist die Geschichte des Parallelismusverständnisses innerhalb des Hebräischen. Darauf macht G. B. Gray aufmerksam. Seine Feststellungen, dass die nachbiblische jüdische Tradition kein Zeichen für das Verständnis der Parallelismus bietet [23], werden folgendermassen synthetisiert: « As to the lifetime of parallelism, we saw that it runs back to the earliest poetry preserved in the Old Testament, and that it was still a form of Hebrew poetry in the second century A. D., but was not to be clearly traced later: nor did it wake to new life with the revival of Hebrew poetry in the Middle Ages » [24].

Die anfangs so feste parallelistische Struktur der hebräischen Poesie, die im Bewusstsein der ersten Übersetzer und Masoreten zumindest keine bedeutende Rolle mehr spielt, ist ein paradoxes Zeugnis gegen die Ausleger, die trotz ihrer text- und literarkritischen Absichten noch immer orthodox am überlieferten masoretischen Text und an früheren Übersetzungen festhalten [25].

Was in unserem Fall daher aufschlussreich sein kann, ist eine Arbeit, die sich auf Grund der Richtlinie innerlicher, vergleichender grammatisch-prosodischer Kriterien sogleich auf eine kritische Analyse einzelner meristischer Einheiten bzw. Gruppen einlässt, um der Sache gerecht zu werden.

---

[22] Vgl. dazu die Bemerkungen über die spätere hymnische Dichtung bei H. Gunkel - J. Begrich, *Einleitung in die Psalmen,* 93f.

[23] Vgl. dazu besonders das erste Kapitel des Buches *The Forms of Hebrew Poetry,* 1-33.

[24] Ebd., 239.

[25] Dazu gibt M. Dahood, Bib 54 (1973) 284, in der Beurteilung über die Beziehungen zwischen Ijob und dem Ijob-Targum aus der 11. Grotte in Qumran eine allgemein gültige Bemerkung: « Where the Hebrew text creates difficulties for us, it already presented problems for the ancients. They understood the vocabulary and syntax of Job no better than we do today. This means that the method of textual criticism, which usually supposes an error in the transmission of the text and seeks to solve it by recourse to the ancient versions, must be abandoned in favor of Northwest Semitic philology, which assumes the accuracy of the consonantal text and tries to clarify its sense in the light of Ugaritic, Palmirian, and other epigraphic discoveries in Syria-Palestine ». Die Bevorzugung des Konsonantentextes gegenüber dem masoretischen Text durch M. Dahood wird bestätigt bei G.B. Gray, *The Forms of Hebrew Poetry,* 140: « The Massoretic punctuation rests partly on an ancient tradition, partly on an exegetical theory, partly on an accomodation of the text to a recent mode of reading it ».

I. Teil

Synthetisch-analytische Behandlung nach wichtigeren Kategorien

Erstes Kapitel: DER KOSMISCH-GEOGRAPHISCHE ASPEKT

Der Kosmos und die geographischen Grössen bieten besonders viele Möglichkeiten der Gliederung nach verschiedenen Gesichtspunkten. Die vieldimensionalen Grössen ermöglichen die Ausformung nicht nur zweigliedriger, sondern auch mehrgliedriger poetischer Komplexe, wobei dann zwei oder mehrere Parallelismus-Einheiten ein Ganzes ausdrücken. Da die meristischen Aussageweisen in der Poesie des syrisch-palästinischen Sprachraumes durch ihre beherrschende Parallelismus-Struktur sehr leicht formelhaft und stereotyp werden, sind sie ein sehr geeignetes Kriterium zur Erhellung des kosmischen und geographischen Verständnisses der kanaanäischen Völker.

1. Die Folge « Erde » - « Himmel »

Wie sich allmählich von selbst zeigen wird, liegt der Grund der verschiedenen Reihenfolgen dieses Paares mehr im Zwang des Zusammenhangs oder sogar in der Zufälligkeit als in einer bewussten Absicht des Dichters und hat daher mit der Bedeutung kaum etwas zu tun. Infolgedessen werden die Abschnitte 1 und 2 nur aus methodischen Gründen getrennt behandelt, wobei die Parallelen ohne weiteres jeweils in umgekehrter Reihenfolge auftreten können.

Zuerst gehen wir auf das Beispiel des hymnisch geprägten Psalms 68 ein, dessen V. 9a in der Bibel noch viermal in derselben oder in einer ähnlichen Form vorkommt. In diesem Psalm schildert der Dichter die Theophanie Jahwes, indem er das Bild des Erdbebens und des Unwetters aufnimmt, das fast ganz wörtlich im Deboralied, Ri 5, 4, vorkommt:

ʾereṣ rāʿāšāh ʾap-šāmayim [1] nāṭᵉpû ...
Die *Erde* erbebte und der *Himmel* troff ...

Joel greift dieses Bild nach einigen kräftigen Aussagen in 2, 10 auf, um den strafenden « Tag Jahwes » zu schildern:

---

[1] In Ri 5,4 steht *gm-šmym,* sonst alles dasgleiche.

Vor ihnen bebte die Erde (*rāg^{e}zāh ʾereṣ*),
erzitterte der Himmel (*rā^{ca}šû šāmayim*);
Sonne und *Mond* verfinsterten sich,
und die *Sterne* verloren ihren Schein.

In Davids Danklied von 2 Sam 22, 8 wird das Bild mit denselben Verben aufgenommen:

Da wankte und bebte die *Erde,*
die Grundfesten des *Himmels* erzitterten;
sie wankten, denn er war zornentbrannt.

Dieselben Verben, aber in umgekehrter Reihenfolge, werden auch in der Gerichtsrede gegen Babel von Jes 13,13 gebraucht:

Darum wird der *Himmel* erbeben,
und die *Erde* wird aufschrecken von ihrer Stätte
bei dem Grimm Jahwes der Heerscharen
und am Tage seines glühenden Zornes.

Aus der Verwendung etwa derselben Verben und derselben Reihenfolge des fraglichen Wortpaares ergibt sich die Frage der eventuellen gegenseitigen Abhängigkeit hinsichtlich dieses Bildes. Jedoch wird man wahrscheinlich der Wirklichkeit viel näher kommen, wenn hinter allen diesen Texten eine vorgeprägte literarische Wendung angenommen wird. Solch ein ziemlich fester Topos bietet sich dann einem Dichter aus rhetorischen Gründen von selbst an [2].

In Ps 85,12 dient das behandelte Wortpaar zur näheren Bestimmung des Zusammentreffens und « Küssens » (V. 11) vielseitiger Gaben Jahwes:

Treue wird aus der *Erde* hervorsprossen,
Gerechtigkeit vom *Himmel* herniederblicken.

In Ps 102,26 ist eine Schöpfungsformel belegt, die vor allem bei Deuterojesaja häufig aufgenommen wird:

Du hast vor Zeiten die *Erde* gegründet,
der *Himmel* ist das Werk deiner Hände.

Jes 48,13 gibt eine ähnliche Form im Zusammenhang der Gerichtsrede gegen Israel [3]:

---

[2] Solche Bilder waren anscheinend lebendig in der ganzen semitischen Welt. So heisst es im babylonischen Hymnus auf den Wettergott Adad: « Wenn der Herr grollt, beben die Himmel vor ihm, wenn Adad zürnt, wankt die Erde vor ihm, grosse Berge brechen vor ihm nieder ». Siehe A. Ungnad, *Die Religion der Babylonier und Assyrer* (Jena 1921) 194.

[3] Vgl. C. Stuhlmueller, *Creative Redemption in Deutero-Isaiah,* Analecta Biblica 43 (Romae 1970) 18.

Bestimmt, meine *linke Hand* [4] hat die *Erde* gegründet,
und meine *Rechte* hat den *Himmel* ausgespannt.

Ähnlich heisst es im Heilsorakel Jes 45,12 [5]; Jer 10,12 (51,15) und Spr 3,19, wo die Erschaffung durch die Weisheit ausgesagt wird.

Diese Beispiele sprechen wieder für eine topische Verwendung, die aber immer genug Freiheit der Anwendung und Entfaltung lässt. Der Parallelismus ist ziemlich strikt und die Gegensatzwortpaare bewegen sich in einer gemeinsamen Ebene. Weil in Ps 8,2 eine solche gemeinsame Ebene fehlt, handelt es sich dort vermutlich nicht um eine meristische Form. Das wird dadurch bestätigt, dass nur V. 2a im V. 10 inklusionsmässig erscheint:

Jahwe, unser Gott,
wie herrlich ist dein Name auf der ganzen Erde.

Der Psalm bewegt sich fast stets im Rahmen der göttlichen Manifestation auf der Erde. Deswegen braucht man nicht, auch den problematischen Halbvers 2b am Ende als Inklusion vorauszusetzen, wie das H. Gunkel macht [6].

Die Formelhaftigkeit unseres Paares berührt in den aufgeführten Beispielen noch nicht die Frage, ob die « Erde » auch die « Unterwelt » bedeutet, was sowohl im Akkadischen, als auch im Ugaritischen und Hebräischen häufig der Fall ist [7]. Deswegen entsteht die Frage, ob *arṣ* in zwei ugaritischen Belegen des behandelten Wortpaares diese Bedeutung besitzt. Das erste Beispiel, UT, 52:61-63, lautet folgendermassen:

št špt larṣ
špt lšmm
wlᶜrb bphm
ᶜṣr šmm
wdg bym

Sie setzten eine Lippe gegen die *Erde* (Unterwelt),
die andere Lippe gegen den *Himmel.*
Es treten in ihren Mund
der *Vogel des Himmels*
und der *Fisch von der See.*

---

[4] Vgl. C. Stuhlmueller, « 'First and Last' and 'Yahweh-Creator' in Deutero-Isaiah », CBQ 29 No. 3 (1967) 196; *Creative Redemption,* 158, wo er den Vers auf diese Weise übersetzt. Vgl. auch M. Dahood, « Hebrew-Ugaritic Lexicography III », Bib 46 (1965) 315f, wo für *yd* im Parallelismus mit *ymyn* die Bedeutung « linke Hand » gefordert wird.

[5] Vgl. C. Stuhlmueller, *Creative Redemption,* 17.

[6] Vgl. *Die Psalmen,* 27.

[7] Vgl. vor allem N. J. Tromp, *Primitive Conceptions,* 23-46.

UT, 67 II: 2-6:

/špt la/rṣ
špt lšmm
/ l/šn lkbkbm
y^c^rb /b^c^ /l bkbdh
bph yrd
kḥrr zt
ybl arṣ
wpr ^c^ṣm

Eine Lippe (hat er) gegen die *Erde* (Unterwelt),
die andere Lippe gegen den *Himmel,*
die Zunge gegen die *Sterne,*
dass Ba^c^al in sein Inneres trete,
in seinen Mund niedersteige,
wenn verbrannt werden die Olive,
der Ertrag der Erde
und die Frucht der Bäume.

Man kann feststellen, dass es sich im zweiten Beispiel um eine Beschreibung der Riesengestalt des Unterweltgottes — Mot handelt, der seinen Rachen aufreisst, um Ba^c^al zu verschlingen. Im ersten Beispiel dagegen steht die Schilderung in einem Zusammenhang der Geburt der Götter Schachar (Gott der Morgenröte) und Schalim (Gott der Abenddämmerung) und danach der lieblichen Seegötter, die eigentlich auf dieselbe Weise geschildert sind wie der Gott Mot. Merkwürdigerweise kommt das Bild im Ps 73,9 im Zusammenhang der Schilderung vom Reichtum und damit zusammenhängend von der Frechheit der Frevler wieder vor:

šattû baššāmayim pîhem
ûl^e^šônām tih^a^lak bā^ɔ^āreṣ

Sie setzen gegen den *Himmel* ihr Maul,
und ihre Zunge ergeht sich auf der *Erde.*

Im Psalm merkt man eine Verschiebung im Gebrauch. Wenn im Ugaritischen die Form die Grösse des bösen Gottes Mot und der Seegötter darstellt, dient sie im Psalm zur Schilderung der gewöhnlichen menschlichen Frevler. Diese Verschiebung war um so leichter, als die ugaritischen Götter stets menschliche Züge tragen. Die bösen Götter können wohl als Synonyme für die Frevler schlechthin weiter gelebt haben. Diese menschlichen Züge sprechen aber dafür, dass die aufgeführten Formen im Ugaritischen gewöhnliche Aktionen gegen den Himmel und gegen die Erde darstellen, wobei die Unterlippe und Oberlippe in keinem Fall synonyme Begriffe zur meristischen Schilderung sein können, während im Psalm die Frevler gegen den Himmel als den Ort Jahwes und gegen die Erde als den Ort seiner Gerechten reden, d. h. sich nicht so verhalten, wie es den von Jahwe gesetzten Ordnungen entspricht. Eine solche Bedeutung im Psalm ist offensichtlich. Im V.16 beginnt eine Wende: Jahwe lässt die Frevler in die Täuschung fallen, während der gerechte Psalmist mit Jahwe alles Gute im Himmel und auf der Erde besitzt (V. 25).

H. Donner hat vollkommen recht, wenn er im Psalm im Unterschied zu zwei ugaritischen « Parallelen » eine meristische Figur annimmt: « Dabei lässt der Parallelismus membrorum erkennen, dass *peh* und *lāšôn* synonyme Begriffe sind; die Zunge steht im zweiten Versglied stellvertretend für den ganzen Mund in seiner Funktion als Sprechorgan. Die Frevler reden über Himmel und Erde, d. h. über alles und jedes, ohne sich um die dem Menschen gesetzten Grenzen zu kümmern, vor allem aber ohne den Grundsatz der Zurückhaltung zu beachten, dessen Befolgung den Weisen auszeichnet » [8].

H. Ringgren will dagegen hier « mehr als gewöhnliche Bildersprache » sehen und erlaubt sich auf Grund der ugaritischen Belege eine phantasievolle mytische Deutung für den gesamten Psalm, wobei er vom 9. Vers des Psalms als einer « vollkommenen Parallele » zu zwei ugaritischen Beispielen redet [9]. Ein solches kritikloses methodisches Verfahren sollte jedoch nicht eine völlige Ablehnung jeder Beziehung zwischen zwei Literaturen verursachen, zu welcher die fortsetzenden Erwägungen von H. Donner neigen [10]. Eigentlich darf die Zufälligkeit der engeren Beziehung hinsichtlich der Ausformung einer kürzeren Aussage nicht ausgeschlossen sein, jedoch sprechen in diesem Fall die sonstigen engen linguistisch-poetischen Beziehungen zwischen beiden Literaturen bestimmt mehr für eine gemeinsame literarische Tradition. Die festen, stereotypen Formeln und Stilfiguren können allerdings in verschiedenen Zusammenhängen und auf verschiedene Weise verwendet werden, wobei auch der Sinn sehr schwanken kann. In solchen Fällen empfiehlt sich um so mehr die Warnung von M. Dahood: « A merely formal parallel does not permit one to infer a parallel meaning » [11].

Aber wie dem auch sein mag, in keinem der drei Texte kann *ʾrṣ* die Bedeutung « Unterwelt » haben. Wenn anderswo diese Bedeutung tatsächlich besteht, darf man sie nicht automatisch in allen Fällen annehmen, ohne andere Aspekte dabei zu berücksichtigen.

Damit sind die parallel strukturierten Beispiele dieser Reihenfolge erschöpft und es liegt nahe, noch auf einige Wendungen dieser Art aufmerksam zu machen, die zusammen in einem Halbvers vorkommen. In Ps 148,13 erscheint nach einer ganzen Reihe meristischer Wendungen die Begründung für das Preisen Jahwes:

---

8 Siehe « Ugaritismen in der Psalmenforschung », ZAW 79 (1967) 336.
9 Siehe « Bemerkungen zum LXXIII. Psalm », VT 3 (1953) 267.
10 Vgl. ebd., besonders S. 337.
11 Psalms I, 268.

Sie sollen Jahwes Namen preisen,
denn sein Name allein ist erhaben;
sein Glanz geht über *Erde* und *Himmel.*

Verglichen mit anderen Beispielen scheint diese typisch hymnische Prägung sehr selbständig. In Gen 2,4 kommen beide Reihenfolgen mehr formelhaft vor. Nach der üblichen Meinung wäre das erste Kolon als Konklusion des ersten Schöpfungsberichtes, das zweite als Einführung in den zweiten Bericht zu verstehen:

Dies ist die Entstehung des *Himmels* und der *Erde,*
als sie geschaffen wurden.
Zur Zeit, da Jahwe, der Gott, die *Erde* und den *Himmel* machte ...

Angesichts der chiastisch gestellten Wortpaare: A - B - B' - A' erscheint aber eine Abgrenzung des Verses in zwei verschiedene Berichte bedenklich, obwohl auch die poetischen Kriterien nicht absolut genommen werden dürfen.

Solche formelhaften Prägungen sind im Ugaritischen auch belegt. In UT, 609: 5 (RŠ 24.643) wird das Tier den Gottheiten *arṣ wšmm* geopfert [12]. Dieses Beispiel kann natürlich nicht direkt für die Annahme sprechen, dass die beiden Gegensatztermini auch in UT, 126 III: 2 zusammen gehören, und nicht parallelistisch strukturiert sind. Wegen fragmentarischen Erhaltungszustandes des Textes kann man das nämlich aus dem unmittelbaren Zusammenhang nicht feststellen. Im Stück geht es um eine Erinnerung an jene Zeit, als *Krt* noch gesund war und es Regen in Fülle gab:

yṣq šmn /   /
ᶜn/   /r.! arṣ wšmm

Es schüttete Öl ...
Die Quelle ... die *Erde* und der *Himmel.*

2. Die Folge « Himmel » - « Erde »

Nachdem das Beispiel von Ps 73,9 bereits behandelt wurde, weckt zuerst Ps 50,4 Interesse, der in einer sehr ähnlichen Prägung und in sehr ähnlichem Zusammenhang in Jes 1,2a und Dtn 32,1 erscheint. Der Psalm ist eine Anklage gegen Verirrungen des Volkes. Jahwe selber redet in der Form der prophetischen Gerichtsreden und weist auf seine Gerechtigkeit, indem er Himmel und Erde zu Zeugen wider sie anruft:

Den *Himmel* droben ruft er an,
und die *Erde,* sein Volk zu richten.

---

[12] Vgl. UT, *Glossary,* No. 959; M. Dahood, Psalms I, 306.

Jesaja verwendet diese meristische Figur in der imperativischen Form zur Einleitung in die Anklage gegen das treulose Volk (1,2-9):

> Höret, ihr *Himmel* (*šim^{e}ᶜû šāmayim*),
> und horche auf, o *Erde*! (*w^{e}haʾ^{a}zînî ʾereṣ*)
> Denn Jahwe hat gesprochen.

Mit denselben imperativischen Verben, jedoch in umgekehrter Reihenfolge, beginnt das Lied Moses', Dtn 32,1:

> Horchet auf, ihr *Himmel,* denn ich will reden;
> und die *Erde* höre die Worte meines Mundes!

Das Lied fährt mit den Formen des Hymnus und Mahnung fort, bis es in eine Form der Gerichtsrede übergeht. Diese Gerichtsstimmung kommt bereits in der Einleitung zum Lied zum Vorschein: Nachdem Moses das Gesetzbuch neben die Bundeslade hat legen lassen, gebietet er den Leviten: « Versammelt vor mir alle Ältesten eurer Stämme und eure Amtleute, dass ich ihnen diese Worte laut verkünde und *Himmel* und *Erde* wider sie zu Zeugen aufrufe » [13].

Der gemeinsame Gerichtszusammenhang der behandelten Aussagen zwingt uns zu der Frage, ob es sich hier bloss um eine poetische Figur der Polarität zur stärkeren Ausdruckswirksamkeit handelt, oder ob der « Versammlung » des Himmels und der Erde zum Gericht eine realistische Bedeutung mit damit zusammenhängendem realistischen Sitz im Leben zuzuschreiben ist [14]. Vielleicht wird man später etwas mehr darüber sagen können. Jetzt kann man aber schon sagen, dass sich von der ständigen meristischen Bedeutung des vorliegenden Wortpaares in sehr verschiedenen Zusammenhängen her auch hier wohl eher die pathetische empfiehlt. Die ursprünglich realistische Bedeutung kann über Jahrhunderte oder sogar Jahrtausende hinweg wohl in die symbolische über-

---

[13] Dtn 31,28; vgl. auch Dtn 4,26 und 30,19.

[14] Eine realistische Bedeutung voraussetzend, fragt H. B. Huffmon, « The Covenant Lawsuit in the Prophets », JBL (1959) 285-295, vor allem nach dem Sitz im Leben der Verwendung des « Himmels » und der « Erde » zu Zeugen in der Streitigkeit Gottes mit dem Volke und kommt zu dem Schluss, dass sie in Israel von der « tradition of the inanimate elements of natural world being witnesses to the covenant » (S. 292) abhängig sind und nicht zu den lebendigen Mitgliedern der göttlichen Versammlung gehören, wie das einige möchten, namentlich G. H. Wright, *The OT against Its Environment* (London 1950) 36; F. M. Cross, « The Council of Yahweh in Second Isaiah », JNES 12 (1953) 274-277. Die Funtkion dieser « witnesses » kann er jedoch nicht erklären. Die ihm konträre Bemerkung in M. Dahood, *Psalms* I, 306, kann unsere Texte nicht treffen, denn wenn auch *arṣ* und *šmm* im Ugaritischen die Gottheiten (vgl. UT, *Glossary,* Nr. 959) meinen, die zu der göttlichen Versammlung zugehört haben mögen, können sie in unseren Texten nicht wie irgendwelche Nachklänge der älteren kanaanäischen Tradition aufgetaucht sein. Der Hagiograph hat bestimmt keine Absicht gehabt, im Gericht die Gottheiten « Himmel » und « Erde » zu Zeugen gegen Israel aufzurufen, wenn es sich ausser zu Jahwe noch anderen Göttern zugewandt hatte.

gegangen sein und erscheint dann gelegentlich als eine blosse poetische Fiktion in abgeblasster Verwendung [15].

Dasselbe wird wohl für Mich 6,2 gelten, wo das gleiche Motiv mit dem Wortpaar *hrym // msdy ʾrṣ* aufgenommen wird:

> Höret, ihr *Berge,* den Rechtsstreit Jahwes,
> des Ewigen, ihr *Grundfesten der Unterwelt* (Erde?)!

Ganz anders steht die Sache in Ps 57,6.12; 108,6, wo das Wortpaar in der gleichen Form zur Schilderung der Erhabenheit und der Herrlichkeit Jahwes erscheint. Man wird leicht feststellen, dass dieser Bezug auf Gott im Kontext der insraelitischen Religion die poetische Funktion der meristischen Aussageweise und ihre realistische Bedeutung wesentlich zusammenfallen lässt. Der masoretische Text lautet folgendermassen:

> rûmāh ʿal-(ha)šāmayim [16] ʾelōhîm
> (wᵉ)ʿal [17] kol-haʾāreṣ kᵉbôdekā

Der Ps 57 ist eine Kombination von Klage- (Vv. 2-7) und Danklied (Vv. 8-12), das fast vollkommen in derselben Form in Ps 108,2-6 vorkommt. Da unser Vers am Ende des erzählenden Dankliedes erscheint, liegt es nahe, auch ihn mit M. Dahood [18] narrativ und nicht mit den meisten anderen imperativisch zu übersetzen, indem man *rûmāh* als Substantiv mit der Bedeutung « Statur » oder einfach « die Grösse » versteht:

> Deine Statur (Grösse) ist über den *Himmel,* o Gott,
> über die ganze *Erde* deine Herrlichkeit.

Die Totalitätsaussage ist hier bestimmt keine poetische Übertreibung wie das in der entsprechenden Schilderung anderer Götter sein mag, sondern hat einen festen Hintergrund: Der Beter in der Not glaubt sehr fest daran, dass Jahwe sowohl in der vertikalen als auch in der horizontalen Richtung unbegrenzt ist. Die Frage nach der Entstehung und Geschichte unseres Verses führt trotz seiner dreimaligen gleichen Erscheinung nicht zu der Annahme einer derartigen Formelhaftigkeit, weil er zweimal in demselben Psalm und zweimal in demselben Danklied jeweils in zwei Psalmen vorkommt. Hier liegt die Annahme einer direkten Abhängigkeit näher [19].

Besonders charakteristisch ist der Gebrauch des Wortpaares für die Schöpfungsschilderung. Beispiele gibt es unvergleichlich viele sowohl im Psalter als

---

[15] Vgl. J. Kroll, *Gott und Hölle,* 328f.
[16] Der Artikel steht nur in Ps 57,6a.
[17] *Waw* steht nur in Ps 108,6b.
[18] Vgl. *Psalms* II, 52f.
[19] H. Gunkel, *Die Psalmen,* 247, nimmt für den Ps 57,8-12 an, « dass sich der Dichter bei seinem Danklied an ein schon vorhandenes Gedicht angelehnt hat ».

auch ausserhalb des Psalters und sie erscheinen in sehr verschiedenen Prägungen. Im Psalter kommt fünfmal diese streng formelhafte Wendung: *ᶜśh šmym wʾrṣ* vor [20]. In Ps 136,5-6 wird das Wortpaar im Partizip und zwar in einer unegwöhnlichen Parallelismus-Struktur gebraucht: Jeder Gegensatz erscheint jeweils in einem Vers, so dass die Wortpaare die Grenzen der Einheiten bestimmen. Die meristische Schilderung in den Vv. 5-6 sowie in 8-9 sind die Ausführungsstücke des ersten Verses: « Danket Jahwe, denn er ist gütig, denn ewig währt seine Gnade »:

> Ihm, der mit Weisheit den *Himmel* gemacht hat,
> ja, seine Güte währt ewig!
> Ihm, der die *Erde* auf die Wasser gegründet,
> ja, seine Güte währt ewig! (Vv. 5-6)

In diesem Psalm geht es um die Kontinuität von Schöpfung (4-9) und « Heilsgeschichte » (10-25). Diese Wechselbeziehung bildet bei Deuterojesaja das theologische Zentrum. Er verbindet Prophetisches und Hymnisches [21], indem er stets die partizipialen Erweiterungen der Botenformel [22] und der Selbsterweisformel [23] verwendet. Mit unserem Psalm kann man besonders folgende drei Beispiele vergleichen:

Jes 42,5a-b

> So spricht Gott, Jahwe,
> der den *Himmel* geschaffen und ausgespannt,
> der die *Erde* befestigt und ihre Gewächse.

Jes 44,24:

> So spricht der Herr, dein Erlöser,
> der dich vom Mutterschoss an gebildet;
> ich, Jahwe, der alles macht,
> der den *Himmel* ausgespannt ganz allein,
> der die *Erde* gegründet — wer war bei mir?

---

[20] Ps 115,15; 121,2; 124,8; 134,3; 146,6.

[21] Vgl. H. Gressmann, « Die literarische Analyse Deuterojesajas », ZAW 34 (1914) 283f.

[22] Zur Botenformel vgl. C. Westermann, *Grundformen prophetischer Rede,* Beiträge zur evangelischen Theologie 31 (München ³1968) 71.

[23] Vgl. dazu W. Zimmerli, « Das Wort des göttlichen Selbsterweises (Erweiswort), eine prophetische Gattung », *Mélanges Bibliques rédigés en l'honneur de André Robert* (Paris 1957) 154-164 = ThB 19 (München 1963) 120-232; « Ich bin Jahwe », *Geschichte und Altes Testament. Albrecht Alt zum siebzigsten Geburtstag* (Tübingen 1953) 179-209 = ThB 19 (München 1963) 11-40.

Jes 45,18a-b

der den *Himmel* geschaffen, er, der alleinige Gott,
der die *Erde* gebildet und der sie gemacht,
der sie befestigt hat.

Dazu sind noch die Beispiele Jes 45,12; 48,13; 51,13.16 aufzuführen. In Jes 65,17 und 66,22 ist die Rede von der Erschaffung des neuen Himmels und der neuen Erde. In Jes 45,8; 49,13; 51,6 wird die Freude des Himmels und der Erde über das schöpferischerlösende bzw. Gerichtseingreifen Jahwes geschildert. Ausserhalb des Deuterojesajas sind die Schöpfungsaussagen mit diesem Wortpaar ebenfalls häufig [24]. Viele Aussagen stehen in indirektem Zusammenhang mit der Schöpfung. In Ps 113,6 fragt sich der Dichter, wer ist dem Herrn gleich im Himmel und auf der Erde (vgl. 2 Chr 6,14). Ihm gehören Himmel und Erde (Ps 89,12). Jahwe ist allein Gott im Himmel und auf der Erde [25]. Ihm gehört alles im Himmel und auf der Erde (1 Chr 29,11); seine Hoheit bedeckt den Himmel, und die Erde ist voll seines Ruhmes (Hab 3,3); der Himmel ist sein Thron und die Erde Schemel seiner Füsse (Jes 66,1); nur er bestimmt die Gesetze des Himmels und die Herrschaft über die Erde (Ijob 38,33); sie sind nicht zu ermessen und nicht zu ergründen (Jer 31,37); er verfügt über Himmel und Erde in Erlösung (Jer 51,6) und Gericht (Lev 26,19); er offenbart sich im Himmel und auf der Erde (Dtn 4,36); im Himmel und auf der Erde setzt er Zeichen als Verkünder des letzen Gerichtes (Joel 3,3). Nach all dem wirkt wie eine logische Folge: « Du sollst dir kein Gottesbild machen, keinerlei Abbild, weder dessen, was oben im Himmel, noch dessen, was unter auf der Erde, noch dessen, was in den Wassern unter der Erde ist » (Ex 20,4; Dtn 5,8).

Nach dieser Übersicht kann man einige zusammenfassende Beobachtungen zu den beiden Abschnitten machen. Erstens stellt man fest, dass das Wortpaar « Himmel » - « Erde » (und umgekehrt) meistens im Zusammenhang mit der Schöpfung vorkommt. Die Texte, die die Schöpfungsaussagen belegen, sind aus späterer Zeit. Sie erreichen eine Kulmination bei Deuterojesaja und in der Priesterschrift [26], werden aber auch später noch häufig gebraucht. Den Psalm 136 ordnet z.B. H. Gunkel in das späteste Zeitalter der Psalmendichtung ein [27]. Abgesehen von Deuterojesaja wirken alle diese Texte formelhaft. Es scheinen

---

[24] Vgl. Gen. 1,1; 2,1; 14,19.22; Ex 20,11 (31,17); 2 Kön 19,15; Neh 9,6; Jes 37,16; Jer 32,17; 33,25; Am 9,6. Diese ähnlichen Belege wirken hauptsächlich als konventionelle Aussagen, die offensichtlich aus einer theologisch geprägten Sprache kommen.

[25] Vgl. dazu noch Gen 24,3; Dtn 10,14; Jos 2,11; 1 Kön 8,23; Jer 23,24.

[26] Vgl. P. Humbert, « Emploi et portée du verbe bārā (créer) dans l'Ancien Testament », TZ 3 (1947) 401-422; « Emploi et portée biblique du verbe yāṣar et ses dérivés substantifs », *Von Ugarit nach Qumran,* BZAW 77 (Berlin 1958) 82-88.

[27] Vgl *Die Psalmen,* 577.

daher die grundlegenden Beobachtungn H. Gunkels über den kultischen Sitz im Leben und der Entwicklung der Gattungen etwas übertrieben [28].

Aus dieser Feststellung ergibt sich zweitens die Frage, wo man die Gründe für eine so üppige Entwicklung derartiger Aussagen in einer begrenzten Epoche suchen soll. Von selbst bieten sich einige Möglichkeiten der theologischen Abhängigkeit von der Umwelt in der betreffenden Zeit an [29]. Da solche Gedankenzusammenhänge im Ugaritischen nicht bestehen, wäre es unzutreffend, daraus Schlüsse über die sprachlich- poetischen Beziehungen zwischen dem Hebräischen und Ugaritischen zu ziehen. Die Schöpfung findet nämlich im Ugaritischen keinen richtigen Platz. Dementsprechend konnten da keine solche Formeln entstehen.

Dasselbe gilt für die Beziehungen des Hebräischen zu den kanaanäischen und aramäischen Inschriften, wo das Wortpaar gelegentlich in anderen Zusammenhängen belegt ist, als das im Ugaritischen der Fall ist. In der phönizischen Beschwörungsinschrift von Arslan Taṣ aus dem 7. Jhl. v. Chr. wird « der Bund beim *Himmel* und bei der *Erde* » — *bʿlt šmm wʾrṣ* — geschlossen [30]. In der Stele des Königs ZKR von Ḥamath erscheint in der Lücke als Nachsatz des Fluches die Formel « die Götter des *Himmels* und die Götter der *Erde* » — *wʾlhy šmy/n wʾlh/y ʾrq* [31]. Ein vorderasiatischer Vasallenfürst begehrt dagegen im Brief an Pharao Necho II. das Heil von « Astarte, die Herrin des *Himmels* und der *Erde* » — *ʿštrt bʿlt(?) šmyʾ wʾrq* [32].

Besonders wichtig ist der Staatsvertragstext der Könige Bir-Gaʾya von KTK und Matiʾilu von Arpad aus der Stele I von Sefîre aus dem 8. Jh. v. Chr. [33]. Hier handelt es sich um die Vereinbarung, die « vor allen Göttern der *Wüste* und des *Fruchtlandes* » (Z. 10) — *qdm kl ʾlhy rḥbh wʾdm/h* [34],

---

[28] Er bestreitet zwar stets die verabsolutisierende Voraussetzung S. Mowinckels hinsichtlich des kultischen Sitzes im Leben, jedoch wirkt seine Bemerkung über « starke Subjektivierung der ursprünglich so objektiv gerichteten Gattung » — *Einleitung,* 93 — auch bei ihm allzu sehr als Leitmotiv der Gattungsforschung, wobei die Psalmen manchmal zu schematisch bestimmten Gattungen zugewiesen werden.

[29] Hinsichtlich Deuterojesajas empfiehlt sich vor allem die Annahme eines iranischen Einflusses. Siehe dazu R. Kittel, « Cyrus und Deuterojesaja », ZAW 18 (1898) 149ff; M. Smith, « II Isaiah and the Persians », JAOS 83 (1963) 415-421; R. Tournay, « Le ' Christ ' Cyrus selon Arthur de Gobineau et le livre d'Isaïe », *Études Gobiniennes* (Paris 1972) 187-194.

[30] Siehe KAI 27,13. Vgl. dazu die in akkadischen Beschwörungen stereotype Formel *niš šamê lū tamâti niš erṣetim lū tamâti* — « beim Himmel sei beschworen, bei der Erde sei beschworen ». Siehe F. Thureau-Dangin, « Rituel et Amulettes contre Labartu », RA 18 (1921) 196.

[31] KAI 202 (B), 25-26.

[32] KAI 266,2.

[33] KAI 222 (A).

[34] Siehe KAI, Band II: *Kommentar,* 246: « Es handelt sich offenbar um die Götter Syriens insgesamt und um die Götter des zwischen Mesopotamien und Syrien liegenden Wüstengebietes ». J.A. Fitzmyer, *The Aramaic Inscriptions of Sefîre,* 36, entscheidet sich dagegen für die toponymische Deutung von A. Dupont-Sommer.

ferner « vor dem *Himmel* und der *Erde* und vor dem *Meeresgrund* und den *Quellen* und vor dem *Tag* und der *Nacht* » (Z. 11-12) — *qdm šmy/n wʾrq wqdm ṣw/lh wmʿynn wqdm ywm wlylh* — geschlossen werden soll. Der Vertragsbruch sollte « alles Böse auf der *Erde* und auf dem Himmel » — *klmh bʾrq wbšmyn* — mit sich bringen.

Dieser Vertrag findet eine engere Entsprechung im Vasallen-Vertrag Mursils II. (1334-1306) [35] von Hatti mit Duppi-Tassub von Amurru. Nach einer langen Reihe der Götter und Göttinen werden auch « die Berge, die Flüsse, die Quellen, das grosse Meer, der *Himmel* und die *Erde,* die Winde und die Wolken » zu Zeugen aufgerufen [36]. Eine ähnliche Aufzählung erscheint auch im Vertrag des vorgängigen hethitischen Königs Suppiluliuma (1375-1335) mit dem König Mattiwaza, wo das Wortpaar « der *Himmel* und die *Erde* » sogar viermal vorkommt [37].

Ähnlich klingt der Vasallen-Vertrag zwischen Mursili II. und dem ugaritischen König Niqmepa, wo ebenfalls « das grosse Meer, der *Himmel* und die *Erde* zu Zeugen aufgerufen sind [38]. In RŠ 17.353 werden nach einer Reihe der Götter « die Berge, die Flüsse, die Quellen und das grosse Meer » aufgezählt [39]. Im Vasallen-Vertrag (754 v. Chr.) Aššurnirâris VI. von Assyrien mit dem bereits bekannten aramäischen König Matiʾilu wird Aššurnirâri als « der Beherrscher des *Himmels* und der *Erde* » genannt (Rs. IV,8) [40].

Es fällt auf, dass die meisten dieser Texte in mancher Hinsicht, an die bereits behandelten biblischen Texte von Dtn 4,26; 30,19; 31,1; Jes 1,2; Ps 50,4; Mich 6,2 erinnern. Auch Ijob 20,27 zeigt in diese Richtung.

Auf Grund dieser Ähnlichkeiten suchen einige Forscher den Ursprung der biblischen Belege im Sinne der Entlehnung in der Umwelt. So z.B. M. Delcor, der dabei die meristische Verwendung des Wortpaares « Himmel » - « Erde » bestreitet und dafür eine « mathematische » Deutung sucht [41]. Es ist natürlich möglich, dass hier und da die Verwendung im « realistischen » Sinn vorkommt.

---

[35] Zur Chronologie der hethitischen Könige vgl. O. R. Gurney, *The Hettites* (Melbourne-London-Baltimore 1952) 216.

[36] Siehe ANET, S. 205.

[37] Siehe ANET, S. 206.

[38] RŠ 17,338. Vgl. J. Nougayrol, PRU IV, S. 85f; D. J. McCarthy, *Treaty and Covenant,* Analecta Biblica (Rome 1963) 181f.

[39] Vgl. J. Nougayrol, PRU IV, S. 388-390.

[40] Der Text und die Übersetzung des Vertrags finden sich bei R. F. Weidner, « Der Staatsvertrag Aššurnirâris VI. von Assyrien mit Matiʾilu von Bît-Agusi », *Archiv für Orientforschung* 8, 16ff. Nur die Übersetzung bei D. D. Luckenbill, *Ancient Records of Assyria and Babylonia* I (Chicago 1926) 265-268; D. J. McCarthy, *Treaty and Covenant,* 195-197.

[41] Vgl. « Les attaches litteraires, l'origine et la signification de l'expression biblique ' prendre à temoin le ciel et la terre ' », VT 16 (1966), besonders S. 15-17. Über die Entlehnung sagt er auf S. 15: « Il n'est pas nécessaire de penser ..., que l'A.T. ait emprunté cette formule aux vieux traités hittites si éloignés d'Israël dans l'espace et dans le temps. On pourrait plutôt supposer qu'il l'a empruntée aux Araméens. Il est d'ailleurs possible que les Araméens eux-mêmes aient emprunté les formulaires d'Alliance aux Hittites ».

An diesen Stellen kann jedoch die grundlegende figurative Verwendung zur Totalitätsschilderung nicht bestritten werden.

Die Frage nach der Herkunft der genannten biblischen Aussagen ist nicht überflüssig. Aus den bisherigen Analysen wird schon ersichtlich, dass sich innerhalb eines Kulturkreises feste Aussageweisen und Gattungen entwickeln können, die beim intensiven Verkehr auch in andere Kulturkreise übergehen und sich da beheimaten. Das kann vor allem für die Verträge gelten, die eben ein Zeichen des Zusammentreffens verschiedener Völker und Kulturen darstellen. Ob man aber einzelne Elemente wie dieses Wortpaar gerade von solchen Dokumenten herleiten sollte, ist wegen der Singularität dieser Elemente fraglich genug. Dieses Wortpaar ist ausserdem so universal und naturbedingt, dass auch der « juridische » Kontext in den biblischen Belegen eine solche Entlehnung gar nicht fordert. Wenn wir uns die Literatur als eine Kette der Entlehnungen vorstellen, so gelangen wir einmal zum ersten Schreiber, der Symbole und Redewendungen auf eine künstliche Weise herausgefunden haben muss. H. Gunkel hat einmal zu einer solchen Diskussion folgende Bemerkung gemacht: « Die Welt besteht nun einmal nicht nur aus Leuten, die Bücher schreiben, und aus anderen, die sie wieder abschreiben » [42].

Wie in der Einleitung betont, haben die Israeliten vom syrisch-palästinischen Kulturkreis nicht nur einzelne Symbole und Redewendungen — und das von bestimmten literarischen Vorlagen —, sondern die ganze lebendige Tradition übernommen und assimiliert, wobei sie gelegentlich bestimmt auch selektiv waren. Manche Akzente wurden etwas anders gesetzt [43] und dementsprechend haben sich gelegentlich auch die Redewendungen geändert. Auf Grund des neuen Geistes hat sich allmählich eine neue Tradition mit eigenen Besonderheiten und mit eigenen Gattungen entwickelt. Der Lehrmeister der Israeliten war nicht nur die Tradition, sondern vielleicht noch mehr die Natur, die sie als Gottes Schöpfung bewundert haben.

Hinsichtlich älterer biblischer Poesie finden wir auch im Ugaritischen einige Beispiele der erstaunlichen formalen Übereinstimmung im Gebrauch des Wortpaares « Himmel » - « Erde ». Die Belege von Ps 73,9 und UT, 52:61-63; 67 II: 2-6 wurden bereits behandelt. Dazu können noch die Beispiele von Gen 27,28 (27,39) [44] und ᶜnt II: 38-41; IV: 86-88 analysiert werden.

Der Segen Isaaks über Jakob, Gen 27,28, lautet:

> wᵉyitten-lᵉkā hāʾᵉlōhîm
> miṭṭal haššāmayim

[42] Zitiert bei S. Mowinckel, « Zum Psalm des Habakuk », TZ 9 (1953) 5.

[43] Auch unsere Texte lassen leicht grosse Unterschiede erkennen. Besonders angemerkt sei, dass im Unterschied zu den langen Aufzählungen von Göttern und kosmischen Grössen der nichtbiblischen Texte in der Bibel nur das Wortpaar « Himmel und Erde » vorkommt.

[44] Vgl. S. Gevirtz, *Patterns,* 35f. Vgl. dazu auch Gen 49,25 und Dtn 33,13.

ûmiššamnî [45] hāʾāreṣ
wᵉrōb dāgān wᵉtîrōš

Und Gott gebe dir
vom *Tau des Himmel*
und vom *Fett der Erde,*
und Korn und Wein die Fülle!

Der Segenspruch an Esau, Gen 27,39, bringt dasselbe Bild in einer nur wenig veränderten Form:

Siehe, fern vom *Fett der Erde* soll deine Wohnung sein
und fern vom *Tau des Himmels* droben.

Im Ugaritischen kommt dasselbe Wortpaar zweimal jeweils in etwas verschiedenem Zusammenhang vor: Die Kriegsgöttin ᶜAnat wäscht sich nach Beendigung des Kampfes mit sterblichen Gegnern in der Ebene und im Palast [46]; dann wird sie durch die Boten zu Baᶜal eingeladen und sie wäscht sich erneut, bevor sie bei ihm bewirtet wird [47]. In beiden Fällen lautet die Aussage folgendermassen:

tḥspn mh wtrḥṣ
ṭl šmm šmn arṣ
rbb rkb ᶜrpt
ṭl šmm tskh
rbb tskh kbkbm

Sie schöpfte Wasser und wusch sich,
mit dem *Tau des Himmels,* mit dem *Fett der Erde,*
mit dem Regen des Wolkenreiters.
Den Tau des Himmels schüttete sie auf sich,
den Regen der Sterne goss sie auf sich.

U. Cassuto kommentiert die Formel *ṭl šmm šmn arṣ* auf diese Weise: « Dew of heaven, which is the fatness of the earth, that is, which fructifies the earth » [48]. « Fett der Erde » wäre also nur eine Näherbestimmung von « Tau des Himmels », wobei sie nicht gegensätzlich strukturiert werden können. Dieses Verständnis empfiehlt sich besonders im Blick auf die nachfolgenden Verse, wo bloss vom Regen, bzw. vom Tau die Rede ist. Hingegen lässt sich aus den beiden biblischen Belegen eine gegensätzliche Strukturierung erschlies-

[45] Der MT hat *mišmannē.* Das Wort stellt ein ständiges Problem dar. Die Deutung des *-y* als genitivische Endung macht die Sache jedoch klar. Vgl. M. Dahood, *Psalms* III, 251.
[46] ᶜnt II:38-41.
[47] ᶜnt IV:86-88.
[48] *The Goddess Anath,* 121.

sen, denn die Wortpaare werden jeweils durch *waw* als zwei verschiedene Sachen getrennt, falls *waw* nicht emphatisch zu verstehen ist. So entsteht die Frage, ob die Formel in beiden Literaturen dieselbe Bedeutung hat. Vor allem geht es um die Bedeutung des Wortes *šmn*. Die Schilderung des Regens wird zweimal mit gegensätzlichen Termini ausgeführt. Der Traum ᶜAnats bezeichnet die wirkungsvolle Nähe des auferstandenen Regengottes Baᶜal [49]:

šmm šmn tmṭrn	Der *Himmel* regnete das *Fett,*
nḫlm tlk nbtm	die *Bäche* strömten von *Honig.*

Hier ist klar, dass *šmn* den Regen bezeichnet, und *nbtm* das Wasser als Folge des Regens. Eine ähnliche Gegensatzstellung erscheint in 1 Aqht: 44-45. Sieben, bzw. acht Jahre versagte Baᶜal den Regen und so entstand eine Zeit der Dürre:

bl ṭl bl rbb	Keinen *Tau* gab es, keinen *Regen,*
bl šrᶜ thmtm	kein Anschwellen der zwei *Tiefen.*

Es handelt sich hier um eine Totalitätsschilderung hinsichtlich des Wassers: Von oben sollten nämlich Regen und Tau, von unten die Quellen erscheinen. Natürlich stehen sich diese zwei Extreme in einer ursächlichen Beziehung gegenüber.

Diese figurativen Aussagen lassen erkennen, dass das Wort *šmn* nicht unbedingt immer dieselbe Bedeutung besitzt. Während es im Ugaritischen den Regen meint, kann man es in den angeführten biblischen Beispielen, die sicher polar strukturiert sind, kaum anders als « Fett » in einem realistischeren Sinn verstehen. Das ergibt sich auch aus der Gegensatzstellung von *šmn // ṭl* in Ps 133,2a. 3a. Abgesehen von dieser Verschiebung in der Bedeutung ist der Gebrauch derselben Formel in beiden Literaturen eine der glänzendsten Bestätigungen der auch andersweitig belegten Evidenz, dass die altkanaanäischen sprachlichen und poetischen Elemente in Israel weitergelebt haben. Die Verschiebung in der Bedeutung liegt in der Natur der sich entwickelnden Sprache und der damit zusammenhängenden Gedankengänge.

3. « Himmel » - « Unterwelt »

Wie bereits bemerkt, kommt im Hebräischen die Bedeutung « Unterwelt » für *ʾrṣ* nicht ohne weiteres in Frage. In polaren Aussagen ist das besonders merkwürdig, da sie eine offensichtliche Tendenz zur Verwendung der entlegensten Grenzbereiche haben. Während im Akkadischen und Ugaritischen in solchen Fällen stets *erṣetu* bzw. *arṣ* belegt sind [50], kommt in der Bibel gewöhnlich

[49] UT, 49 III:6-7. 12-13.

[50] Vgl. N. J. Tromp, *Primitive Conceptions,* 23ff.

ein « den Israeliten eigentümliches Wort für das Totenreich » — *š'wl* vor [51]. Diese Verschiedenheit des Vokabulars in derselben Bedeutung ist besonders augenfällig bei den fast identischen polaren Beispielen auf den El-Amarna Tafeln [52], Ps 139,9 und Am 9,2. Zur Verdeutlichung sollen alle Beispiele angeführt werden.

EA, 264,15-19:

Wenn wir hinaufsteigen zum *Himmel,*
wenn wir hinabsteigen zur *Unterwelt* (*ir-zi-te*),
so ist unser Haupt in deinen Händen.

Ps 139,8 dient zur Schilderung der Unentrinnbarkeit vor Jahwe:

Stiege ich hinauf in den *Himmel,* du bist dort,
bettete ich mich in der *Unterwelt* (*š'wl*), du bist zugegen.

Am 9,2 steht innerhalb der Gerichtsankündigung:

Wenn sie in die *Unterwelt* (*š'wl*) einbrechen,
holt meine Hand sie von dort weg.
Wenn sie zum *Himmel* hinaufsteigen,
hole ich sie von dort herunter.

Da Kanaan als Vermittler der hebräischen poetischen Technik zu verstehen ist, liegt es nahe, diese Belege demselben kanaanäischen Kulturkreis zuzuschreiben [53]. Natürlich erlauben solche spärlichen Beispiele nur Vermutungen [54], da wir von der Herkunft, der Natur und dem Umfang der kanaanäischen Literatur viel zu wenig wissen. Andererseits sind die verschiedenen altorientalischen Poesien in ihren Formen einander sehr ähnlich, so dass dieselben literarischen Formen gelegentlich auch in weiteren Kulturkreisen belegt sind [55]. So lässt sich zu den genannten Beispielen sogar eine engere indische Parallele

---

[51] Vgl. GB, 796.

[52] EA 264,15-19.

[53] Dasselbe dürfte auch für andere poetische Elemente aus EA gelten, wo meristische Wendungen nicht gerade selten sind. In EA 266,9-15; 292,8-12; 296,11-16, jweils bei einem verschiedenen Schreiber, kommt diese Formel vor: « Ich habe geschaut *hierhin,* und ich habe geschaut *dahin;* aber nicht ist es hell geworden. Und ich habe geschaut hin auf den König, meinen Herrn, und es ist hell geworden ». In EA 169,7-9 sagt der Absender zu einem ägyptischen Beamten: « Du gibst mir *Leben* und du gibst mir *Tod.* Auf dein Antlitz schaue ich ». Dieselbe Formel erscheint im nordpalästinischen Brief des Bajadi, EA 238,31-33: « Ihr gebt uns *Leben,* und ihr gebt uns *Tod* ».

[54] F. M. Th. de Liagre Böhl, « Hymnisches und Rhythmisches », und A. Jirku, « Kana'anäische Psalmenfragmente », schliessen zu rasch auf eine kanaanäische Psalmenliteratur und damit zusammenhängend auf die literarische Abhängigkeit.

[55] Vgl. S. Mowinckel, *The Psalms in Israel's Worship* I, 41; II, 176-192.

von Atharva-Veda IV, 16 nachweisen[56]. In diesem Universalismus liegt die Hauptschwierigkeit hinsichtlich der Beziehung der EA zum Hebräischen, weil Kontakte in sprachlicher Hinsicht fehlen. Die kanaanäischen Glossen innerhalb der akkadisch geschriebenen Briefe sind zu spärlich als dass irgendwelche sicheren Schlüsse über die Herkunft des Inhaltes und der Form der Briefe gezogen werden könnten. So kann man sie nicht von demselben Standpunkt beurteilen wie die Texte der syrisch-palästinischen sprachlich-literarischen Tradition. Andererseits müssen gelegentliche Bedeutungsverschiebungen innerhalb dieser Tradition davor warnen, auf Grund der ugaritischen Texte automatisch dieselbe Bedeutung für biblische Wörter — beispielsweise für *ʾrṣ* — zu suchen. Jedes Beispiel muss gesondert in Erwägung gezogen werden.

Wie wir in manchen meristischen Wendungen noch sehen werden, lässt sich im Hebr. die Bedeutung « Unterwelt » für *ʾrṣ* doch ziemlich klar nachweisen. Ausserdem finden sich da noch mehrere andere Termini, die die Welt des Todes bedeuten[57]. Um diesen etymologischen Reichtum in geschichtlicher Abfolge beurteilen zu können, sollen zuerst drei ugaritische meristische Aussagen analysiert werden, die thematisch in denselben Bereich gehören.

Erstes Beispiel ist die mehrgliedrige Formel innerhalb der Szene von der Erwirkung der Erlaubnis Els für den Bau des Palastes Baʿals auf dem Berg *Ṣpn*[58]. Nachdem ʿAnat den Kampf mit ihren Gegnern beendet hatte, erhielt sie von den Boten Baʿals diese geheimnisvolle Einladung:

dm rgm iṯ ly w argmk
hwt w aṯnyk
rgm ʿṣ
wlḫšt abn
tant šmm ʿm arṣ
thmt ʿmn kbkbm
abn brq dl tdʿ šmm
rgm ltdʿ nšm
wltbn hmlt arṣ

Denn ich habe ein Wort und will es dir sagen,
ein Anliegen und will es dir mitteilen;

---

[56] Vgl. H. Hommel, « Das religionsgeschichtliche Problem des 139. Psalms », ZAW 47 (1929) 110-124.

[57] N. J. Tromp, *Primitive Conceptions*, 46-125, weist noch auf 25 andere Termini hin. Ausserdem gibt er auf S. 24, Anm. 26, ein Verzeichnis der Bibliographie für über 20 vorgeschlagene Beispiele, wo *ʾrṣ* « Unterwelt » bezeichnen sollte. S. Jellicoe, « Hebrew-Greek Equivalents for the Nether World. Its milieu and Inhabitants, in the Old Testament », *Textus. Annual of the Hebrew University Bible Project*, Volume VIII (Jerusalem 1973) 1-19, macht, wohl auf Grund der Arbeit von N. J. Tromp, eine Untersuchung der griechischen equivalenten Termini in den Psalmen. Dieser Vergleich ist zwar interessant, jedoch kann er nicht als ein massgebendes Kriterium für das Verständnis viel älterer hebräischer Termini dienen, besonders seitdem wir schöne ugaritische Belege zur Verfügung haben.

[58] UT, ʿnt III:19-25; IV:58-62; ʿnt: pl. IX:III:13-15; anscheinend Text 130:18-22.

das Wort des *Baumes,*
und das Flüstern des *Steines.*
Die Begegnung des *Himmels* mit der *Unterwelt,*
der *Tiefen* mit den *Sternen.*
Ich verstehe den Blitzstrahl, den der *Himmel* nicht kennt,
den Donner, welchen die *Menschen* nicht kennen,
und auch nicht die *Unzahl der Unterwelt* versteht [59].

Da diese lange Aussage mehrmals und in verschiedenen Zusammenhängen belegt ist, zieht U. Cassuto mit Recht die Folgerung, dass es sich hier um eine stereotype Formel zur Vermittlung eines geheimnisvollen Anliegens handelt [60]. Die ganze Formel, die ohne Zweifel eine meristische Figur darstellt, ist eine Einheit, die aber von mehreren kleineren Gliedern zusammengesetzt ist. Diese Glieder besitzen jeweils eine verschiedene Struktur. Die ständige parallele Darstellungsweise spricht zuerst entscheidend dafür, dass das Wortpaar *ʿṣ // abn* einen für die ugaritische Poesie sowie für die hebräischen charakteristischen zweigliedrigen Parallelismus bildet und nicht nur ein Kolon. Der Zusammenhang spricht ausserdem dafür, dass es auch eine meristische Funktion hat [61]. Aus der Gesamtheit ergibt sich also folgende parallelistische Gliederung: *rgm // hwt* (17-19); *ʿṣ // abn* (19-20); *šmm + arṣ // thmt + kbkbm* (21-22); *šmm // nšm // hmlt arṣ* (23-25).

Besonders bemerkenswert in dieser Gliederung ist, dass das Wort *arṣ* beide Male die Unterwelt bedeutet. Das empfiehlt sich nicht nur aus der Tendenz der meristischen Formen nach den äussersten Grenzen der Realität, sondern auch aus den poetischen Besonderheiten des unmittelbaren Zusammenhangs. Die Gliederung in den Versen 21-22 ist chiastisch strukturiert, was die Synonymie *arṣ // thmt* unzweideutig zum Ausdruck bringt. In den Versen 23-25 geht es aber um die dreifache Gliederung des Kosmos, wobei *hmlt arṣ* nur die Unterwelt bezeichnen kann.

In der letzten Gruppe bezeichnen die letzten zwei Termini, nach einer Kette kosmischer Bezeichnungen, die lebendigen Wesen. Eine ähnliche Schilderung findet sich in der ebenfalls polaren Aussage von UT, 51 VII: 49-53.

---

[59] Vgl. vor allem M. Dahood, « Ugaritic-Hebrew Syntax and Style », 25.

[60] Vgl. *The Goddess Anath,* 127.

[61] Eine ähnliche meristische Wendung, die paarweise strukturiert ist, findet sich in dem rabbinischen Traktat *Soferîm* 16,7 — Ausgabe M. Higger (New York 1937) 290: « Es war gesagt vom Hillel, dass er keine Worte der Weisheit vorbeigehen liess, die er nicht gelernt hätte, sogar alle Sprachen, sogar die Rede der Berge, Hügel und Täler, die Rede der Bäume und Kräuter, die Rede der Wildtiere und des Viehs, die Rede der Felder und Sprüche ». Die « Rede » — *śîḥāh* entspricht schön dem ugaritischen Wort *tant,* das U. Cassuto tatsächlich auf diese Weise übersetzt. Natürlich kann hier an eine direkte Abhängigkeit nicht gedacht werden. Der Grund der ähnlichen Wendung wird wohl in der Natur der Sache zu suchen sein. N. J. Tromp, *Primitive Conceptions,* 59, zitiert eine sehr ähnliche Wendung sogar von B. Pasternak, Dr. Zhivago (Fontana Books; London 1958) ch. 5:8, p. 147. Bestimmt könnte man solche Wendungen noch anderswo finden.

Hier steht sie im Zusammenhang der Thronbesteigung Ba^{c}als in seinem neuen Palast auf dem Berg *Ṣpn*. Er verkündet zuerst, dass weder « König » noch « gewöhnlicher Mensch » — *umlk ublmlk* (Z. 43) über das Land regieren wird; dann lehnt er noch die Aspirationen Mots nach der Allherrschaft ab:

aḥdy dymlk ^{c}l ilm
lymru ilm wnšm
dyšb/^{c}/ [62] hmlt arṣ

Ich allein bin es, der über die Götter herrschen wird,
ja, der die *Götter* und *Menschen* nähren wird,
der die *Unzahl der Unterwelt* sättigen wird.

Offensichtlich liegt hier die dreifache Gliederung des Kosmos zu Grunde: Der Himmel ist vor allem Bereich der Götter, die Erde Bereich der Menschen, die Unterwelt Bereich der toten Menge.

Während zu dieser Aussage keine Parallele zu finden ist, kann man mit dem ersten Beispiel noch die viergliedrige Allform(el) von UT, 607:1 [63] hinsichtlich einzelner Bestandteile vergleichen. Auf Grund der meristischen Paare kann di Aussage auf diese Weise strukturiert werden:

um pḥl pḥlt
bt ^{c}n bt abn
bt šmm w thm

Die Mutter vom Pḥl (nämlich) Pḥlt,
Tochter der *Quelle*, Tochter des *Steines*;
Tochter des *Himmels* und der *Tiefe* (Ozeans).

Im Blick auf die Häufung der gegensätzlichen Termini sieht man eine gewisse Berechtigung für die Bemerkung Virollauds, dass *Pḥlt* in der ugaritischen Mythologie einen wichtigen Platz ausgeübt haben muss [64]. Jedoch muss das nicht unbedingt der Fall sein. Einerseits kommen in den administrativen und kommerziellen Texten in den langen Reihen von *bn*-Namen für die gewöhnlichen Männer gelegentlich auch *bn-^{c}n, bn-abn, bn-šmm* vor [65]. Andererseits erscheint *Pḥlt* in diesem Text zum ersten Mal und hier nur in dieser Zeile, während sonst so viele Persönlichkeiten ständig auf der Bühne sind. Deswegen liegt es näher, hier eine pathetische formelhafte Verwendung vorauszusetzen, die nicht so sehr realistisch zu interpretieren ist.

[62] Vgl. zur Übersetzung M. Dahood, *Psalms* I, 221. C. Gordon liest dagegen *šb/m/*, um den Parallelismus hinsichtlich der Herrschaft zu bekommen: « rule » // « command » // « dominate ». Siehe *Ugaritic Literature* (Roma 1949) 37, Anm. 1.

[63] Das ist RŠ 24.244 in *Ugaritica* V (Paris 1968) 564-572.

[64] Ebd., 566.

[65] Vgl. vor allem PRU II, 47-100; *Corpus des tablettes en cunéiformes alphabétiques* (Paris 1963) 155-243; PRU V, 18-39. 94-134.

Unschwer sieht man, dass diese ugaritischen Aussagen bloss in der zugrundeliegenden Totalitätsschilderung wesentlich übereinstimmen, während sie in einzelnen Bestandteilen und vor allem jeweils in der Gesamtausformung im Gegensatz zu vielen anderen meristischen Forme(l)n auf ihre eigene Geschichte hinweisen. Diese Feststellung wird dadurch erhärtet, dass man dazu noch die biblischen « Parallelen » analysiert. Im AT sowie in KAI finden sich zu allen drei ugaritischen Beispielen sinnverwandte, jedoch nicht vollständige Parallelen; und das von lebendigen Wesen angefangen bis zu den rein kosmischen Schilderungen. Hier werden wir nur auf die Wendungen eingehen, die wenigstens teilweise die kosmischen Termini enthalten [66]. In Ps 36,6-7 kommt in gewisser Hinsicht das Thema der « Begegnung » zwischen « Himmel » und « Erde », bzw. « Unterwelt » zum Ausdruck:

Vom *Himmel,* o Jahwe, ist deine Güte,
deine Treue reicht bis zu den *Wolken.*
Dein Grossmut ist wie die *höchsten Berge* (*k*^{e}*har*^{e}*rê* ᵓ*ēl*),
deine Behutsamkeit wie der *gewaltige Abgrund* (*t*^{e}*hôm rabbāh*) [67];
Menschen und *Tieren* hilfst du.

Da diesen zwei Versen noch eine Reihe von meristischen Figuren folgt, kann man ohne weiteres schliessen, dass nicht nur V. 7, sondern auch V. 6 wie etwa Ps 85,12 eine meristische Funktion hat [68]. Während im V. 7 die höchste Höhe und die tiefste Tiefe zur Totalitätsschilderung der Güte Jahwes einander gegenübergestellt sind (vgl. Ps 103,11), wird im V. 6 dasselbe mit der Kreuzung von zwei Richtungen erreicht. Ps 46,3 beschreibt das Vertrauen an Jahwes Hilfe und Schutz:

Darum fürchten wir uns nicht vor dem *Schlund der Unterwelt*
(*h*^{a}*mîr* ᵓ*areṣ*) [69],
und vor dem *Stürzen der Berge* in die Tiefe des Meeres.

[66] Über die Wendungen aus dem Bereich der Lebewesen wird im zweiten Kapitel ausführlich gehandelt werden.

[67] Auf dem Prinzip der zweifachen Funktion der Partikel gilt die Präposition *k*^{e} vor *har*^{e}*rê* ᵓ*ēl* auch für das nächste Kolon vor *t*^{e}*hôm*. Vgl. M. Dahood, *Psalms* I, 220, wo sich auch die Bemerkungen über die superlativische Funktion von ᵓ*ēl* und *rabbāh* jeweils in beiden Kola (S. 220f.) finden.

[68] C. A. Briggs, *Psalms* I, 318, bemerkt dazu: « There is probably here an antith. in the poet's mind as in 85,12, kindness coming down out of heaven, faithfulness ascending the heigts of heaven ». Diese Bemerkung ist richtig, wenn man die Bezeichnung « Antithese » bloss auf die entgegengesetzten Termini bezieht und man dabei nicht die Antithese des Gedankens meint, die hier nicht vorhanden ist.

[69] Diese Bedeutung für das Wort ᵓ*rṣ* empfiehlt sich im Blick auf seine Verbindung mit dem Wort *h*^{a}*mîr,* das offensichtlich die unteren Gebiete der Erde bezeichnet. Im Ugaritischen gibt es zwei Belege für diese Wurzel. UT, 51 VIII: 8-12: *tspr byrdm arṣ idk al ttn pnm tk qrth hmry* — « Ihr sollet als solche gelten, die in die Unterwelt hinabsteigen, begebt euch daher in seine Stadt 'Schlundheim' (Hmry) ». Ähnlich UT, 67 I: 6-8: *lyrt bnpš bn ilm mt bmhmrt ydd il ġzr* — « Wahrlich, steig hinab in den Rachen des göttlichen

Ähnlich heisst es in Ps 95,4-5:

> In seiner Hand sind die *Tiefen der Unterwelt* (*meḥqrê-ʾareṣ*)[70],
> die *Gipfel der Berge* (*tôᵃpôt hārîm*) sind sein.
> Sein ist das *Meer*: er hat es gemacht,
> das *Festland* (*yabbešet*): seine Hand hat es gebildet.

In diesen zwei Beispielen kann das Wort *ʾrṣ* kaum eine andere Bedeutung als « Unterwelt » haben. Die gleiche Situation bietet sich in den folgenden zwei Belegen. Spr 25,3 verwendet für die Schilderung der Unergründlichkeit der Könige dieses Gleichnis:

> (Wie) der Himmel für die Höhe (*šāmayim lārûm*),
> und die *Unterwelt* für die Tiefe (*wāʾāreṣ lāʿōmeq*)[71].

Jes 44,23:

> Frohlocke, *Himmel,* denn Jahwe hat es getan,
> jauchzet, ihr *Tiefen der Erde* (*taḥᵉtiyyôt ʾāreṣ*)!

Durch die Verwendung des Wortpaares *šmym // thwm* kommen einige hebr. Wendungen den aufgeführten Beispielen aus Ras Schamra noch näher. So z.B. Ps 107,26, wo die Bewegung der Wellen geschildert wird[72]:

> Sie stiegen zum *Himmel,*
> sie sanken in die *Tiefen,*
> ihre Seele verzagte im Elend.

Besonders überraschend ist die Verwendung des Paares in zwei Segenssprüchen. Zuerst im Segensspruch Jakobs für Joseph, Gen 49,25:

> birᵉkôt šāmayim mēʿāl
> birᵉkôt tᵉhôm rōbeṣet tāḥat
> Mit Segensfülle vom *Himmel* droben,
> mit Segensfülle aus der *Tiefe,* die drunten lagert.

Mots, in den Schlund des Lieblings Els, Ghazir! » Vgl. U. Cassuto, « Bal and Mot in the Ugaritic Texts », Israel Exploration Journal 12 (1962) 81; M. Dahood, « The Value of Ugaritic forTextual Criticism », Bib 40 (1959) 169f; *Psalms* I, 279f; M.H. Pope, « The Word *šaḥat* in Job 9,31 », JBL 83 (1964) 277; N.J. Tromp, *Primitive Conceptions,* 54-56.

[70] Mit Recht stellt M. Dahood, *Psalms* II, 353 fest, dass *ḥēqer tᵉhôm* in Ijob 38,16 und der Gegensatz zu « Gipfel der Berge » in unserem Psalm diese Bedeutung für *ʾrṣ* fordern.

[71] Vgl. M. Dahood, *Proverbs,* 52; N.J. Tromp, *Primitive Conceptions,* 43.

[72] Dass es sich hier um die Wellen und nicht um die Segler handelt, stellt M. Dahood, *Psalms* III, 87, fest.

Im Segensspruch Moses an Joseph, Dtn 33,13:

> mᵉbōreket jhwh ᵓarsô
> mimmeged šāmayim mēṭēl (MT miṭṭāl) [73]
> ûmittᵉhôm rōbeṣet tāḥat

Vor *šmym* kann man die Partikel *min,* die vor *thwm* steht, voraussetzen. Andererseits fungiert *mgd mṭl* von V. 13c auch für den V. 13b, was auch daraus ersichtlich ist, dass *mgd* in den beiden Kola des nachfolgenden meristischen Verses vorkommt. Beide Verse (13-14) stellen also folgende viergliedrige meristische Figur dar:

> Und über Joseph sprach er:
> Von Jahwe sei gesegnet sein Land,
> mit dem Köstlichsten tröpfelnd vom *Himmel,*
> und mit demjenigen aus der *Tiefe,* die drunten lagert;
> mit dem Köstlichsten, das die *Sonne* hervorbringt,
> und mit dem Köstlichsten, das die *Monde* erzeugen.

Das « Regen »-Bild kommt auch in Hag 1,10 vor, und zwar zur Beschreibung der Folge der mangelnden Begeisterung für den Wiederaufbau des Tempels:

> ᶜal kēn ᶜᵃlêkem kālᵉᵓû šāmayim miṭṭōl (MT miṭṭāl) [74]
> wᵉhāᵓāreṣ kālᵉᵓāh yᵉbûlāh

> Infolgedessen, euretwegen hat der *Himmel* aufgehört zu regnen,
> und die *Erde* hielt ihren Ertrag zurück.

Diese Wendung hat jedoch nicht unbedingt meristische Bedeutung. Es scheint nämlich, dass « der Ertrag der Erde » in einer ursächlichen Beziehung zum « Regnen des Himmels » steht und daher « Himmel » // « Erde » hier nicht als allgemein gehaltene komplementare Begriffe zu verstehen sind.

Auf Grund der häufigen Dreigliederung des Kosmos sowohl im Ugaritischen als auch im Hebräischen kann man in Ps 77,19 wohl mit M. Dahood [75] die dreigliedrige Aussage voraussetzen:

---

[73] Mit M. Dahood, « Ugaritic Lexicography », *Mélanges Eugène Tisserant* I, Studi e Testi 231 (Città del Vaticano 1964) 90; « Hebrew-Ugaritic Lexicography II », Bib 45 (1964) 412; Rezension Bib 45 (1964) 283 verstehen wir hier das Partizip Hifil des denominativen Verbs *ṭll.* So steht in allen drei Kola jeweils ein Partizip.

[74] *miṭṭōl* ist Inf. cstr.; vgl. M. Dahood, ebd.

[75] Vgl. *Psalms* II, 232. In diesem Zusammenhang tendiert die Bedeutung des Wortes auf « Himmelsgewölbe ». Auf Grund des Phönizischen setzt M. Dahood, « Canaanite-Phoenician Influence in Qoheleth », 216f. für dieses Wort die Bedeutung « pitcher, vase » voraus. Vgl. auch O. Loretz, *Qohelet und der Alte Orient* (Freiburg-Basel-Wien 1964) 190, Anm. 233.

qôl raᶜamkā baggalgal
hēʾîrû beRāqîm tēbēl
rāgᵉzāh wattirᵉᶜaš hāʾāreṣ

Dein erdröhnender Donner war im *Himmelsgewölbe,*
deine Blitze erhellten den *Erdkreis,*
die *Unterwelt* bebte und wankte.

tbl // *ʾrṣ* können jedoch sehr gut auch synonym verstanden werden, besonders weil der Donner und die Blitze zwei verschiedene Dinge bezeichnen, die sich auf denselben Bereich des Kosmos, auf die Erde beziehen können. Eindeutiger spricht für die dreigliedrige meristische Wendung die Schöpfungsaussage von Jer 10,12=51,15:

ᶜōśeh ʾereṣ bᵉkōḥô
mēkîn tēbēl bᵉḥokmātô
ûbitᵉbûnātô nāṭāh šāmayim [76]

Der die *Unterwelt* gemacht hat durch seine Kraft,
gegründet den *Erdkreis* durch seine Weisheit,
und durch seine Einsicht den *Himmel* ausgespannt.

Die meisten der aufgeführten Beispiele gehen anscheinend weit in die ältere Tradition zurück. Die biblischen Belege stimmen jedoch nie völlig mit den ugaritischen überein: Nur einzelne Elemente sind gemeinsam, besonders der Gebrauch des unteren Gegensatzes *ʾrṣ* und *thwm* für die Unterwelt.

Die strukturellen Kennzeichen lassen einige formelhafte Wendungen erkennen. Im Hebräischen kommt eine solche Formelhaftigkeit vor allem in den Segenssprüchen zum Ausdruck. Da die Belege der formelhaften Verwendung jedoch sehr begrenzt sind, Kontakte zwischen Ugaritischem und Hebräischem aber nur in einzelnen Elementen bestehen, müssen wir auf eine endgültige Bestimmung ihrer Wechselbeziehungen verzichten, allerdings mit der Hoffnung, dass in Zukunft auf Grund neuer Funde, bestimmt aber durch vertiefte Studien über das vorhandene Material manches in dieser Fragestellung deutlicher wird.

4. Vertikale und horizontale Dimensionen

Öfters sind wir bereits auf die mehrgliedrigen meristischen Aussagen gestossen, die sich nur in ihrer Gesamtheit richtig untersuchen lassen. Solche Fälle entstehen immer dann, wenn die vertikalen und horizontalen Dimen-

[76] Im N.T. kommt eine solche dreigliedrige Formel in Phil 2,10 vor: « ... damit in dem Namen Jesu sich beuge jedes Knie derer, die im Himmel und auf Erden und unter der Erde sind ... »

sionen kombiniert sind. Dann ist es oft schwierig festzustellen, ob die verwandten Paare rein synonym oder gegenüberstellend strukturiert sind. Entscheidungen können manchmal nur teilweise getroffen werden, weil die Paare mehrere Verwendungsmöglichkeiten bieten und Zusammenhänge nicht immer klar genug sind. Eine Ausnahme ist das Paar *ym // thwm,* das trotz meristischen Zusammenhangs ziemlich klar die synonyme Verwendung erkennen lässt. Nehmen wir z.B. die Aussage in Ps 33,6-8:

Durch das Wort Jahwes ist der *Himmel* geschaffen,
ihr ganzes *Heer* durch den Hauch seines Mundes.
Er fasst in einen Krug [77] die Wasser des *Meeres,*
verschliesst die *Tiefen* in Kammern.
Alle *Welt* fürchte Jahwe,
vor ihm sollen beben, die den Erdkreis *bewohnen.*

Alle drei Verse bewegen sich jeweils in einem Gebiet: « Himmel » // « seine Bewohner » (V. 6); « Meer » // « die Tiefen » (V. 7); « die Welt » // « seine Bewohner » (V. 8). Zusammen stellen sie eine kosmische Dreigliederung dar, wobei nur *šmym // ym* (*thwm*) zur Totalitätsschilderung der göttlichen schöpferischen Allmacht verwendet sind [78], während V. 8 die Folge der Kraft Gottes sein sollte.

Noch klarer kommt die Synonymie des Wortpaares *ym // thwm* in Jes 51,10 und Ps 106,9 zum Ausdruck, wo die Termini jeweils das Schilfmeer bezeichnen. In UT, 52:30 lässt sich die Synonymie trotz fragmentarischen Erhaltungszustandes des Textes vor allem durch das beide Male zusammenstehende Wort *gp* — « der Strand » erkennen: *gp ym // gp thm* — « der Strand des Meeres » // « der Strand der Tiefe » [79]. Auf Grund dieser Texte kann man die synonyme Verwendung auch in Ps 135,6 voraussetzen, wo das Paar zusammen mit dem formelhaften Paar *šmym // ʾrṣ* erscheint:

Alles, was er will, macht Jahwe
im *Himmel* und auf der *Erde,*
im *Meer* und in allen *Tiefen.*

Ähnliche Verwendung einiger Wortpaare findet sich in der berühmten Weisheitsschilderung in Spr 8,24-29. Wegen der augenfälligen meristischen Verwendung lohnt sich eine etwas gründlichere Auseinandersetzung. Die Über-

---

77 Diese Bedeutung ergibt sich aus der Vokalisation *kened* anstatt MT *kannēd.* Vgl. J. Aistleitner, WuS, Nr. 1337; M. Dahood, *Psalms* I, 201.

78 Auf der Ebene der göttlichen schöpferischen Allmacht werden die Verba *ʿšh* (V. 6a), *kns* (V. 7a) und *ntn* (V. 7b) tatsächlich synonym.

79 W. A. van der Weiden, *Le livre des Proverbes,* Biblica et Orientalia 23 (Rome 1970) 81, übersetzt daher das Wortpaar mit « la côte de la mer // la côte de l'Ocean ».

setzung kann grundsätzlich, jedoch nicht völlständig, mit derjenigen von M. Dahood [80] übereinstimmen:

24 Als die *Tiefen* (*thwmwt*) noch nicht waren, war ich geboren,
als die *Quellen* (*mʿynwt*) noch nicht waren, war ich mit den
25 Bevor die *Berge* (*hrym*) eingesenkt wurden, /Tagen beladen.
vor den *Hügeln* (*gbʿwt*) war ich geboren;
26 als er noch nicht vollendet hatte *Erde* und *Fluren* (*ʾrṣ wḥwṣwt*),
noch die ersten Schollen des Erdkreises;
27 als er den *Himmel* (*šmym*) herrichtete, war ich dabei,
als er einen Kreis abmass um der *Tiefe* (*thwm*) Spiegel;
28 als er festigte die *Ätherhöhe* (*šḥqym*) droben,
als er bändigte die *Quellen der Tiefe* (*ʿynwt thwm*);
29 als er dem *Meer* (*ym*) seine Schranke setzte,
dass die Wasser nicht überschritten ihre Scheide,
als er die Grundfesten des *Festlandes* (*ʾrṣ*) legte.

Die Vv. 27-29 sind offensichtlich polar: Die entlegendsten Grenzen des Kosmos sind gegenübergestellt, um die Totalität der göttlichen schöpferischen Tätigkeit zum Ausdruck zu bringen. Es scheint, dass die Wortpaare jeweils nach einem gewissen Aspekt gewählt sind, wobei die Termini auf eine gemeinsame Ebene gestellt sind: *šmym // thwm* (V. 27) und *ym // ʾrṣ* (V. 29) sind als zwei kosmische Grössen gegenübergestellt, während im Wortpaar *šḥqym // ʿynwt thwm* (V. 28) aller Wahrscheinlichkeit nach der Aspekt der zwei extremen Wasserursprünge im Vordergrund steht. Deswegen scheint es, dass in diesem Zusammenhang das Wort *šḥqym* eher die Ätherhöhe mit den damit zusammenhängenden Wolken als den Himmel schlechthin bezeichnet, zumal der Himmel bereits in dem vorangegangenen Vers vorhanden ist [81]. Dieser Schluss ergibt sich auch aus Spr 3,19-20, wo *thwm // šḥqym* (V. 20) die Ursprünge des Wassers bezeichnen:

Durch Weisheit hat Jahwe die *Erde* gegründet,
den *Himmel* durch Einsicht festgestellt.
Durch seine Erkenntnis brachen die *Fluten* (*thwmwt*) hervor,
und die *Wolken* (*šḥqym*) träufelten den Tau.

---

[80] Vgl. « Proverbs 8,22-31 », CBQ 30 (1968) 512f.

[81] F. Delitzsch, *Das Salomonische Spruchbuch,* BK 3 (Leipzig 1873) 146, beschreibt das Wort *šḥqym* als « die feinen durchsichtigen Luftschichten oberhalb der herabhängenden Wolken — ein poet. Name des Firmaments *rāqîʿa* ». Es ist augenfällig, dass ZLH 834 ausschliesslich an der Bedeutung von Himmel, GB 819 jedoch ebenfalls fast ausschliesslich an der Bedeutung von Wolken festhält. Das Verb *ʾmṣ* — « festlegen » spricht an sich mehr für die Deutung von Himmel schlechthin; jedoch braucht man sich wahrscheinlich in einer so poetischen Schilderung die « Festlegung » nicht so realistisch vorzustellen.

Aus dieser Feststellung über die Aspekte oder die gemeinsame Ebene der Wortpaare lässt sich manches über die Aussageweise in den Versen 24-26 sagen. Wahrscheinlich liegt auch hier die Absicht, die Begriffe gegenüberzustellen, zu Grunde. Das gilt vor allem für die Verse 25 und 26a. Wie sich aus zahlreichen anderen Belegen (vgl. besonders Mich 6,1) entnehmen lässt, ist daher auch das Wortpaar *hrym // gbᶜwt* nicht synonym, sondern gegenüberstellend zu verstehen: Auf der Ebene der « Anhöhen » werden die höheren und die niedrigeren Anhöhen gegenübergestellt, wie z.B. *ṣnh* + *ʾlp* — « Schafe » + « Rinder » [82] in der Gliederung der Tierwelt. In Ps 148,9a kommt dieses Wortpaar innerhalb einer ganzen Reihe gegenüberstellender Wortpaare vor, wodurch auch für dieses Paar eine Gegenüberstellung der Termini gefordert wird. Dasselbe dürfte auch für UT, 49 II: 16-17 (vgl. 67 VI: 26-27) gelten, zumal das Paar *ǵr // gbᶜ* zusammen mit dem bereits bekannten meristischen Wortpaar *bn nšm // hmlt arṣ* steht. Mot erklärt auf diese Weise den Grund, dass er Baᶜal aufgefressen hat:

an itlk waṣd
kl ǵrlkbd arṣ
kl gbᶜ lkbd šdm
npš ḫsrt bn nšm
npš hmlt arṣ (Z. 15-19)

Ich streifte umher und durchstöberte
alle *Berge* bis ins Innere der Erde,
alle *Hügel* bis in das Innere der Felder;
mein Rachen hatte Gier nach den *Menschensöhnen,*
mein Rachen nach der *Unzahl der Unterwelt.*

Noch evidenter wird die meristische Funktion im Wortpaar *ʾrṣ* + *ḥwṣwt* (V. 26a), wo F. Delitzsch an die Gegenüberstellung vom « bebauten Land » und « unbebauten Land » oder freiem Feld ausserhalb der Städte und Dörfer denkt [83]. Eine solche Deutung stimmt mit derjenigen von M. Dahood überein, der das Wortpaar auf Grund des Phönizischen als « cities and fields » übersetzt [84]. In diesem Zusammenhang liegt diese Deutung jedoch nicht nahe. Hier handelt es sich nämlich um die Erschaffung in der Urzeit, wobei ein Bild aus der höheren Kulturstufe schwerlich in die Betrachtung des Dichters gekommen sein kann [85]. Es ist daher besser, das Wortpaar mit den meisten anderen einfach als « Erde » und « Flur » (« Feld » und « Steppe ») [86] zu übersetzen (vgl. Ijob 5,10; 18,17!). So haben wir in den Versen 24-26 ein dreigliedriges

82 Vgl. Ps 8,8a und UT, 51 VI: 40f., wo *alpm ap ṣin* belegt ist.
83 Ebd., 155.
84 Ebd., 513. 516.
85 Auch sonst bewegen sich die Schöpfungsschilderungen — siehe besonders Gen 1-2 — in den « nomadischen » Kreisen, wobei die Städte gar nicht in den Zusammenhang passen.
86 Die NEB übersetzt es sogar mit « land » und « lake ».

kosmisches System: Die untere Sphäre von den Tiefen und Quellen, die obere von den Bergen und Hügeln, und die mittlere von der Erde und Flur. Auch wenn die einzelnen Verse synonym zu verstehen wären, bilden sie in ihrer Gesamtheit unbestritten ein Gliederungssystem zur Totalitätsschilderung.

Eine besondere Art der vertikal-horizontalen Gliederung des Kosmos stellen die Aussagen dar, die teilweise auch die Lebewesen einschliessen. Solche Beispiele sind meistens formelhafter Natur. So z.B. die Schöpfungsformel in Ps 146,6:

Er hat *Himmel* und *Erde* gemacht,
das *Meer* und alles, was in ihnen ist.

Ähnlich die hymnische Formel in Ps 69,35:

Ihn sollen rühmen *Himmel* und *Erde,*
die *Meere* und was sich darin regt.

In Ps 96,11-12 und 1 Chr 16,31-33a kommt dieselbe hymnische Formel vor:

Der *Himmel* freue sich und die *Erde* frohlocke,
es brause das *Meer* (*ym*) und was es erfüllt.
Es jauchze das *Feld* (*śdh*) und alles, was darauf ist;
dann sollen jubeln alle *Bäume des Waldes* (*ᶜṣy-yᶜr*).

Ähnlich in Ps 98,7-8:

Es brause das *Meer* (*ym*) und was es erfüllt,
der *Erdkreis* (*tbl*) und die auf ihm wohnen.
Die *Ströme* (*nhrwt*) sollen klatschen in die Hände,
die *Berge* (*hrym*) sollen jubeln gemeinsam.

Es ist ziemlich normal, dass in den sehr ähnlichen Wendungen einzelne verwandte Wortpaare belegt sind. Einige wiederholen sich jedoch fast ständig. Das gilt besonders für die Formel *ṣpwr šmym // dgy hym* (vgl. Ps 8,9), die auch in UT, 52:62-63 in der Form *ᶜṣr šmm wdg bym* vorkommt. In Zef 1,3 [87] wird das Gericht auf diese Weise angekündigt:

Ich werde hinwegraffen *Menschen* und *Vieh.*
Ich werde hinwegraffen die *Vögel des Himmels*
und die *Fische des Meeres.*

Ijob greift eine ähnliche Form auf, um in der Antwort an Zophar (Ijob 12,7-8) auf den Ursprung aller Lebewesen sowie der Weisheit hinzuweisen:

Nun frage das *Vieh,* es wird dich belehren;
und die *Vögel des Himmels,* sie werden dir kundtun;

[87] Vgl. L. Sabottka, *Zephanja,* 7.141.

oder rede mit der *Unterwelt* (*ʾrṣ*) [88], sie wird dich belehren;
und die *Fische des Meeres* werden es dir erzählen.

Solche verwandten Formen sind im Hebr. sehr zahlreich. Dass die Termini für den Kosmos fester sind als die gelegentlich dabeistehenden Begriffe für Lebewesen, ist selbstverständlich. So erscheint im Segensspruch von Gen 22,17, ähnlich wie im Segensspruch von Jer 33,22, folgende Kombination:

Darum will ich dich segnen und dein Geschlecht so zahlreich machen wie die *Sterne* des *Himmels* und wie den *Sand* am Gestade des *Meeres* ...

In Dtn 30,12-13 erscheint innerhalb von zwei Versen die meristische Aussage auf Grund des Paares *šmym // ym,* das auch in UT, 1003: 5-7, allerdings in einem anderen Zusammenhang, vorkommt:

lšnm tlḥk šmm
ṯṯrp ym ḏnbtm

Die zwei Zungen lecken den *Himmel,*
die zwei Schwänze schwingen das *Meer.*

Thematisch ist die Aussage sehr verwandt mit der bereits bekannten in UT, 67 II: 2-3: *špt larṣ špt lšmm lšn lkbkbm* — « Eine Lippe (hat er) gegen die Erde (Unterwelt), die andere Lippe gegen den Himmel, die Zunge gegen die Sterne ». Allerdings fehlt auch hier die gemeinsame Ebene der Gegensatztermini: Zungen und Schwänze sind zwei verschiedene Sachen, wobei der Merismus nicht zum Ausdruck kommen kann.

In den vorliegenden Beispielen haben wir wieder ein Zeichen dafür, wie die Sprache der Psalmen häufig formelhaft ist. Es gibt hier feste Formeln, Klisches, die mehr oder weniger frei in den erweiterten Aussagen kombiniert werden und immer da zum Ausdruck kommen, wo der entsprechende Gedanken- und Stilzwang vorhanden ist.

Jedoch können wir noch auf drei bestimmt originale Beispiele eingehen. Das Paar *ym // ybšt* — « das Meer » // « das Festland » von Ps 95,5 und *ʾrṣ // ʾyym* — « die Erde » // « die Inseln » von Ps 97,1 kommt nirgends anderswo vor. Ebenfalls einmalig ist die Schilderung der Feinde in Ps 80,14:

Der Eber aus dem *Wald* (*ḥzyr myʿr*) wühlt ihn um,
die Tiere des *Feldes* (*zyz śdh*) fressen ihn ab.

Die Beispiele im Ugaritischen sind natürlich nicht so zahlreich. Die Wendung *ʿṣr šmm wdg bym* erscheint nur einmal. Trotzdem darf man sie als eine Formel verstehen, zumal der Umfang der Texte sehr begrenzt ist. Interessan-

88 Vgl. hierzu M. Dahood, « Northwest Semitic Philology and Job », *The Bible in Current Catholic Thought,* hg. von J. L. McKenzie (New York 1962) 58; M. H. Pope, *Job,* 91; N. J. Tromp, *Primitive Conceptions,* 12.

terweise finden sich im Ugaritischen vier Belege des Wortpaares *šd // ym,* das in Ps 96,11-12 + 1 Chr 16,32; Ez 38,20; 26,5-6 in umgekehrter Reihenfolge zur Totalitätsschilderung erscheint. Leider kann man wegen ihres fragmentarischen Erhaltungszustandes für die ugaritischen Texte nicht ohne weiteres dasselbe feststellen. Wir sind letzlich auf reine Vermutungen angewiesen. Auf Grund der Wendung *dalp šd ẓuh bym* in 1 Aqht: 205, die aber sehr verschieden gedeutet wird, lässt sich feststellen, dass die Termini *šd* und *ym* auch im sehr beschädigten Zusammenhang von ʿnt II: 42-43 (IV: 89) eine parallel strukturierte Formel darstellen, die am wahrscheinlichsten meristisch zu deuten ist. Dieselbe Situation ergibt sich aus der Aussage UT, 49 V: 10-19, die die Totalität der Quälerei mit anscheinend sechs verschiedenen Termini schildert. Mot macht Baʿal Vorwürfe, dass ʿAnat seinetwillen ihn vernichtet habe:

> yšu gh wyṣḥ
> ʿlk bʿlm pht qlt
> ʿlk pht dry bḥrb
> ʿlk pht šrp bišt
> ʿlk /pht ṭ/ḥn brḥm
> ʿlk p/ht/ḫ / /brt
> ʿlk ph/t / bšdm
> ʿlk pht drʿ bym [89]

> Er erhob seine Stimme und sprach:
> Wegen dir, oh Baʿal, erfuhr ich die Schmach;
> wegen dir erfuhr ich Gespaltetwerden mit dem *Schwerte,*
> wegen dir erfuhr ich Geröstetwerden im *Feuer,*
> wegen dir erfuhr ich Gemahltwerden in der *Mühle,*
> wegen dir erfuhr ich ...
> wegen dir erfuhr ich ... auf die *Felder,*
> wegen dir erfuhr ich, dass in das *Meer* gestreut wurden meine Glieder.

Diese pathetische Gliederung eines Verfahrens, die man kaum realistisch deuten darf, lässt mit einer gewissen Sicherheit feststellen, dass die Aussage paarweise strukturiert ist. Es scheint nämlich, dass *ḥrb // išt* — « das Schwert » // « das Feuer » und *šd // ym* — « das Feld » // « das Meer » jeweils ein Paar darstellen. Alle diese Glieder sind auf eine gemeinsame Ebene gestellt und bringen eine interessante meristische Formel zum Ausdruck. Wie A. M. Honeyman [90] gut definiert, besteht nämlich der Merismus darin, dass die Glieder einer Aufzählungsreihe einzeln zur Bezeichnung der Gesamtgattung eingeführt werden. Wenn einmal mehrere Glieder angeführt werden, ist es klar, dass sich der Merismus auf mehrere Verse erstreckt.

---

[89] Vgl. UT, 49 II: 31-35.
[90] Vgl. « Merismus », 13f.

5. Einige Beispiele der geographischen Gliederung zur Bezeichnung der Himmelsrichtungen

a. Ugaritische und KAI-Belege

Eine ugaritische meristische Aussage bietet uns sogleich den Ansatzpunkt für Erwägungen über Semantik und Etymologie. Im ʿAnat-Zyklus wird geschildert, wie die kriegerisch-wütende ʿAnat « alle » Menschen schlägt:

tmḫ̮ṣ lim ḫp y/m/
tṣmt adm ṣat špš

Sie schlägt das Volk an der *Meeresküste* (im Westen),
sie vernichtet die Menschen des *Sonnenaufgangs* (des Ostens) [91].

Die Gegensatzbegriffe entsprechen sowohl semantisch als auch etymologisch zahlreichen biblischen Belegen. Für den « Westen » wird nämlich auch dort der Begriff « Meer » gebraucht, womit sicher das Mittelmeer gemeint ist [92]. Die Form *ṣat,* inf. cstr. *ṣiʾat* vom Verb *yṣʾ* [93], findet ihre Entsprechung in der hebr. Form *mwṣʾ*, bzw. in der phönizischen Form *mṣʾ*, die aus demselben Verb abgeleitet wird [94]. Die Grundbedeutung dieses Wortes ist daher « der Ausgang » oder « der Ausgangsort », was auch aus der Inschrift im Siloah-Kanal in Jerusalem ersichtlich ist: « Es floss das Wasser vom Ausgangsort (*hmwṣʾ*) zu dem Teiche 1200 Ellen weit » [95]. Es ist leicht zu verstehen, wieso dieses Wort sozusagen der *terminus technicus* für den « Aufgang der Sonne » geworden ist.

Die Wurzel *yṣʾ* ist bereits in drei kanaanäischen Glossen von El-Amarna bezeugt: *ja-ṣi-ni* (hebr. *yôṣîʾēnî*) [96]; *ji-ṣa* [97]; *mûṣi* [98], dem hebr. *mwṣʾ* und aram. *mwqʾ* entsprechend. Der dritte Beleg findet sich in der meristischen Formel:

Siehe, der König, mein Herr, hat gesetzt
seinen Namen am *Aufgang der Sonne* (*mû-ṣi* ^{ilu}*šamšiši*),
und am *Untergang der Sonne* (*ir-bi* ^{ilu}*šamšiši*) [99].

---

91 UT, ʿnt II:7-8. Vgl. hierzu TO I, 158: « Si la traduction est exacte, on est en présence d'un mérisme (expression d'une totalité par l'indication des termes extrêmes) signifiant que ʿAnat se bat contre des gens venus de partout ». Das Verständnis als Merismus ist anscheinend auch bei U. Cassuto, *The Goddess Anath,* 116, vorhanden: « The meaning is not that Anath wrought destruction in the countries of the west and east, but that she slew the marauders, who came from both the east and the west ».

92 Vgl. die Belege von Gen 13,14; Dtn 3,27; 11,24; Sach 14,4b; Ps 139,9; Dan 8,4. In Jes 49,12 und Ps 107,3b bedeutet *ym* wegen der Gegenüberstellung mit *ṣpwn* aller Wahrscheinlichkeit nach « das südliche Meer » oder den Golf von Aqabah; möglicherweise sogar den Strom Nil.

93 Siehe UT, *Glossary,* Nr. 1138.

94 Vgl. GB, 407. 310; KBL, 505. 393f; DISO, 164.

95 KAI 189,5.

96 EA 282,14.

97 EA 151,70.

98 EA 288,6. Zur Vokalisation siehe EA II, 1475 (Glossar).

99 EA 288,5-7.

Bedenkt man, dass diese Formel mehr oder weniger unverändert und zwar mehrere Male in der Bibel wiederkehrt, so fällt auf, dass sie hier zum Brief des Königs Abdiḫiba von Jerusalem an den Pharao gehört und daher einen festen kanaanäischen Topos darstellen mag.

Im Ugaritischen finden sich noch zwei « geographische » Begriffe, die im Hebräischen eine wichtige Rolle spielen: *qdm* mit der Grundbedeutung « vor, vorne » und *šḥr* — « das Morgenrot » [100]. Diese zwei Begriffe erscheinen in einem allerdings beschädigten Text in einem Parallelismus [101], der deshalb die Übersetzung « east wind » für *qdm* [102] strittig macht; vielmehr empfiehlt sich da die Bedeutung « Morgenrot » oder « Osten » [103]. J. Aistleitner übersetzt also richtig die Konstruktion *km šḥr // km qdm* mit « wie die Morgenröte » // « wie der Osten ». Ihm folgt auch TO I: « comme l'aurore » // « comme l'orient » [104]. Diese Deutung findet eine Begründung in der Wendung *qdm ym* [105], falls sie tatsächlich als « Ost » + « West » zu übersetzen ist [106]. Wegen des schlechten Erhaltungszustandes des unmittelbaren Zusammenhangs kann man das aber nicht mit Bestimmtheit entscheiden.

Im Kontext der ugaritischen Mythologie und angesichts der Wichtigkeit der Begriffe, die aus den grundlegenden Himmelsrichtungen hervorgehen, ist es nicht verwunderlich, dass der Begriff *šḥr* als Gottheit in Gegenüberstellung zu *šlm* vorkommt [107]. Aus der bereits bekannten Bedeutung von *šḥr* kann man erschliessen, dass Schachar der Gott der Morgenröte und Schalim der Gott der Abenddämmerung war. In dieser Gegenüberstellung wird wohl mit einer sachlichen Bedeutung, also nicht mit einem Merismus, gerechnet werden müssen, ohne dass allerdings die darin sich offenbarende Tendenz zur gegensätzlichen Schilderung ausser Acht gelassen werden darf.

Die Übersicht über diese Begriffe wird uns jetzt bei der Beurteilung der KAI-Belege nützlich sein, wo noch einige « geographische » Termini zum Vorschein kommen, die auch im Hebräischen belegt sind. In der Karatepe-Inschrift ist dreimal die Gegenüberstellung von *mṣʾ šmš // mbʾ* — « Aufgang der

---

[100] Vgl. UT, *Glossary*, Nr. 2208, bzw. 2399. Einzeln kehrt dieser Begriff auch in der Mēšaᶜ-Inschrift wieder. Der König Mēšaᶜ zog bei Nacht los und kämpfte gegen Israel « vom Anbruch der Morgenröte an bis Mittag » — *mbqᶜ hšḥrt ᶜd hṣhrm*. Siehe KAI 181,15.

[101] Vgl. UT, 75 I:7-8.

[102] So übersetzen den Begriff C. Gordon, UT, *Glossary*, Nr. 2208; Th. H. Gaster, *Thespip. Ritual, Myth, and Drama in the Ancient Near East* (Garden City, N.Y. ²1961) 219. Es scheint, dass sie dies vom hebr. *qādîm* — « Ostwind » ableiten.

[103] Vgl. J. Aistleitner, *Die myth. u. kult. Texte aus RS*, 55.

[104] Auf Seite 334. Vgl. dazu auch M. Dahood, *Psalms* II, 242, die Erklärung zu Ps 78,26. Mit Recht beruft er sich auf Jon 4,2: *qiddamtî librōªḥ taršîšāh* — « I arose at dawn to flee to Tarshish ».

[105] UT, 51 VII:34.

[106] So H. L. Ginsberg, ANET, 135; J. Aistleitner, *Die myth. u. kult. Texte aus RS*, 45; A. Jirku, *Kanaanäische Mythen und Epen*, 52.

[107] UT, 52:52.53.

Sonne » // « -untergang » vorhanden, und zwar: A I 4-5; A I 18-19; A II 2-3 [108].

Die Gegenüberstellung von « Sonnenaufgang » // « -untergang » in A I 4-5 dient zum Ausdruck der Totalität: Der König ᵓZTWD rühmt sich, das Land (die Stadt?) der Ebene von Adana bis zu den « letzten » Grenzen, oder auf den beiden Seiten « gänzlich » erweitert zu haben. Ebenfalls meristisch, und zwar polar, ist die Gegenüberstellung dieser Begriffe in A II 2-3. Das ist besonders auffällig, weil vorher « alle Grenzen der Flur von Adana » erwähnt werden, so dass die Formel « vom Aufgang der Sonne bis zu ihrem Untergang » nur eine Näherbestimmung des Vorhergehenden ist. Beide Belege sind also auf die gleiche Weise ausgedrückt.

Anders ist es mit der Beziehung von « Sonnenuntergang » von A I 18-19 zu « Sonnenaufgang » von A I 21, weil die gemeinsame Ebene nicht so klar und unmittelbar ist. Jedoch kann hier auch vom Merismus die Rede sein. Indem der König sich rühmt, starke Städte (Länder?) im Westen unterworfen und ihre Leute an den äussersten Grenzen im Osten sich ansiedeln gelassen zu haben, betont er eben, dass er « die ganze Welt » beherrscht.

Die aramäische Inschrift von Zincirli aus dem 8. Jh. v. Chr. bringt einen neuen Terminus und stellt den Parallelismus *mwqᵓ šmš* // *mᶜrb* her [109]. Nach einer längeren Aufzählung der Verdienste des Königs Panammuwa II. kommt eine Gunstbezeigung vor, wie er am Rade seines Herrn Tiglatpileser lief:

> ... vom *Aufgang* der Sonne bis zum *Untergang* und /von .../ (14) den vier Weltgegenden. Und die Töchter des *Ostens* brachte er nach dem Westen, die Töchter des *Westens* brachte er nach dem O(s)ten » [110].

Der Zusammenhang empfiehlt eine meristische Deutung für die erste Gegenüberstellung im Sinne von « überall ». Auch die Deportation der « Töchter » [111] in zwei Richtungen dient offenbar der Betonung, dass der König Beherrscher der « ganzen » Welt war.

Nach all dem kann man zusammenfassend sagen: Die Begriffe *ṣat, mṣᵓ* (mwṣᵓ), *mwqᵓ*, *qdm*, *šḥr* für « Osten » und *ym*, *mbᵓ*, *mᶜrb* für « Westen » kennzeichen bereits ihren gemeinnordwestsemitischen semantisch-etymologischen Weg und führen uns also direkt in den Bereich des AT, wo sie in verschiedenen Kombinationen auftreten. Da sie sich schon in der bisherigen Untersuchung vor allem angesichts ihrer Gliederungsbeziehungen als charakteristisch erwiesen haben, empfiehlt sich weiterhin um so mehr die Aufmerksamkeit auf

---

[108] KAI 26.

[109] *mᶜrb* ist einzeln auch im Ugaritischen belegt: UT, 1 Aqht 210; 173:21; 2077:10. Ausserdem kommt in UT, 9:9; 173:52.56-57 *ᶜrb špš* — « Sonnenuntergang » vor. Vgl. hierzu UT, *Glossary,* Nr. 1915.

[110] KAI 215.

[111] Mit den « Töchtern » sind hier wahrscheinlich die « Völkerschaften » gemeint wie etwa in Ps 45,13; 137,8; Jes 22,4; Jer 46,11; Klgl 4,21. Vgl. KAI II: *Kommentar,* 228.

ihre jeweils eigengeartete Verwendung in den betreffenden Stellen. Wir analysieren hier nur diejenigen, die Deutungsschwierigkeiten darstellen.

b. Belege aus dem Biblisch-Hebräischen

aa. Ps 65,6a-9

In Ps 65,9b erscheint der Begriff *mwṣʾ* als *nomen regens* der Gegenüberstellung von *bqr* + *ʿrb* — « Morgen » + « Abend ». Die Deutungen sind ziemlich verschieden. Häufig achtet man zu wenig auf den universalen Gesichtspunkt der vorangehenden meristischen Verse, zu denen dieses Kolon in innerer Beziehung steht. Deswegen muss die ganze hymnische Perikope, Vv. 6b-9, überprüft werden:

mabtî^{a}ḥ (MT mibtāḥ) [112] kol-qaṣwê-ʾereṣ
w^{e}yām r^{e}ḥōqî-m [113]
mēkîn hārîm b^{e}kōḥô
neʾzār big^{e}bûrāh
mašbî^{a}ḥ š^{e}ʾôn yammîm
š^{e}ʾôn gallêhem
wah^{a}môn l^{e}ʾummîm
wayyîr^{e}ʾû yōš^{e}bê q^{e}ṣāôt mēʾôtōtêkā
môṣāʾê-bōqer wāʿereb tarnîn

Der alle *Enden der Erde* stillte
und das *ferne Meer.*
Der die Berge feststellte mit seiner Kraft,
umgürtet mit Macht.
Der das *Brausen der Meere* stillte,
das Brausen ihrer Wellen
und das *Tosen der Völker,*
so dass die Bewohner der Weltenden sich fürchteten vor deinen Zeichen;
die Aufgänge des *Morgens* und des *Abends* erfüllst du mit Jubel.

Der vorliegende Hymnus zeigt, wie sehr die gegensätzliche Schilderung mit kosmisch-geographischen Begriffen für diese Gattung geeignet ist. Man kann folgende Gegensatzwortpaare herausschälen: *qṣwy-ʾrṣ* + *ym rḥwq* (V. 6b); *šʾwn ymym* // *hmwn lʾmym* (V. 8); *bqr* + *ʿrb* (V. 9b). Das erste Wortpaar lässt sich sowohl im kosmischen als auch im geographischen Sinn deuten: « Festland » (in der Ferne) + « Meer » oder etwa « Osten » + « Westen ».

[112] Angesichts der partizipialen Bildung in den nächsten zwei Versen empfiehlt sich auch hier das Partizip anstelle des Substantivs. Vgl. M. Dahood, *Psalms* II, 112.

[113] Mit M. Dahood, *Psalms* II, 112, verstehen wir *-m* als ein enklitisches *mem.* Einige, wie H. J. Kraus, *Psalmen,* 449; D. G. Castellino, *Libro dei Salmi,* 467, lesen auf Grund Jes 66,19 *ʾyym* — « Inseln » anstatt *ym.* Das tun sie allerdings nach ihrem beliebigen Geschmack, was sich schon mit der LXX — *kaì en thalássē makrán* — und mit der Vulgata — *marium procul* — nicht in Übereinstimmung bringen lässt.

Diese universalistische Schilderung wird noch gesteigert und führt über das zweite meristische Wortpaar zu einer Folge, die durch *waw cons. impf.* eingeleitet wird: Die Bewohner der Weltenden fürchten sich vor den Zeichen der « universalen » Herrscher. Dieses Fürchten ist allerdings erfreulicher Natur und hängt konsequenterweise mit der Feststellung zusammen, dass der Allherrscher die « ganze Welt » (« Osten » und « Westen ») in Jubel ausbrechen lässt.

In diesem Zusammenhang ist also die geographische Deutung für das Paar *bqr* + *ᶜrb* unverkennbar, so dass die konträre Ansicht von C. A. Briggs ebenso willkürlich erscheint wie seine Voraussetzung, dass die vorliegenden universalistischen Verse so gut wie alle einer späteren Hand zuzuschreiben seien [114]. Angesichts dieser Feststellung ist es verwunderlich, dass anderswo kein klares Beispiel zu finden ist, in dem dieses Wortpaar anstatt der temporalen die geographische Bedeutung hätte. So sieht man, dass in unserem Fall die geographische Bedeutung allein durch den Begriff *mwṣ*ᵓ bestimmt wird.

bb. Ps 89,12-13

In Ps 89,13a erscheint das Wortpaar *ṣpwn* + *ymyn,* das zusammen mit der kosmischen Gliederung (Vl. 2) im Zusammenhang mit der Schöpfungsschilderung eine Einheit bildet:

lᵉkā šāmayim ᵓap lᵉkā ᵓāreṣ
tēbēl ûmᵉlōᵓāh ᵓattāh yᵉsadtām
ṣāpôn wᵉyāmîn ᵓattāh bᵉrāᵓtām
tābôr wᵉḥermôn bᵉšimkā yᵉrannēnû

Dein ist der *Himmel,* dein auch die *Erde,*
der Erdkreis und was ihn füllt — du hast sie gegründet,
Norden und *Süden* — du hast sie geschaffen.
Tabor und Hermon jauchzen ob deines Namens.

Die eigentümliche Zusammenstellung der Begriffe *ṣpwn, tbwr* und *ḥrmwn,* die uns als alte Götterberge bekannt sind, dient zahlreichen Forschern als Anlass dafür, *ṣpwn* + *ymyn* von V. 13a nicht für geographische Bezeichnungen « Norden » + « Süden », sondern für Götterberge als solche zu halten, indem sie *ṣpwn* gewöhnlich mit dem *Jebel el ᶜAqra* in Nordsyrien identifizieren und *ymyn* in etwa *ᵓmnh* — Amanus von Antilibanon emendieren [115].

---

[114] Siehe *Psalms* II, 81. Auf Seite 82 sagt er zu V. 9b: « It is probable that this does not refer to sunrise and sunset, the East and West, as the extreme limits of the earth, with universal significance; but rather to sunrise and sunset as the limits of the day, and so the goings out of morning and evening worship in the temple ». F. Delitzsch, *Psalmen,* 433, stellt jedoch richtig fest: « ' Ausgangsstätten des Morgens und Abends ' sind Ost und West mit Bezug auf ihre Bewohner ». Ähnlich H. Schmidt, *Die Psalmen,* 122.

[115] Vgl. H. Schmidt, *Die Psalmen,* 166; O. Mowan, « Quattuor montes sacri in Ps 89,13? », VD 41 (1963) 11-20; M.H. Pope, *Wörterbuch der Mythologie* I, hg. von H.W.

In den Erwägungen über dieses Problem können wir am besten von dem Begriff *ṣpwn* ausgehen. Wie bekannt, bedeutet er im Ugaritischen ständig den heiligen Berg — *ṣpn* als solchen [116]. Da dieser Götterberg direkt nördlich von Palästina liegt, kann man verstehen, wieso er für die Hebräer zum *terminus technicus* für « Norden » wurde. Dass sich im Hebräischen gerade *ṣpn* für diese Bedeutung beheimatet hat, ist allerdings kein Zufall. Dies ist ein sichtbares Zeichen dafür, wie wichtig dieser Götterberg in der kanaanäischen Tradition gewesen sein muss. Das lässt uns aber annehmen, dass die ursprüngliche sachliche und mythische Bedeutung auch im Althebräischen nachgewirkt hat. Deswegen ist es nicht verwunderlich, wenn manchmal in einzelnen Beispielen schwierig festzustellen ist, mit welchen Bedeutungsaspekten man eigentlich rechnen muss.

In unserem Fall ist es jedoch ziemlich klar. Das Wortpaar *ṣpwn* + *ymyn* findet sich im Zusammenhang der Schöpfungsschilderung, wobei die Schöpfungstermini späterer Zeit verwendet werden. Angesichts dieser Tatsache ist befremdend die Annahme von H. J. Kraus, dass diese Stücke des Hymnus in sehr alte Zeit weisen [117], zumal der gesamte Psalm anscheinend ziemlich spät anzusetzen ist [118]. Man muss sich also fragen, ob die oben genannte sachliche Deutung, die sogar eine Emendation für den anderweitig belegten *ymyn* fordert, in den geschichtlichen Kontext dieses Psalms passt. Bedenkt man, dass im späteren Hebräischen der ursprüngliche Bergname *ṣpn* eindeutig die Bedeutung « Norden » angenommen hat und dass hier das fragliche Wortpaar in der Zusammenstellung mit der vorangehenden kosmisch-meristischen Schilderung erscheint, liegt für die Vv. 12-13a die allgemeine, und zwar die meristische kosmisch-geographische Deutung am nächsten: « Himmel » // « Erde » und « Norden » + « Süden » gehören zusammen und betonen polar die Abhängigkeit der kosmisch-geographischen Grössen von Jahwe, wobei das Jauchzen von Tabor und Hermon die Folge des Vorhergehenden ist und mit *ṣpwn* + *ymyn* strukturell nichts zu tun hat [119].

Haussig (Stuttgart 1965) 258; M. H. Pope, *Job,* in Auslegung zum Ijob 26,7a; R. de Vaux, « Jérusalem et les prophètes », RB 73 (1966) 506; M. Dahood, *Psalms* II, 314; H. J. Kraus, *Psalmen,* Exkurs zu Ps 45, auf Seite 342f und 620. Nach O. Eissfeldt, *Baal Zaphon,* 12f., liesse sich annehmen, « dass *yāmîn* Name des dem *dschebel ᵓel-ᵓaḳraᶜ* südlich vorgelagerten Kara Dugan, des Antikassion Strabos gewesen wäre ».

[116] Vgl. UT, *Glossary,* Nr. 2185.

[117] Vgl. *Psalmen,* 620.

[118] H. Gunkel, *Die Psalmen,* 396, datiert den ganzen Psalm etwa auf das 5. Jh.; M. Dahood, *Psalms* II, 311, setzt ihn ebenfalls in die Zeit nach der davidischen Dynastie.

[119] Dass sie gerade in dieser Zusammenstellung vorkommen, darf man wohl als einen Zufall ansehen. Die unter Anm. Nr. 115 genannten Deutungen haben häufig ihren Grund im Missverständnis hinsichtlich des Parallelismus zwischen Kola 13a und 13b. O. Mowan zieht z.B. auf S. 11 seine Schlüsse über die sachliche Bedeutung der fraglichen Termini hauptsächlich aus dem mangelnden Parallelismus zwischen « Aquilonem et Austrum » und « Thabor et Hermon », sieht aber nicht, dass der Parallelismus zwischen den beiden Kola sowieso nicht vorhanden ist, weil das Verb *brᵓ* (V. 13a) einen Parallelismus mit dem vorangehenden *ysd* (V. 12b) und nicht mit *rnn* (V. 13b) bildet. Infolgedessen ist ein Parallelismus zwischen den beiden Kola in V. 13 gar nicht zu suchen.

Zweites Kapitel: DIE GLIEDERUNG DER LEBEWESEN

1. « Gott » (« Götter ») — « Mensch »

Zunächst sollen die Beispiele untersucht werden, die der altkanaanäischen Tradition zuzurechnen sind. Ein solches Beispiel ist anscheinend in Ps 36,8b vorhanden, zumal in der Form *yḥsywn* von V. 8c das altkanaanäische dritte *-y* erhalten geblieben ist. Das fragliche Wortpaar lässt sich hier am besten innerhalb der gesamten hymnisch-meristischen Einheit von Vv. 7-9 bewerten:

> Dein Grossmut ist wie das *höchste Gebirge,*
> deine Behutsamkeit ist von *gewaltiger Tiefe,*
> *Menschen* und *Tieren* hilfst du.
> O Jahwe, wie köstlich ist deine Huld!
> *Götter* und *Menschen* (*ʾlhym wbny ʾdm*)
> finden Schutz (*yḥsywn*) im Schatten deiner Flügel.
> Sie laben sich am Fett deines Besitzes,
> und vom Bach deiner Wonnen tränkst du sie.

Die Gegenüberstellung « Götter und Menschen » klingt angesichts der üblichen Ausschliesslichkeit Jahwes in der Bibel allerdings befremdend. Um diese meristische Form wegen ihrer angeblichen Anstössigkeit auszumerzen, hat man in der Geschichte ihrer Exegese, angefangen mit der LXX, *ʾlhym* zu dem vorangehenden Kolon zugeordnet oder es in *ʾēlêkā yābōʾû* [1] oder ähnlich konjiziert, was dem Sinn der klaren meristischen Struktur in keiner Weise gerecht sein kann. Diese Uminterpretation verdeutlicht die Tendenz, die altkanaanäische Tradition, die in Israel logischerweise weiter gelebt hat, etwa mit dem prophetischen und deuteronomistischen Exklusivismus gleichzusetzen. Die vorliegende Übersetzung, die ausser bei M. Dahood auch in der *New English Bible* vorhanden ist, entspricht aber strukturell und ideell dem offensichtlich altkanaanäischen Gepräge des Stückes, zumal zwei engere Parallelen aufgewiesen werden können. Das Motiv « des Ernährens der Götter und der Menschen » aus dem V. 9 erscheint in der bereits bekannten ugaritischen Wendung — UT, 51 VII: 49-53:

> aḥdy dymlk ʿl ilm
> lymru ilm wnšm
> dyšb/ʿ/ hmlt arṣ

[1] So zuerst B. Duhm, *Die Psalmen,* 148, entsprechend Ps 65,3.

Er allein ist es, der über die Götter herrschen wird,
ja, der die *Götter* und die *Menschen* nähren wird,
der die *Unzahl der Unterwelt* sättigen wird.

In beiden Belegen kommt also als Symbol eines universalen Königs, bzw. Gottes die Sorge um alles Lebende vor. Dass im Psalm auch die « Götter » einer solchen Sorge unterstellt sind, dass sie also neben Jahwe existieren, wirkt nicht mehr befremdend angesichts einer neuen Parallele von der Fabel Jothams, Ri 9,7-15, wodurch die Existenz des Wortpaares in Ps 36,8b abgesichert ist. In diesem ebenfalls klar altkanaanäisch geprägten Meisterstück werden *ʾlhym wʾnšym* zweimal auf dieselbe Ebene gestellt. Der V. 9 bringt die Antwort des Ölbaums auf die Einladung, König über andere Bäume zu werden:

heḥᵃdaltî ʾet dišnî
ʾᵃšer bî yikbᵉdû (MT yᵉkabbᵉdû) [2] ʾᵉlōhîm waʾᵃnāšîm
Soll ich meine Fettigkeit lassen,
durch welche *Götter* und *Menschen* fett werden?

Merkwürdigerweise erscheint hier das Wort *dšn* — « Fettigkeit » in demselben Zusammenhang wie in unserem Psalm (V. 9a). Man kann weiter eine gewisse Entsprechung zwischen V. 9b desselben Psalms zu Ri 9,13 sehen; es handelt sich um die Antwort des Weinstocks auf die Einladung, der König über andere Bäume zu werden:

Soll ich meinen Wein lassen,
der *Götter* und *Menschen* fröhlich macht? [3]

Angesichts des archaischen Charakters des Hymnus in Ps 36,6-10 wird jene Auslegung fraglich, die das symbolreiche Stück in den Zusammenhang von Heiligtum und Kultus bringen will [4]. Vielmehr empfiehlt sich die Vermutung, dass hier bereits vorgeprägte Stücke nicht ganz organisch zusammengestellt worden sind » [5]. Man weiss schon, dass es im AT viele solche her-

---

[2] Nach M. Dahood, *Psalms* I, 221, enthält *bî* das Suffix der 3. Person *-y*.

[3] Beachtenswert ist auch, dass am Ende der Fabel (V. 15c) das bereits von Ps 36,8c bekannte Vokabular erscheint. Nachdem alle Bäume ablehnten, König zu werden, kommt die Reihe auf den Dornbusch, der seine Zustimmung gibt: « Wollt ihr in Wahrheit mich salben, dass ich König über euch sei, so kommt und bergt euch in meinem Schatten (*bôʾû ḥᵃsû bᵉṣillî*) ».

[4] Vgl. H. J. Kraus, *Psalmen,* 283, der in *bᵉṣēl kᵉnāpêkā yeḥᵉsāyûn* — « Finden Schutz im Schatten deiner Flügel » von V. 8c das Asylbekenntnis sieht: « Der Verfolgte flieht in das Heiligtum und sucht Zuflucht in der Schutzsphäre Jahwes, die durch das Bild der ausgespannten Kerubenflügel bezeichnet wird ». *dešen bêtekā* — « Das Fett deines Besitzes » von V. 9a sei dann « eine Breviloquenz, die an die Fettstücke des Opfers (Jes 43,24) denkt, das im Heiligtum dargebracht wird ».

[5] Vgl. H. Gunkel, *Die Psalmen,* 151.

vorragende poetische Stücke gab, die auch die doktrinale Tendenz weiter existieren liess.

Dies dürfte auch für die Erzählung vom Jakobs Kampf bei Penuel, Gen 32,23-33, gelten, wo der geheimnisvolle Gegner dem Jakob den Ehrennamen gibt:

> Du sollst nicht mehr Jakob heissen, sondern Israel; denn du hast mit *Gott* (Göttern) und mit *Menschen* (*ᶜm ᵓlhym wᶜm ᵓnšym*) gestritten und bist Sieger geblieben (V. 29).

Will man die Stelle samt dem Zusammenhang wortwörtlich interpretieren, stösst man natürlich auf grosse Schwierigkeiten. Die offenbar sehr alte Väterüberlieferung, die anscheinend nicht ganz organisch in den Zusammenhang der übrigen Erzählungen komponiert ist, führt uns jedoch vom Doktrinalismus weg zu dem grossartigen literarischen Gepräge [6], das für *ᵓlhym* meherere Interpretationsmöglichkeiten erlaubt [7], allerdings auf Grund des Merismus.

Einige weitere Beispiele desselben, bzw. des ähnlichen Wortpaares sind dagegen viel klarer und bedürfen keiner näheren Erörterung. In Dan 6,8.13 handelt es sich um die Oberbeamten des persischen Reiches, die den König Darius überreden, dass er ein Verbot aufstelle, wonach ein jeder, der innerhalb dreissig Tagen von irgendeinem *Gott* oder *Menschen* (*ᵓlh wᵓnš*) [8] etwas erbitte ausser vom König, in die Löwengrube geworfen werden solle. Hier sind natürlich die heidnischen Götter gemeint. Der weisheitliche Sitz im Leben des Wortpaares führt uns dagegen anscheinend zum jahwistischen Glauben. In Spr 3,3-4 heisst die Mahnung zur Gottesfurcht:

> Lass Liebe und Treue nicht von dir weichen;
> binde sie dir an den Hals,
> schreibe sie auf die Tafel deines Herzens,
> so wirst du Gunst und Beifall finden
> vor *Gott* und den *Menschen* (*bᵉᶜênê ᵓᵉlōhîm wᵉᵓādām*).

Sir 45,1 zeigt denselben Hintergrund:

> Und geliebt war von *Gott* und den *Menschen* (*ᵓlhym wᵓnšym*):
> Mose — sein Andenken sei gesegnet.

Die Häufigkeit und die Formelhaftigkeit des betreffenden Wortpaares, das indes mit verschiedenen Nuancen und in verschiedenen Glaubenswelten ver-

---

[6] Vgl. G. von Rad, *Das erste Buch Mose,* ATD (Göttingen ⁸1967) 281: « Vielleicht ist ‘ Gott (Götter) und Menschen ’ doch nur eine superlativisch pathetische Redewendung, die nicht gepresst werden darf ».

[7] E. A. Speiser, *Genesis,* AB 1 (1964) 254 übersetzt die Wendung: « For you have striven with beings divine and human ... », während sie die meisten einfach mit « Gott und Menschen » übersetzen.

[8] Zur Etymologie dieses Paares vgl. KAI 215,23; 228 A 20-22.

wendet werden kann, spricht vor allem für seinen naturgegebenen Ursprung. Natürlich werden im AT Gott und Mensch grundsätzlich nicht auf dieselbe Ebene gestellt wie dies etwa in der alttestamentlichen Umwelt der Fall ist. Aus den folgenden Belegen ergibt sich diese Feststellung ziemlich deutlich, zumal gelegentlich der Personenname *yhwh* erscheint. Gemeint ist freilich die « ontologische » Differenz zwischen Jahwe und Menschen, die aber auf Grund der Bundestheologie das tiefste und das persönlichste Zusammenleben ermöglicht, sofern nur die entsprechenden moralischen Bedingungen vorhanden sind. Diese Voraussetzung scheint im Refrain von Ps 107,8.15. 21.31 zugrunde zu liegen:

yôdû layhwh ḥasdô
wᵉnipleʾôtāyw libnê ʾādām

Dankend preisen sollen sie *Jahwe* für seine Gnade,
und seine Wunder den *Menschenkindern* (bekennen).

Im Gegensatz zu den früheren Ausleger stellt M. Dahood richtig fest, dass *yôdû* sich sowohl auf *yhwh* als auch auf *bny ʾdm* bezieht [9]. Das ergibt sich einerseits aus dem Chiasmus, andererseits aus dem universalistischen Gepräge des Psalms. Das Bundesvolk soll dankend preisen Jahwe für seine hier aufgezählten Wunder und diese zugleich den Menschen bekennen. Das Verb *ydh* ist also jeweils etwas anders nuanciert, verdeckt aber damit nicht die Stilfigur des Merismus. Ähnliche diesbezügliche Gegenüberstellungen, allerdings in etwas verschiedenem Sinn, sind noch anderswo anzutreffen [10]. In 1 Sam 2,26 heisst es:

Der Knabe Samuel nahm immer mehr zu an Alter und Gunst sowohl bei dem *Jahwe* als auch bei den *Menschen* (*gam ᶜim yhwh wᵉgam ᶜim ʾᵃnāšîm*).

Sir 10,7:

Verhasst bei *Gott* und *Menschen* (*ʾdwn wʾnšym*) ist hochfahrender Sinn,
und beiden gilt Gewalttat als Frevel.

In Ps 97,9 begegnen wir erneut einer bewegend jubelnden Stimmung,

[9] Siehe *Psalms* III, 82f.

[10] Auch im NT kommt dreimal die Gegenüberstellung *theós // ánthrōpos* vor. Im Gleichnis vom ungerechten Richter, Lk 18,2, heisst es: « Es war ein Richter in einer Stadt, der *Gott* nicht fürchtete und sich vor keinem *Menschen* scheute ». Die Zeile 4 bringt die Überlegung des Richters: « Wenn ich auch *Gott* nicht fürchte und mich vor keinem *Menschen* scheue ... » Bei der Verteidigungsrede in Cäsarea benutzt der Apostel Paulus folgende meristische Wendung: « Dabei habe ich die Hoffnung zu Gott, auf die auch diese selbst warten, dass es eine Auferstehung der *Gerechten* wie der *Ungerechten* geben wird. Darum übe ich mich auch selbst, allezeit ein unverletztes Gewissen zu haben gegenüber *Gott* und den *Menschen* — *pròs tòn theòn kaì toùs anthrōpous* —, Apg 24,15-16.

wenn die Überwindung der heidnischen Götter zu folgender Feststellung führt:

> Denn du, Jahwe,
> bist der Höchste auf der ganzen *Erde* (*ʾrṣ*)[11],
> bist hoch erhaben über alle *Götter* (*ʾlhym*).

Dieses absolute « über alles » Jahwes spürt man mehr noch in Ps 68,33, wo alle Höchsten aufgerufen sind, den triumphierenden Jahwe zu preisen:

> O *Könige* (*mamlᵉkôt*)[12] der Erde, singet,
> o *Götter* (*lēʾlōhîm*), spielet dem Herrn!

Damit sind die hebräischen Belege der meristischen Gegenüberstellung von Gott (Götter) und Mensch erschöpft und erlauben einen zusammenfassenden Rückblick. Ist man auf den grossen Umfang und die lange Zeitspanne des AT sowie auf das jahwistische Gepräge grösseren Teils der behandelten meristischen Belege bedacht, so könnte man A. M. Honeyman zustimmen, dass angesichts der spärlichen Beispiele, wo *ʾlhym* // *ʾnšym* auf dieselbe Ebene gestellt sind, — im Gegensatz zu der üblichen Nivelierung von *theoi* // *anthrōpoi* im Griechischen — die Aufrichtigkeit des Glaubens Israels an die Verschiedenheit zwischen Gott und Mensch deutlich werde[13].

Dies muss jedoch etwas kritischer beurteilt werden. Werfen wir unseren Blick zurück auf die offensichtlich altkanaanäischen Beispiele, die vielleicht in die Zeit der ugaritischen Kultur einzusetzen sind, so wirkt es auffallend und befremdend, dass gegenüber vier oder fünf biblischen Belegen der « Gleichsetzung » *ʾlhym* // *ʾnšym* (*bny ʾdm*) nur ein entsprechendes Beispiel aus dem Ugaritischen nachzuweisen ist. Dabei wissen wir, dass die ugaritischen Götter nicht weniger als die griechischen mit den menschlichen Zügen behaftet gewesen sind, während der biblische Gott grundsätzlich der einzige und von den Menschen völlig verschieden ist. Dabei zeigen sich die Grenzen einer rein stilistischen Untersuchung der Texte, wenn man auf diese Weise in die Tiefe der Theologie der betreffenden Literaturen eindringen will. Hier sollen nun vor allem die semantisch-etymologischen und poetischen Charakteristika aufgewiesen werden, ohne vorschnell zu theologischen Rückschlüssen zu kommen. Für ein ausgearbeitetes theologisches Bild ist ein ganzheitlicher und synthetischer Blick unabdingbar.

Der Verwendungsgrund — sowie der Entstehungsgrund — der betreffenden meristischen Aussagen in verschiedenen Literaturen und Sprachen ist wohl in der Natur der Sache zu suchen: sie bieten sich von selbst an, wo der

---

[11] *ʾrṣ* hat hier wahrscheinlich gemischte kosmisch-demografische Bedeutung, voraus folgt, dass auch die Bewohner gemeint sind.

[12] Siehe die Anmerkung 66 vom ersten Kapitel.

[13] Siehe « Merismus », 16; vgl. auch E. Kemmer, *Die polare Ausdrucksweise,* 77-88, wo die griechischen Belege untersucht werden.

Begriff « Gott » (« Götter ») etwas bedeutet. Die Qualität der daraus entstehenden Aussagen lässt sich aber erst aus dem umfangreicheren Zusammenhang feststellen, wobei gewöhnlich das ganze Gedicht oder noch mehr berücksichtigt werden muss, nicht zuletzt die literarischen Gattungen [14].

Etwas anderes ist es mit der Stilistik der Antithese. Sieht man, dass die Stilfigur der Antithese und der daraus sich ergebenden Steigerungen und Spannungen in der Umwelt der Bibel kaum zu finden ist, während sie in der Bibel eine hervorragende Rolle spielt, genügt es nicht, sich auf die natürlichen Wirkungen des Gegensatzes zu berufen, um festzustellen: « Wahrscheinlich war der Israelit für die Wirkung des Gegensatzes besonders empfänglich » [15]. Man muss sich viel mehr nach dem « Warum » dieser Eigentümlichkeit fragen, was uns gleich zu der Einzigartigkeit des Glaubens Israels führt: die « ontologische » und moralische Antithese zwischen Jahwe und dem Menschen ist das Einzige, was die Zuspitzung der biblischen Antithesen erklärt [16]. Hier haben wir einen besonders klaren Beweis dafür, dass die Stilistik ohne Rücksicht auf die Gedankengänge von keinem grösseren Wert sein kann.

Nach diesen Erwägungen können wir noch auf die KAI-Belege eingehen, die etwas formelhafter klingen, obwohl die Begriffe auch nicht immer einheitlich sind. Während die biblischen Wendungen in den verschiedensten Gattungen auftauchen, erscheinen jene charakteristischerweise in den stereotypen Segensbegehren oder Beschwörungen. Nur für die phönizische Inschrift aus Zypern vom 9. Jh. v. Chr. lässt sich die Gattung wegen des schlechten Erhaltungszustandes nicht so genau feststellen. Hier erscheint die Wendung:

> *bn yd bʿl wbn ʾdm* — Sei es die Hand des *Baʿal* oder die Hand eines *Menschen* ... [17]

Die Weihinschrift aus Memphis (2.-1. Jh. v. Chr.) endet mit dem Begehren:

> */wy/tn lm ḥn wḥym lʿn ʾlnm wbn ʾdm* — Und sie (die aufgezählten Götter) mögen ihnen Gnade geben und Leben vor *Göttern* und *Menschenkindern* [18].

---

[14] Wenn A. M. Honeyman die neutestamentlichen griechischen Belege — Lk 18,2.4; Apg 24,16 — mit den übrigen griechischen Beispielen gleichsetzt — vgl. « Merismus », 16, Anmerkung 28 — so ist dies sicher falsch. Die formale Gegenüberstellung *theós // ánthrōpos* sagt an sich noch nichts über die Theologie. Es ist ja klar, dass die Apostel diese Gegenüberstellung im Sinne ihrer Auffassung von Gott verwenden und daher den wesentlichen Unterschied zwischen Gott und Menschen voraussetzen.

[15] Siehe, Nic. H. Ridderbos, *Die Psalmen,* 53.

[16] Vgl. E. Norden, *Die antike Kunstprosa,* 452-510, wo die prinzipiellen Gegensätze zwischen hellenistischer und frühchristlicher Literatur behandelt werden und auf die Antithesen bei Paulus hingewiesen wird (S. 507f). Grundsätzlich gelten diese Beobachtungen auch für das AT.

[17] KAI 30,4.

[18] KAI 48,4.

Die Inschrift von Zincirli (8. Jh. v. Chr.) endet mit der Formel:

> *qdm ʾlhy wqdm ʾnš* — Vor den *Göttern* und vor den *Menschen*[19].

Die Stele aus Tēmā (5.-4. Jh. v. Chr.) sagt in den Zeilen 20-22:

> Weder *Götter* noch *Menschen* (*wʾlhm wʾnš*) sollen den ṢLMŠZB, den Sohn des Petosiris, ent/fernen/ aus diesem Tempel, noch seine /Nach/ kommenschaft, noch seinen Namen ...[20].

Eigenartig ist die folgende chiastisch strukturierte « Allformel » aus der Stele des Jeḥaumilk (5.-4. Jh. v. Chr.):

> Und es möge /ihm/ geben /die Gebieterin ' Her/rin von Byblos ' Gnade vor den *Göttern* (*ʾlnm*) und vor dem *Volke* dieser Stadt (*ʿm ʾrṣ z*) sowie Gnade (vor dem) *Volke* dieser Stadt /und Gnade vor/ allen *Königen* (*mmlkt*)[21].

Der Chiasmus: *ʾlnm // ʿm ʾrṣ - ʿm ʾrṣ // mmlkt* ist allerdings nicht vollkommen, weil *ʾlnm* und *mmlkt* nicht dasselbe bedeuten, obwohl im Zusammenhang der phönizischen Religion wesentliche Unterschiede zwischen einem König und den Göttern wahrscheinlich nicht bestehen.

2. « Fürst » (« König ») — « gewöhnlicher Mensch »

Die ugaritische Wendung *umlk ublmlk*[22] — « Entweder ein König oder ein gewöhnlicher Mensch » bringt die entsprechende Färbung in diesen Abschnitt. Im Gegensatz zu den zahlreicheren Beispielen im AT sowie im Phönizischen ist dies jedoch das einzige vorhandene Beispiel. Da für die letztgenannte Literatur im wesentlichen die bereits getroffenen Feststellungen mit Rücksicht auf die Formelhaftigkeit und die Gattungen gelten, können wir zuerst auf diese eingehen und damit zugleich auf die Ähnlichkeiten sowie auf die Verschiedenheiten gegenüber den biblischen Wendungen aufmerksam machen.

Die besonders formelhafte ʾEšmunʿazar-Inschrift aus dem 5. Jh. v. Chr. bringt sechsmal die Formel: (*kl*) *mmlkt* (*wkl*) *ʾdm*(*m*) — (jeder) *König* (und jeder/alle) *Mensch*(*en*) »[23]. Sie dient zur Betonung, dass absolut « niemand » die Ruhestätte des Königs öffnen und darin irgendetwas suchen soll (Z. 4.6-

---

[19] KAI 215,23.

[20] KAI 228 A.

[21] KAI 10,10-11.

[22] UT, 51 VII:43. C.H. Gordon, *Ugaritic Literature*, 31, übersetzt die Wendung meristisch: « Whether king or commonor », während TO I, 218, wortwörtlich übersetzt: « Un roi ou un non-roi ».

[23] KAI 14.

7.20); sonst würden die heiligen Götter « diesen *König* und diesen *Menschen* abschneiden und an einen mächtigen König ausliefern » (Z. 10.11.22).

In der bereits bekannten Inschrift von Karatepe wird der Umfang von « niemand » bzw. « irgendwelcher ... » stark eingeschränkt. Im Zusammenhang der Beschwörungen erscheint zweimal dieselbe dreigliedrige Formel:

> *wʾm mlk bmlkm wrzn brznm ʾm ʾdm ʾš ʾdm šm ʾš ymḥ šm ʾztwd bšʿr z* ... « Wenn aber ein *König* unter den Königen oder ein *Würdenträger* unter den Würdenträgern, wenn ein *Mensch,* der ein angesehener Mensch ist, den Namen des ʾZTWD auslöscht von diesem Tore ... » [24].

Der erste Beleg findet seine Fortsetzung in dem Begehren, dass die Götter auslöschen « jenen *König* und jenen *Menschen,* der ein angesehener Mensch ist » [25]. Wie besonders aus dem Relativum *ʾš ʾdm šm* ersichtlich ist, sind mit der Zwei- bzw. Dreigliederung nicht alle Menschen schlechthin, sondern alle Menschen hohen Ranges gemeint; nur diese könnten wohl unter Umständen die Inschrift auslöschen und sie durch die eigene oder eine andere ersetzen.

Während in diesen Beispielen immer dasselbe Gegensatzwortpaar vorkommt, stellen wir mit Bezug auf die biblischen Wendungen gleich fest, dass hier die entsprechenden Termini sowie die Zusammenhänge sehr variieren, so dass man nicht ohne weiteres von « Formeln » reden kann. Dies zeigt sich schon in der Wendung von *ʾdm // ndyb,* Ps 118,8-9, in ihrer Beziehung zur « Parallele » *ndyb // bn ʾdm,* Ps 146,3. Das erste Beispiel lautet so:

> Besser ist es, sich zu bergen bei Jahwe,
> als *Menschen* zu vertrauen.
> Besser ist es, sich zu bergen bei Jahwe,
> als *Fürsten* zu vertrauen.

Es kann nicht bezweifelt werden, dass das betreffende Wortpaar meristisch gebraucht ist [26] und dass die Wendung etwa in dem Sinne zu verstehen ist: Keinem Menschen ist zu vertrauen, selbst den Fürsten nicht. Dadurch ist der Gegensatz zwischen Jahwe und den Menschen zugespitzt. Die umgekehrte Reihenfolge von Ps 146,3 ändert jedoch entscheidend den Sinn:

> Vertraut nicht auf *Fürsten,*
> auf einen *Menschensohn,* bei dem keine Hilfe ist.

Es scheint, dass die an sich sehr gut mögliche meristische Verwendung des Wortpaares *ndyb // bn ʾdm* hier nicht in Frage kommt; die gewöhnliche syno-

---

[24] KAI 26 A III 12-14; vgl. C IV 13-14.
[25] KAI 26 A III 19-IV 1.
[26] Vgl. M. Dahood, *Psalms* III, 157.

nyme Bedeutung liegt näher, indem *bn ᵓdm* eine Näherbestimmung von *ndyb* darstellt. Die Wendung ist also folgendermassen zu verstehen: Vertraut nicht auf die Fürsten, das heisst, auf die Menschensöhne ... So steckt dahinter vielleicht die Tendenz zur Entgöttlichung der Fürsten, um die Ausschliesslichkeit Jehwes herauszustellen.

Ein ähnliches Problem stellt das Wortpaar *ᵓdm // śr* in Ps 82,7 dar, das die Behandlung der beiden Verse 6-7 erfordert:

> ᵓᵃnî ᵓāmartî ᵓᵉlōhîm ᵓattem
> ûbᵉnê ᶜelyôn kullᵉkem
> ᵓākēn kᵉᵓādām tᵉmûtûn
> ûkᵉᵓaḥad haśśārîm tippōlû

Ich hatte gedacht: Ihr wäret Götter,
Söhne des Höchsten ihr alle;
doch (jetzt) sollt ihr sterben wie *Menschen,*
wie einer der *Fürsten* sollt ihr fallen.

Die Streitfrage, ob *ᵓlhym* und *bny ᶜlywn* Götter bzw. himmlische Wesen oder menschliche Richter darstellen [27], wäre für unsere stilistische Untersuchung nicht von zentraler Bedeutung, liesse sich diese nicht gerade in diesen zwei Versen entscheiden. Wir erfahren zwar nicht, was sie genau sind, jedoch klar genug, dass sie keine menschlichen Richter sind, denn erst nach dem Gericht werden sie als sterbliche Menschen bezeichnet [28].

Aus V. 7 lässt sich nicht ohne weiteres schliessen, dass *ᵓdm* — « ein gewöhnlicher Mensch » und *ᵓḥd hśrym* — « einer der Fürsten » gegenübergestellt sind, um die Gesamtheit der Menschen zum Ausdruck zu bringen. Es ist durchaus möglich, dass 7b eine synonyme Näherbestimmung von 7a ist und der Vers daher auf diese Weise zu verstehen ist: Sie werden sterben wie die Menschen, das heisst, wie irgendeiner der menschlichen Fürsten; denn die Götter bzw. die himmlischen Wesen sind eben die himmlischen und daher unsterblichen Fürsten. Eine meristische Funktion des Wortpaares könnte man in dem Falle jedoch in der Nivellierung der gewöhnlichen Menschen und Fürsten auf der Ebene der sterblichen Wesen verstehen. Dabei darf man aber nicht übersehen, dass es vor allem zur Verschärfung der Antithese zwischen dem unsterblichen Gott (Göttern) und den sterblichen Menschen dient.

In Ps 105,14 + 1 Chr 16,21 kommt der Merismus wieder eindeutiger und im gewöhnlichen Sinn zum Vorschein:

> lōᵓ hinnîᵃḥ ᵓādām (1 Chr 16,21 lᵉᵓîš) lᵉᶜošqām
> wayyôkaḥ ᶜᵃlêhem mᵉlākîm

---

[27] Dazu eingehend H. W. Jüngling, *Der Tod der Götter. Eine Untersuchung zu Psalm* 82 (Stuttgart 1969), besonders S. 11-38.

[28] Vgl. hierzu H. Gunkel, *Die Psalmen,* 361.

Er erlaubte keinem *Menschen,* sie zu bedrücken,
und rügte *Könige* ihretwegen.

Durch die meristische Gegenüberstellung von *ᵓdm* (*ᵓyš*) // *mlkym* wird die universale und vollständige Fürsorge Jahwes für seinen Gesalbten betont. Die Variante *ᵓdm* bzw. *ᵓyš* im sonst völlig übereinstimmenden Text zwingt uns nicht unbedingt zur Emendation, zumal wir schon öfter beobachten konnten, dass die Autoren selbst die « klassisch » formelhaften meristischen Wendungen zu modifizieren vermochten. Der Psalmist, der sich mehrerer Psalmen ziemlich frei bedient hat, wollte vielleicht den allgemeinen Artbegriff *ᵓdm* mit *ᵓyš* etwas explizieren, konkretisieren. Diese Voraussetzung empfiehlt sich auch auf Grund der nächsten zwei Beispiele, die ebenfalls etwas Eigenartiges gegenüber der konstanten Tradition darstellen. Wie S. Gevirtz bemerkt, gibt es im AT zahlreiche Beispiele des synonymen Parallelismus von *ᵓyš* // *bn ᵓdm*[29]. In den Psalmen 49,3 und 62,10 treffen wir jedoch das Wortpaar *bn ᵓdm* // *bn ᵓyš,* was mit Recht die Aufmerksamkeit auf sich zieht. Man muss allerdings mit einem besonderen Anliegen rechnen, das die meristische Deutung erlaubt: « die Kinder des Volkes » // « die Herrensöhne »[30]. Dies empfiehlt sich in Ps 49,3 besonders auf Grund des sonstigen meristischen Wortfeldes, das offenbar das menschliche *kl* (Vv. 2-3) zum Ausdruck bringen will:

Höret an, ihr Völker alle,
merket auf, alle Bewohner der Welt,
ihr *Kinder des Volkes* wie auch ihr *Herrensöhne,*
Reiche und *Arme* zumal (*yaḥad ᶜāšîr weᵓebyôn*).

Dieses meristische Wortfeld mit seinem chiastischen Effekt empfiehlt die meristische Deutung auch für das alleinstehende Wortpaar in Ps 62,10:

Nur ein Hauch sind die *Kinder des Volkes,*
eine Lüge die *Herrensöhne.*

Natürlich darf diese Deutung nicht absolut genommen werden. Eine gewöhnliche synonyme Bedeutung des betreffenden Wortpaares ist letzlich nicht ausgeschlossen. Man kann aber nicht genug betonen, dass zwischen Merismus und synonymem Parallelismus die grösste Verwandschaft besteht, so dass ein Aspekt sehr leicht in einen anderen übergehen kann. Man muss daher auf alle möglichen Aspekte zurückgreifen, um mit Sicherheit festzustellen, dass es sich im

---

[29] *Patterns,* 28, mit Stellenangaben: Num 23,19; Spr 8,4; Ijob 35,8; Jes 52,14; Jer 49,18.33; 50,40; 51,43; Mich 5,6; Ps 80,18; 1 Kön 8,39 (2 Chr 6,30). In umgekehrter Reihenfolge: Jer 32,19; Ps 49,3; 62,10; vgl. auch Jes 51,12; 56,2; Ps 8,5; 90,3; Ijob 16,21; 25,6.

[30] Siehe die Darstellung über *ᵓyš* in GB, S. 33, Nr. 13. Vgl. auch H. Gunkel, *Die Psalmen,* 208; H. J. Kraus, *Psalmen,* 362.365; M. Dahood, *Psalms* I, 295; *Psalms* II, 89.

gegebenen Fall tatsächlich um Merismus handelt. Dies scheint im Lamechlied Gen 4,23-24 der Fall zu sein, wo das einzige Mal das Wortpaar *ʾyš // yld* vorkommt. Es ist verwunderlich, dass bis jetzt in der Fülle der Literatur über dieses Lied noch kein Hinweis auf die klare meristische Funktion des Wortpaares anzutreffen ist. S. Gevirtz, der sich angesichts der sonst ständigen Gegenüberstellung *ʾyš // bn ʾdm* im AT dessen bewusst ist, dass dem vorliegenden Wortpaar eine besondere Bedeutung zukommt, vermag jedoch nicht die traditionelle synonyme Deutung der beiden Begriffe zu überwinden. Auch seiner Ansicht nach sollen sie eine und dieselbe Person meinen, die namentlich für ihn ein Knabe gewesen sein müsse, wobei er die Erzählung Lamechs als eine schon vollbrachte Tat versteht [31]. Analysiert man die Vv. 23b-24 sorgfältig, so sieht die Lage indes etwas anders aus:

kî ʾîš haragtî l^epiṣʿî
w^eyeled l^eḥabburatî
kî šibʿātayim yuqqam qāyin
w^elemek šibʿîm w^ešibʿāh

Einen *Mann* will ich töten für meine Wunde,
einen *Knaben* für meine Strieme!
Wird Kain siebenmal gerächt,
so Lamech siebenundsiebzigmal.

Der Schlüssel für die Auslegung ist offenbar in V. 24 zu suchen, wo die Anspielung auf Gen 4,15 und eine sich steigernde Rachegier ersichtlich ist [32]. Bedenkt man, dass in Gen 4,15 ein Verbot mit der anschliessenden Drohung und nicht eine vollendete Tat beschrieben ist, so wird es sehr wahrscheinlich, dass es sich auch in Gen 4,23b um eine Drohung [33] und nicht um eine bereits vollbrachte Tat handelt, wie man es gewöhnlich aus der Perfektform *haragtî* verstehen will. Das Perfekt kann nämlich auch eine zukünftige Tat meinen, zumal in V. 24a das Imperfekt *yuqqam* steht [34]. Lamech sagt also nicht, eine

[31] Siehe *Patterns*: « Study II. Lamech's Song to his Wives (Gen 4,23-25) », 25-34. Synonymisch versteht das Wortpaar auch G. B. Gray, *The Forms of Hebrew Poetry,* 19.

[32] Vgl. G. Sauer, *Die Sprüche Agurs,* 73: « Vollkommenheit kommt auch dadurch zum Ausdruck, dass sich Lamech siebenundsiebzigmal rächen will. Es soll damit gezeigt werden, dass hier ein Maximum von Möglichkeiten erreicht ist ». Vgl. auch die traditionelle Steigerung der Zahl « Tausend » // « Zehntausend » und viele andere ähnliche Zahlwortpaare. Dazu eingehend mit Stellenangaben S. Gevirtz, *Patterns*: « Study I. The Women's Eulogy of Saul and David (1 Sam 18,7) », 15-24.

[33] Vgl. C. Westermann, *Genesis* 1-11, BK 1/1 (1974) 457: « Wenn man voraussetzt, dass in dem Bereich, in dem das Lied entstand, das Wort noch als wirkendes Wort verstanden wurde und dieses Lied etwas bewirken sollte, liegt es am nächsten, es als eine Drohung zu verstehen; die Schrecklichkeit der Vergeltung soll schrecken ».

[34] Siehe GK, § 106a: « Das Perfectum dient zum Ausdruck von Handlungen, Ereignissen oder Zuständen, die der Redende als *faktisch vorliegende* hinstellen will, mögen sie nun einer endgültig abgeschlossenen Vergangenheit angehören oder noch in die Gegenwart hereinragen oder, obwohl noch zukünftig, als schon vorliegend gedacht werden ».

bestimmte Person bereits erschlagen zu haben, sondern, dass er « irgendeine » Person erschlagen wird, selbst wenn es sich um einen Knaben, ein Kind, handeln sollte. Um dieses « alle » wirkungsvoller zu machen, greift der Dichter zu der gegensätzlichen, meristischen Schilderung, wie es im AT angesichts der anderen diesbezüglichen Wortpaare — vgl. etwa *zqn // nʿr*; *gdwl // qṭn* — üblich war.

3. ʾlmnh - ytwm und verwandte Begriffe

Die Differenz zwischen den Teilen dieses Wortpaares scheint so gering zu sein, dass wir uns grundsätzlich mit der Frage auseinandersetzen müssen, ob es überhaupt meristisch verwendet wird. Deshalb muss dieser Erörterung unbedingt die Fragestellung nach dem Sitz im Leben, nach dem Wortfeld und nach der poetischen Ausformung der betreffenden Belege vorangehen. Es ergibt sich zuerst die Frage, ob das Wortpaar samt seinem manchmal komplexen Wortfeld jeweils bestimmte Individuen in ihrer Beziehung zur konkreten geschichtlichen Situation meint oder bloss allgemein gebraucht ist. Diese Fragestellung verschärft sich besonders in Ps 68,6-7:

ʾ^{a}bî y^{e}tômîm
w^{e}dayyan ʾalmānôt
ʾ^{e}lohîm bim^{e}ʿôn [35] qodšô
ʾ^{e}lōhîm môšîb y^{e}ḥîdîm
môṣîʾ ʾ^{a}sîrîm bakkôšārôt [36]
ʾak sôr^{a}rîm šāk^{e}nû ṣ^{e}ḥîḥāh

Vater der *Waisen*
und Verteidiger der *Witwen*
ist Gott von seiner heiligen Wohnung.
Gott, der *Verlassene* ins Haus ansiedeln lässt,
der *Gefangene* zur Musik führt;
nur Widerspenstige bleiben in der Dürre.

H. Schmidt stellt richtig fest, dass die besondere Schwierigkeit bei der Erklärung dieses Psalms in der Zusammenhangslosigkeit einzelner Abschnitte liegt [37]. Sucht man im Psalm eine harmonische, logische Einheit mit den Anspielungen auf konkrete Geschichtsereignisse in Israel, so wird man zu unbefriedigenden Lösungen gezwungen. Da häufig einzelne Aspekte absolutiert werden,

---

[35] Wie M. Dahood, *Psalms* II, 137, feststellt, kann man die Präposition *b^{e}* am besten mit « von » übersetzen.

[36] Zur Deutung « Musik » für *kôšārôt* vgl. UT, *Glossary,* Nr. 1335; M. Dahood, *Psalms* II, 137.

[37] Siehe *Die Psalmen,* 127.

konnte man hier sogar die Anspielung auf das Exil sehen und dementsprechend den ganzen Psalm in die nachexilische Zeit einsetzen.

Im Hinblick auf solche Umwege wirkt die Feststellung von H. Schmidt, dass der Psalm ein « kleines Textbuch » mit 16 Liedern darstellt [38], besonders angebracht. W. F. Albright geht noch weiter und teilt den Psalm in 30 Einheiten, wobei die Vv. 5-6 die Gruppe III und V. 7 die Gruppe IV bilden [39]. Er mag übertrieben haben; es kann jedoch nicht bezweifelt werden, dass mit V. 5 eine neue, hymnische Einheit beginnt, die sich weiter auf die Vv. 6-7 erstreckt. Es liegt daher auf der Hand, dass diese Verse nicht im Zusammenhang des gesamten Psalms, sondern in ihrer eigenen syntaktischen und poetischen Ausformung, sowie in ihrem Bezug zu den Parallelen behandelt werden müssen. Ein solches Verfahren lässt uns leicht feststellen, dass die Wortpaare *ytwm* // *ʾlmnh* und *yḥyd* // *ʾsyr* nur allgemein gehalten sind und keinen Bezug auf konkrete geschichtliche Ereignisse Israels erkennen lassen. Diese kommen erst in den nachfolgenden Versen zum Vorschein, während hier allgemeine Erfahrungen zur Einstimmung synthetisiert sind. Dies ergibt sich besonders aus der syntaktischen Formulierung beider Verse: In V. 6 sind nominale, in V. 7 partizipiale Wendungen, die ihrer Natur nach auf etwas Dauerndes fixiert sind [40].

Die betreffenden Wortpaare stellen bereits vorgeprägte konventionelle Rede- und Vorstellungsformen dar, wie es aus den ugaritischen « Vorlagen » ersichtlich ist. Im Gegensatz zu den behandelten Versen werden die ugaritischen Beispiele mit finiten Verben eingeführt. In dem Aqhat-Gedicht kommt zweimal jeweils innerhalb derselben stereotypen Wendung mit demselben Wortfeld die Formel vor, die sich auf den Aqhat's Vater, den König Danel, bezieht [41]:

ydn dn almnt
aṯpṭ ṯpṭ ytm

[38] Ebd., 128.

[39] Siehe « A Catalogue », 12.

[40] Siehe GK, § 140e: « Die Nominalsätze, deren Prädikat ein Substantivum ist, stellen ein *Starres, Zuständliches,* kurz ein *Sein* dar; die Verbalsätze dagegen ein *Bewegliches* und *Fliessendes,* ein *Geschehen* und *Handeln.* Das letztere gilt allerdings in gewissem Sinn auch von den Nominalsätzen mit partizipialem Prädikat, nur dass auch hier das Geschehen und Handeln (im Gegensatz zum Verbalsatz) als ein zuständliches, dauerndes fixiert ist ». Die Übersetzung im Sinne der finiten Verben — vgl. W. F. Albright, « A Catalogue », 37 — kann daher hier nicht zutreffend sein. Vgl. H. J. Kraus, *Psalmen,* 472: « Dieser Hinweis auf die Heilswirkungen Gottes ist zunächst noch recht allgemein gehalten. Er entspricht dem Bild, das man sich im alten Orient von einem idealen König machte ». Die Darstellung von H. Gunkel, *Die Psalmen,* 284, wirkt dagegen gezwungen, wenn er sagt: « Der Inhalt dieser Sätze, wie sie auch sonst im Hymnus auftreten (vgl. Einleitung § 2, 49), scheint zunächst allgemeiner Natur zu sein; aber der Dichter hat eine bestimmte Beziezung im Auge: die Witwen und Waisen, deren Gott sich annimmt, die Verlassenen, die er heimleitet, die Gefangenen, die er in die Freiheit führt, sind das arme, verlassene, gefangene Israel, das Jahwe aus dem Exil zurückbringt, wie einst aus der ägyptischen Knechtschaft ».

[41] UT, 1 Aqht: 23-25; 2 Aqht V:7-8.

Er schafft *Recht* der Witwe,
er fällt das Urteil für die *Waise.*

In der Keret-Legende macht der erstgeborene Yaṣṣib seinem Vater einen Vorwurf, der ebenfalls zweimal jeweils in demselben formelhaften Zusammenhang erscheint [42]:

ltdn dn almnt
lttpṭ ṯpṭ qṣr npš

Du schaffst kein Recht der *Witwe,*
du fällst kein Urteil dem *Notleidenden.*

Das betreffende Wortpaar, das eine Entsprechung zu Ps 68,6 darstellt, erscheint allerdings einerseits in umgekehrter Reihenfolge, andererseits im zweiten Beispiel mit einem anderen Begriff. Das aber ist angesichts der sonstigen Übereinstimmung nicht entscheidend.

Besonders auffällig ist die Übereinstimmung im « Rechts »-Vokabular: in Ps 68,6 gibt es das Substantiv *dyn,* hier Verba *dn* und *ṯpṭ.* Dies gilt es, sich besonders vor Augen zu halten; denn diese, die verwandte und davon abgeleitete Topik hängt mit den meisten diesbezüglichen biblischen Belegen zusammen. So heisst es in Jes 1,17c:

šipᵉṭû yātôm
rîbû ᵓalmānāh

Helft der *Waise* zum Recht,
führt die Sache der *Witwe.*

In Jes 1,23c negativ von den Fürsten:

yātôm lōᵓ yišpōtû
wᵉrîb ᵓalmānāh lōᵓ yābôᵓ ᵓᵃlêhem

Der *Waise* helfen sie nicht zum Recht,
und die Sache der *Witwe* kommt nicht vor sie.

Angesichts der Verwendung des Substantivs *mšpṭ* sind bemerkenswert die Beispiele, die sich auf irgendeine Weise auf das Recht der behandelten « Armen » beziehen [43]. Häufig ist das Verbot ausgedrückt, dass man sie nicht unterdrücken darf [44]. Man empfiehlt die Fürsorge ihnen gegenüber [45]. Für alle diese Belege ist charakteristisch der tief religiöse Hintergrund; das menschliche Ver-

[42] UT, 127:33-34. 45-47.
[43] Vgl. Dtn 10,18; 24,17; 27,19; Jes 10,1-2; Jer 7,6; 22,3.
[44] Vgl. Ex 22,20-21; Sach 7,10; Mal 3,5; Spr 23,10.
[45] Vgl. Dtn 14,29; 16,11.14; 24,19.20.21; 26,12.13.

halten soll nämlich die richterliche Gerechtigkeit Jahwes widerspiegeln. Dies kommt in den Psalmen besonders klar zum Ausdruck. In Ps 146,9 wird im hymnischen Ton festgestellt:

yhwh šōmēr ʾet gērîm
yātôm w^{e}ʾalmānāh y^{e}ʿôdēd
w^{e}derek r^{e}šāʿîm y^{e}ʿawwēt

Jahwe behütet den *Fremdling,*
der *Waise* und *Witwe* hilft er auf,
doch die Herrschaft der Frevler stürtzt er um.

Im Hinglick auf solche Übersetzung versteht man, wieso nach einem erschütternden Hilfeschrei unter anderen auch folgende Klage vorkommt, Ps 94,6:

ʾalmānāh w^{e}gēr yah^{a}rōgû
wîtômîm y^{e}raṣṣēhû

Sie töten *Witwe* und *Fremdling*
und erwürgen die *Waisen.*

In diesen zwei Beispielen haben wir drei Begriffe: *gr, ytwm, ʾlmnh* ziemlich frei kombiniert. Diese drei kommen in Dtn beständig zusammen, während an anderen Stellen gelegentlich noch andere erscheinen. Das Wortpaar *ytwm* // *ʾlmnh* bleibt jedoch fast immer ausschlaggebend und erscheint gewöhnlich als eine organische Einheit [46], besonders durch den Parallelismus von anderen Begriffen gesondert. Deswegen erscheint sehr bemerkenswert die Aufforderung in Ps 82,3-4, wo dieses Wortpaar bei einer ganzer Reihe der verwandten Begriffe zurücktritt:

šip^{e}tû dal w^{e}yātôm
ʿānî wārāš haṣdîqû
pall^{e}ṭû dal w^{e}ʾebyôn
miyyad r^{e}šāʿîm haṣṣîlû

Sprecht Recht dem Geringen und der Waise,
dem Elenden und Dürftigen lasst Gerechtigkeit widerfahren.
Rettet den Geringen und Dürftigen,
entreisst ihn des Frevlers Hand!

---

[46] Das hängt sicher auch damit zusammen, dass der Tod des Mannes zugleich eine Witwe und Waise(en) zur Folge hat. Dies kommt z.B. in Ps 109,9 zum Ausdruck: « Seine Kinder sollen Waisen werden und seine Frau eine Witwe ». Vgl. noch Ex 22,23. Bemerkenswert ist übrigens diese innerliche Beziehung in den *Klagen des Bauern* aus Ägypten (20.-18. Jh. v. Chr.): « Because thou art the father of the orphan, the husband of the widow, the brother of the divorcee, and the apron of him that is motherless » — ANET, 408.

Diese einzigartige Häufung der sinnverwandten Begriffe führt zuletzt zu der Frage, wieweit man hier vom Merismus sprechen kann. In diesem Psalm scheint grundsätzlich eine rein synonyme Schilderung vorhanden zu sein, wobei die Aufforderung durch die Häufung besonders betont wird. Die Lage ändert sich jedoch, wenn bei der Verwendung des geläufigen nicht synonymen Wortpaares *ytwm* // *ʾlmnh* mit gelegentlichen Zusätzen und Modifizierungen derselbe Inhalt anzunehmen ist. Die Zweigliederung ist jedoch die charakteristische Form der syro-palästinischen poetischen Tradition. Auf Grund einer solchen poetischen Struktur, sowie der sonstigen konkreten Denkweise, bilden sich viele fixe Wortpaare. Einige drücken schon ihrer Natur nach ein Ganzes aus: « Vater » // « Mutter » Eltern, « Sohn » // « Tochter » Kinder ...

Wenn zum Ausdruck eines abstrakten Ganzen mehrere Begriffe der konkreten « Teile » zur Verfügung stehen, kann der Dichter alle gebrauchen oder nur einige, die dann stellvertretend für « alles » dastehen. Mehrere Gründe können dazu führen, dass sich einige von ihnen allmählich als konventionelle Begriffe durchsetzen und man sie daher viel eher symbolisch als sachlich verstehen sollte. Bedenkt man, dass unser Wortpaar bis in die älteste Zeit nachzuweisen ist [47] und später immer formelhafter verwendet wird, dann kann man annehmen, dass es sich schon längst als Stellvertreter aller anderen sinnverwandten Begriffe durchgesetzt hat und jetzt konventionell « alle Ärmsten » bezeichnet. Die meristische Deutung ist daher unverkennbar.

Dass sich gerade dieses Wortpaar durchgesetzt hat, ist sicher kein Zufall. Seit der Urgeschichte der Menschheit konnte man nämlich sehr konkret erfahren, wie vor allem Witwen und Waisen sozial bedroht waren. Aus dieser Erfahrung entstand der Masstab der sozialen Fürsorge eines Herrschers. Wenn im Anfangsstadium das Wortpaar in der Umgangssprache konkret gemeint ist, klingt es später in einem Gedicht oder in einem Gesetzeskodex vor allem symbolisch für alle diesbezüglichen Kategorien, ohne dass andere Begriffe damit vedrängt werden. Die Persönlichkeit, oder Originalität eines Dichters kommt dann nur durch die Kombinationen des Wortpaares mit anderen Begriffen, durch Erweiterungen und Modifizierungen zum Ausdruck. Immer kann man aber feststellen, dass ein Dichter kaum alle in der Sprache zur Verfügung stehenden Begriffe gebraucht, um das Ganze zum Ausdruck zu bringen, sondern die charakteristischsten Kategorien herausgreift. Wenn dem so ist, hängt es wahrscheinlich mit einer besonderen Absicht des Dichters zusammen, was im

[47] Vgl. die sumerische Hymne auf die Göttin Nanše: « Sie, welche die Waise kennt, welche die Witwe kennt, die Unterdrückung des Menschen durch den Menschen kennt, Mutter der Waise ist, Nanše, welche für die Witwe sorgt, Gerechtigkeit (?) für die Ärmsten (?) erstreckt ... » — siehe S. N. Kramer, *Geschichte beginnt mit Sumer* (1959) 87. Hammurabi rühmt sich im Epilog seines Gesetzeskodex (XXIV r, 59ff): « In order that the strong might not oppress the weak, the justice might be dealt the orphan (and) the widow, in Babylon ... » — siehe ANET, 178. Dazu eingehend mit Stellenangaben F. C. Fensham, « Widow, Orphan, and the Poor in Ancient Near Eastern Legal and Wisdom Literature », JNES 21 (1962) 129-139.

Zusammenhang des bereits bekannten Wortpaares *almnt* // *qṣr npš* im Ugaritischen der Fall zu sein scheint.

Es gibt zwei Gründe, diesen Sachverhalt genauer zu untersuchen. Wie es im Ugaritischen üblich ist, kommt eine erweiterte Wendung zweimal vor: zuerst als ein Auftrag [48], dann als seine Ausführung [49]. Während sonst gewöhnlich jeweils dieselbe Wendung vorkommt, erscheinen hier merkwürdigerweise bei sonst völlig gleicher Aussage in der Ausführungs-Perikope drei Kola mit der Dreigliederung *dl* // *ytm* // *almnt* mehr als in der Auftragsaussage, wobei die gesamte Wendung folgendermassen heist [50]:

1 šqlt bǵlt ydk
2 ltdn dn almnt
3 ltṯpṭ ṯpṭ qṣr npš
4 ltdy ṯšm ᶜl dl
5 lpnk ltšlḥm ytm
6 bᶜd kslk almnt
7 km [51] aḫt ᶜrš mdw
8 anšt ᶜrš zbln

Du hast deine Hand auf Ungerechtigkeit verfallen lassen.
Du lässt der *Witwe* nicht Gerechtigkeit widerfahren,
sprichst nicht dem *Notleidenden* Recht,
entfernst nicht jenen, der den *Schwachen* ausbeutet.
Du gibst nicht Speise der *Waise vor dir,*
auch nicht der *Witwe hinter deinem Rücken.*
So bist du ein Bruder des Krankenbettes geworden,
ein Partner des Bettes des Siechtums.

Dass die Kola 2-3 einen selbständigen Vers bilden, ergibt sich eindeutig aus den synonymen Rechts-Verben, während es aus dem sonst nicht mehr belegten Wortpaar *almnt* // *qṣr npš* nicht zu erschliessen ist. Noch eindeutiger bilden die Kola 5-6 einen neuen Vers. Das ergibt sich sowohl aus dem fixen Wortpaar *ytm* // *almnt* als auch aus den gegenübergestellten Präpositionen *lpnk* — « vor dir » // *bᶜd kslk* — « hinter deinem Rücken », die sicher meristisch sind [52]. Das Verb *lḥm* bezieht sich daher auf beide Kola [53].

---

[48] UT, 127:32-36.

[49] UT, 127:44-52.

[50] Die Numerierung der Zeile (1-8) ist von uns aus methodischen Gründen gewählt.

[51] Zur kausalen Bedeutung von *km* vgl. M. Dahood, *Psalms* III, 85.

[52] Vgl. H.L. Ginsberg, « Ugaritic Myths », ANET, 149, Anm. 36: « 'Before thee... behind thy back' is probably a merism ».

[53] Im Gegensatz zu H.L. Ginsberg, C. Gordon, G.R. Driver, lässt TO I, 573, Anm. d eine offene Frage: « Il y a évidement opposition entre *lpnk* " devant toi " et *bᶜd kslk* " derièrre ton dos ". La question est de savoir si le verbe et sa négation sont sous-entendus dans le second stique ou s'il faut comprendre: 'la veuve est derièrre ton dos' ».

Welchen Sinn hat das dazwischenstehende Kolon? Auf Grund einiger biblischen Belege wird in RSP I, 2. Kap. 153 die Dreigliederung *dl* // *ytm* // *almnt* vorgeschlagen. Man sieht indes, dass *dl* mit den übrigen zwei Begriffen ebensowenig eine innere Einheit bildet, wie mit den zwei vorangehenden, weil *dl* durch ein besonderes Verb eingeleitet wird, so dass ein Sonderfall vorliegt. Als zentrales Kolon hat es anscheinend eine ganz besondere Rolle, nämlich eine konzentrische Struktur zu ermöglichen: A - A' (*almnt*), B - B' (*qṣr npš* - *ytm*), C (*dl*). *qṣr npš* stört allerdings formal diese Struktur; trotzdem erblickt man eine logische Gliederung: zuerst wird meristisch gesagt, dass Keret « den Ärmsten » nicht zum Recht verholfen habe, am Ende, dass er sie « nirgends » mit Speise versorgt habe. Der ausserordentlich schöne Merismus kommt so durch die Häufung der Begriffe von Armen, sowie durch die poetische Struktur zum Ausdruck. Yaṣṣib will sagen, dass sein Vater « nirgends » für « irgendwelche Armen » gesorgt hat, um den Grund seiner Krankheit umso klarer herauszustellen und ihn vom Thron zu vertreiben. So haben wir hier eine ähnliche Wechselbeziehung von Sünde und Krankheit wie in Ijob 22,9-10, wo es in der dritten Rede Eliphas nach einigen anderen Aufzählungen heisst:

ʾalmānôt šillaḥtā rêqām
ûzᵉrōᶜôt yᵉtômîm yᵉdukkāʾ
ᶜal kēn sᵉbîbôteykā paḥîm
wîbahelkā paḥad pitᵉʾōm

Du hast die *Witwen* leer fortgeschickt
und die Arme der *Waisen* zermalmt.
Darum bist du von Schlingen umgeben
und ängstigt dich plötzlicher Schrecken.

Das ugaritische poetische Stück lässt sehr stark die dichterische Kraft des Verfassers hervortreten. Die sonst geläufigen Termini werden hier sehr selbständig ausgeformt. Die Keret-Legende bietet uns aber noch ein anderes erweitertes meristisches Meisterstück, in welchem die « Armen »-Termini auftauchen. W. F. Albright vergleicht das hier vorkommende Wortpaar *yḥyd* // *almnt* mit dem in Ps 68,7 belegten Wortpaar *yḥyd* // *ʾsyr* [54]. Beide Wortpaare, die auch untereinander nicht übereinstimmen, sind sonst nirgendwo belegt. Bedenkt man, dass ausserdem auch der Zusammenhang und die Absicht völlig verschieden sind, erweist sich dieser Vergleich als befremdend.

Zuerst stellt man fest, dass das ugaritische Wortpaar keine selbständige, in sich geschlossene Einheit bildet, sondern wesentlich mit einer erweiterten Aussage verbunden ist, die zweimal die Vollständigkeit der Mobilmachung in der Keret's Stadt *Ḫbr* schildert. Der Hauptgott El gibt Keret den Befehl, er solle eine riesige Armee aufstellen, um die Stadt *Udm* zu umzingeln. Keret

[54] Siehe « A Catalogue », 19.

führt den Befehl aus und so müssen absolut « alle » einrücken, selbst diejenigen, die sonst freigestellt sind, indem sie ihre daraus sich ergebenden Probleme irgendwie lösen müssen [55]:

ahd bth ysgr
almnt škr tškr [56]
zbl ʿršm yšu
ʿwr mzl ymzl [57]
wybl trḫ ḥdṯ [58]
ybʿr lṯn aṯth ...

Der *einsam Wohnende* verrammelte sein Haus,
die *Witwe* hat sich preisgegeben,
der *Kranke* holte (sich) das Bett,
der *Blinde* tastete seinen Weg;
sogar der *Jungverheiratete* ging,
er brachte zu einem andern seine Frau ...

Trotz Unsicherheit hinsichtlich einzelner Elemente vermittelt uns die Übersetzung ein klares Bild der einzigartigen Ausformung. Die Verba haben keine übliche zweigliedrige Funktion, sondern dienen jeweils zur Bezeichnung der betreffenden Subjekte. So bilden *aḫd* (*yḫd*) // *almnt* hier ebensowenig ein Wortpaar wie die übrigen Begriffe, zumal Parallelen völlig fehlen. Diese Begriffe sind alle zusammen meristisch auf dieselbe Ebene der von der Mobilmachung Ausgenommenen gestellt und dienen um so mehr dem Ausdruck der Totalität.

4. « Mensch » - « Tier »; « Grossvieh » - « Kleinvieh »

Während im Ugaritischen und in KAI kein einziges Beispiel der meristischen Gegenüberstellung von « Mensch » - « Tier » nachzuweisen ist, kommt im AT auffällig häufig das Wortpaar *ʾdm* + *bhmh* vor, und zwar charakteristi-

[55] UT, Krt: 184-190; die entsprechende Auftragsaussage in Zeilen 96-102 hat einige verschiedene Wörter: statt *aḫd* steht da *yḫd*, statt *wybl* ist da *wyṣi*.

[56] W. F. Albright, « A Catalogue », 19, übersetzt diese zwei Zeilen im Sinne von C. Gordon, *Ugaritic Literature*, 69.71, und TO I, 518. 528: « As for the unmarried his house is closed, the widow hires herself out », während H. L. Ginsberg, ANET, 143f die zweite Zeile sich auf den Parallelismus berufend wie folgt übersetzt: « The widow locks herself in ». Er erklärt dazu: « This sense is strongly indicated by the parallelism, though hard to confirm etymologically » (Anm. 10). Hier gibt es indes keine übliche parallelistische Zweigliederung durch die Verba.

[57] Die Deutung dieser Zeile ist sehr verschieden; unsere Übersetzung stimmt grundsätzlich mit derjenigen von H. L. Ginsberg, ANET, 143f und TO I, 518 (vgl. Anm. f) überein, weil sie anscheinend am besten den Sinn trifft.

[58] Nach Dtn 24,5 mussten die Jungverheirateten nicht in den Krieg ziehen. TO I, 518f (Anm. g) bestreitet die übliche Deutung « der Jungverheiratete » für *trḫ ḥdṯ* und schliesst sich dem Vorschlag « marié du mois » an.

scherweise in jüngeren Texten und im Zusammenhang mit der göttlichen Fürsorge für « alles » bzw. mit dem göttlichen Gericht « über alles ». Bemerkenswert ist, dass es im Psalter nur dreimal erscheint und dass es nur in Ps 104,14 in umgekehrter Reihenfolge auftritt, was unter anderem auch für die Möglichkeit der nicht meristischen Deutung dieses Verses, wie etwa bei M. Dahood [59], sprechen dürfte. Da zwei sichere Beispiele aus dem Psalter aufgeführt werden, bedürfen die übrigen Belege wegen klarer und einfacher meristischer Funktion des Wortpaares keiner näheren Erörterung.

Ps 36,7c heisst:

Den *Menschen* und den *Tieren* hilfst du.

Ps 135,8:

Der die Erstgeburt in Ägypten schlug
unter den *Menschen* und den *Tieren* (*m*ʾ*dm* ʿ*d bhmh*).

Das Wortpaar « Grossvieh » — « Kleinvieh » im Sinne der zwei Haustiergruppen ist dagegen in mancher Hinsicht so problematisch, dass sich eine gründliche Untersuchung empfiehlt. Wie es aus dem zweiten Teil der Arbeit deutlich wird, kommt im AT ebenso häufig und formelhaft wie das bereits behandelte Wortpaar die Gegenüberstellung von *ṣ*ʾ*n* + *bqr,* bzw. *bqr* + *ṣ*ʾ*n* vor, die sowohl im Ugaritischen und in KAI als auch im Psalter kein Gegenstück findet. Im Psalter erscheint dagegen für denselben Sinn zweimal das Wortpaar *ṣ*ʾ*n* // ʾ*lp,* das übrigens im AT nur in Dtn noch vier Parallelen findet, es ist aber auch im Ugaritischen und in KAI stark vertreten, allerdings nicht immer im meristischen Sinn. Es gilt daher festzustellen, wie weit und wie tief die genannten biblischen Beispiele in dem altkanaanäischen Sprachgut verwurzelt sind.

Zuerst gehen wir auf den hymnischen Ps 8,8-9a ein, in dem eine organische viergliedrige Allaussage vorhanden ist. Diese wird durch den abstrakten *kl* eingeleitet: « Alles legtest du ihm zu Füssen » (V. 7b):

ṣōnāh (MT ṣōneh) waʾ^{a}lāpîm kullām
w^{e}gam bah^{a}môt śādāy
ṣippôr šāmayim ûd^{e}gê hayyām

Kleinvieh und *Grossvieh* allzumal,
ja, sogar die *Tiere* des Feldes.
Vögel des Himmels und *Fische* des Meeres.

---

59 Vgl. *Psalms* III, 31. 39f. Das Wort ʾ*dm* übersetzt er nicht als « Mensch », sondern im Sinne von ʾ*dmh* als « das Land ».

Um alles Lebende zu umfassen, stellt der Psalmist zuerst grosse und kleine Haustiere gegenüber; diese zusammen kontrastiert er dann mit den Wildtieren und ergänzt dann noch durch « alle » Luft- und Wassertiere die Aufzählung. Es ist bemerkenswert, dass die Formel *ṣpwr šmym + dg hym* auch kein Gegenstück im AT findet [60], während sie semantisch vollkommen der Formel *ʿṣr šmm + dg bym* von UT, 52:62-63 entspricht. Zieht man noch die archaische Form *ṣnh* für *ṣʾn* in Betracht [61], so kann nicht bezweifelt werden, dass in dieser sonst eigenartig geprägten meristischen Aussage starkt die altkanaanäischen Elemente zum Vorschein kommen.

Im Ugaritischen kommt das behandelte Wortpaar im meristischen Sinn zweimal, jeweils im Zusammenhang des Einzugsschmauses vor [62]. Wie M. Dahood feststellt, werden die durch dieses Paar zuerst allgemein erwähnten Haustiere in der nachfolgenden Aufzählung expliziert [63]:

ṭbḫ alpm ap ṣin
šql ṯrm wmria ilm
ʿglm dt šnt imr
qmṣ llim

Er schlachtete *Gross-* und *Kleinvieh*;
er schlug Stiere und Mastvieh,
einjährige Kälber, Lämmer,
/ ? /, Ziegen.

Während diese zwei Texte bei sonst völlig verschiedenem Zusammenhang nur in einzelnen Elementen übereinstimmen, stehen die übrigen Belege des

[60] Das charakteristische spähebr. Wort für « die Vögel » ist nämlich *ʿwp,* das in der Gegenüberstellung mit mehreren Begriffen — *dg, rmś, ḥyh, bhmh* — zur meristischen Schilderung verwendet wird. *ṣpwr* wird übrigens im AT einzeln oder wenigstens nicht meristisch verwendet.

[61] Während H. Gunkel, *Die Psalmen,* 30, nur bei der Feststellung bleibt, dass es sich hier um eine « altertümliche Form oder (nach Budde) flüchtige Schreibung » handelt, stellt M. Dahood, *Psalms* I, 51, da « an archaic accusative ending » fest.

[62] UT, 51 VI:40-43; 124:12-14. Übrigens erscheint im Ugaritischen dieses Wortpaar in Zusammenhängen, die eine meristische Deutung ausschliessen. Im Text 171 werden Nahrungsmittel für die Tiere und für das Personal nach genauen Massen bestimmt. Eine allgemeine, meristische Deutung ist daher in den für uns bedeutenden Z. 1-2 ausgeschlossen:
ʿśrm ddm kbd(m) lalpm mrim
tt ddm lṣin mrat
Vingt *dd* lourds pour les boeufs gras.
six *dd* pour le petit bétail gras. — vgl. *Syria* 28 (1951) 170f.

Dasselbe gilt für den Text 1080, wo das Wortpaar vermutlich viermal vorkommt: 2.8 (?).13-14.17. Da handelt es sich um den Census der Leute samt den Frauen, Kindern und Vieh. Genau mit Nummern bestimmtes Gross- und Kleinvieh kann keinen Merismus bilden.

[63] *Psalms* I, 52: « The opening phrase *alpm ap ṣin* is a generic expression which includes the animals that are later specified in the verse ».

behandelten Wortpaares *ṣʾn // ʾlp* auffallenderweise besonders in den Gattungscharakteristika auf derselben Ebene. Aus der Eigenart der Gattung geht hervor, dass mehrere meristische Wortpaare die ganze Aussage bilden. Die fraglichen Texte sind: Ps 144,12-14a; Dtn 7,13-14; 28,3-6; 28,16-19; 28,50-51; Karatepe-Inschrift A III 7-9. C IV 7-9 [64].

Ps 144,12-14a ist innerhalb des sonst einfachen Psalm-Bittgebetes des Königs so eigentümlich, dass H. Gunkel feststellen konnte: « Ein völlig paralleles Stück ist wohl im ganzen AT nicht vorhanden » [65]. Wegen seiner « starken Farben » setzt er das Gedicht zu einer älteren Zeit an [66]. Der Text heisst folgendermassen [67]:

> Möge er segnen unsere *Söhne* wie die Pflanzen,
> grossgezogen von ihrer Jugend an;
> unsere *Töchter* seien wie Ecksäulen,
> ausgehauen nach dem Modell eines Palastes.
> Unsere Speicher seien gefüllt,
> sich von Ende zu Ende erstreckend.
> Unsere *Schafe* seien tausendfach vermehrt,
> zehntausendfach auf unseren Fluren;
> unsere *Rinder* seien fettschwer.

Wie H. J. Kraus bemerkt, sind hier drei Themen kombiniert: 1. Segnung der menschlichen Nachkommenschaft, 2. Füllung der Getreidespeicher, 3. Mehrung des Viehbestandes [68]. Diese drei Themen, von denen das erste und das dritte bereits meristisch sind, bilden zusammen eine erweiterte meristische Aussage: der König begehrt « alles » Gute für sein Volk.

Was die Thematik angeht, kommt die Karatepe-Inschrift dieser Aussage sehr nahe. Da handelt es sich zwar nicht um ein Gebet, sondern um ein Segensbegehren seitens des Königs ʾZTWD. Man braucht wohl nicht nachdrücklich zu betonen, dass diese zwei Gattungen auf denselben psychologischen Prinzipien beruhen. Der Text heisst:

> *wkn ḥqrt z bᶜlt śbᶜ wtrš wᶜm z ʾš yšb bn ykn bᶜl ʾlpm wbᶜl ṣʾn wbᶜl śbᶜ wtrš* — Und diese Stadt möge eine Besitzerin von *Korn* und *Wein* sein, und dieses Volk, das in ihr wohnt, sei Besitzer von *Rindern* und Besitzer von *Kleinvieh* und Besitzer von *Korn* und *Wein*.

---

64 KAI 26.
65 Siehe *Die Psalmen,* 607.
66 Ebd., 608.
67 Grundsätzlich folgen wir M. Dahood, *Psalms* III, 327f. Angesichts unserer stilistischen Absicht brauchen wir die da aufgeführten textkritischen Bemerkungen hier nicht wiederzugeben.
68 Siehe *Psalmen,* 944.

Die Gattungseigenart vor Augen können wir jetzt gleich auf die Beispiele von Dtn eingehen. Zuerst stellen wir fest, dass alle vier Belege im Zusammenhang der Segens- bzw. der Fluchaussage dastehen. Ausserdem erscheinen sie jeweils in zwei doppelten Formeln, die so gut wie völlig übereinstimmen. So heisst es in der Verheissung des göttlichen Segens für die Erfüllung des Gesetzes, Dtn 7,13-14:

> Er wird segnen die Frucht deines *Leibes* und die Frucht deines *Landes, dein Korn,* deinen *Wein* und dein *Öl*; den Wurf deiner *Rinder* und die Zucht deiner *Schafe,* in dem Lande, von dem er deinen Vätern geschworen hat, dass er es dir geben wolle. Gesegnet wirst du sein vor allen Völkern. Niemand unter euch, weder *Mann* noch *Weib,* wird unfruchtbar sein, auch euer *Vieh* nicht.

Dieser Segens-Spruch findet eine schöne Entsprechung in dem Fluch-Spruch von Dtn 28,50-51, wo die Rede von einem Volk ist,

> das keine Schonung kennt gegen den *Greis* und kein Erbarmen mit dem *Knaben.* Es wird die Frucht deines *Viehs* und die Frucht deines *Landes* verzehren, bis du vertilgt bist; es wird dir nichts übriglassen von *Korn,* von *Wein* und *Öl,* vom Wurf deiner *Rinder* und von der Zucht deiner *Schafe,* bis es dich vernichtet hat.

Im Segens-Spruch von Dtn 28,3-6, der eine vollkommene Entsprechung im Fluch-Spruch von Dtn 28,16-19 findet, kommen noch zwei meristische Wortpaare zum Vorschein:

> Gesegnet (verflucht) bist du in der *Stadt* und gesegnet (verflucht) auf dem *Felde.* Gesegnet (verflucht) ist die Frucht deines *Leibes*, die Frucht deines *Landes* und die Frucht deines *Viehs,* der Wurf deiner *Rinder* und die Zucht deiner *Schafe.* Gesegnet (verflucht) ist dein Korb und dein Backtrog. Gesegnet (verflucht) bist du, wenn du *eingehst,* und gesegnet (verflucht), wenn du *ausgehst.*

Es ist bezeichnend, dass die Texte formal grundsätzlich nur in einzelnen Elementen übereinstimmen, während sie thematisch offensichtlich dieselben psychologischen und kulturgeschichtlichen Hintergründe haben, die teilweise mit der menschlichen Natur als solcher, teilweise mit dem spezifisch kanaanäischen Sitz im Leben zusammenhängen. Einige grundsätzliche Gliederungen, die hier in die erweiterten meristischen Aussagen komponiert sind, können eine lange Geschichte hinter sich haben. Das gilt sicher für das Wortpaar *ʾlp* // *ṣʾn* — « Rinder » // « Schafe ». Bezeichnend ist aber auch das Wortpaar *dgn* + *tyrwš* (bzw. die Dreigliederung *dgn* + *tyrwš* + *yṣhr*) — « Korn » + « Wein », das die semantische Entsprechung in *śbʿ* + *trš* — « Korn » + « Wein » der Karatepe-Inschrift und in *śbʿ* // *tyrwš* von Spr 3,10 findet, und das offensichtlich mit derselben Bedeutung. Während es innerhalb der alten Segens-Sprüche Gen 27,28.37; Dtn 33,28b einzeln vorkommt, bildet es hier und in vielen anderen Belegen mit dem zusätzlichen Wort *yṣhr* — « Öl » eine dreigliedrige Formel.

Um die etymologisch-semantische Entwicklung des Wortpaares « Grossvieh » - « Kleinvieh » innerhalb der syro-palästinischen Literaturen einigermassen vollständig zu behandeln, wollen wir noch auf das Wortpaar *ś* // *alp* — « Schaf(e) » // « Rind(er) » eingehen, das im Ugaritischen mehrere Male vorkommt, jedoch charakteristischerweise in kultischen Texten, wo die einzelnen Begriffe eine jeweils bestimmte Zahl der genannten Tiere zu bezeichnen scheinen und daher eine meristische Deutung nicht in Frage kommt [69].

Das Wort *ś* findet seine Entsprechung im hebr. Wort *śh,* das merkwürdigerweise niemals mit dem *ʾlp* kontrastiert ist, sondern gewöhnlich mit dem *šwr* — « Rindvieh » und *ḥmwr* — « Esel » kombiniert erscheint, und zwar häufig im Zusammenhang der kultischen Texte. Offensichtlich gehört dieser Entwicklungspunkt einer späthebräischen Periode an, zumal das Wortpaar *ś* // *ʾlp* im Phönizischen noch belegt ist. Während der kultische Zusammenhang in der Karatepe-Inschrift A III 2; C IV 6 eine meristische Deutung klar ausschliesst [70], haben wir in der Kilamuwa-Inschrift aus Zincirli (um 825 v. Chr.) innerhalb einer erweiterten meristischen Aussage ein schönes meristisches Beispiel dieses Wortpaares. Wie T. Collins feststellt, handelt es sich hier um ein Gedicht; deswegen übernehmen wir seine Strukturierung des Textes [71]:

wʾnk lmy kt ʾb
wlmy kt ʾm
wlmy kt ʾḥ
wmy bl ḥz pn ś
šty bʿl ʿdr
wmy bl ḥz pn ʾlp
šty bʿl bqr
wbʿl ksp wbʿl ḥrṣ

---

[69] Vgl. in UT, 1:2.5; 3:14; 5:16; 9:2(?) das Wortpaar *alp* + *š*; in UT, 5:6 *š* + *alp.* B. Levine, « Ugaritic Descriptive Rituals », JCS 17 (1963) 105-111, nimmt sogar an, dass diese Begriffe, sowie die in den kultischen Texten 1, 3, 9 öfters vorkommenden Termini *dqt* und *gdlt* durch den kultischen Zusammenhang eine noch bestimmtere Bedeutung angesichts des Geschlechtes gewinnen: *š* « a male of the flock (ram or he-goat) »; *dqt* « a female of the flock (ewe or she-goat) »; *alp* « a male of the herd (bull) »; *gdlt* « a female of the herd (cow) ». Er ist sich allerdings der Schwierigkeit und der Unsicherheit dieser Deutung angesichts der Tatsache bewusst, dass *š* und *alp* normalerweise Klein- bzw. Grossvieh ohne Geschlechtsunterschied bezeichnen. Jedoch gilt es, seine Bemerkungen (S. 110f.), dass die literarische Gattung gelegentlich die Bedeutung eines Begriffes wesentlich beeinflussen kann, ernsthaft in Betracht zu ziehn.

[70] Siehe KAI 26. Der König ʾZTWD führt die Schlachtopfer für alle Götterbilder ein: *zbḥ ymm ʾlp wb/ʿt ḥ/rš ś wbʿt qṣr ś* — « Als Jahropfer ein Rind und zur /Zeit des Pf/lügens ein Schaf und zur Zeit der Schnitternte ein Schaf ».

[71] Siehe « The Kilamuwa Inscription », 186f. und KAI 24,10-12.

Ich aber war dem einen *Vater,*
und ich war dem anderen *Mutter,*
und ich war dem dritten *Bruder.*
Und wer nie ein *Schaf* gesehen hatte,
ich machte ihn zum Besitzer einer Schafherde;
und wer nie ein *Rind* gesehen hatte,
ich machte ihn zum Besitzer einer Rindherde,
und zum Besitzer von *Silber* und zum Besitzer von *Gold.*

Es ist wichtig zu beachten, dass diese Aussage in einem antithetischen Verhältnis zu den vorangehenden Schilderungen von der extremen Notlage während der Regierungszeit von Kilamuwas Vorgänger steht. Dadurch gewinnt sie an Ausdruckskraft. Die einzelnen meristischen Gruppen gehen steigernd in die folgenden über und stellen ein universales « Alles » her: Der König sei den Leuten je nach ihren Bedürfnissen « alles » gewesen; er habe ihnen « alle Haustiere » gegeben — mehr noch, sogar zum « Reichtum » habe er ihnen verholfen. Wie wir aus dem nächsten Teil der Arbeit sehen werden, hat das Wortpaar *ksp* // *ḥrṣ* eben diese Bedeutung des « Reichtums ».

Nachdem somit die aufschlussreicheren Belege der Gegenüberstellung « Grossvieh » — « Kleinvieh » erschöpft sind, kann man zusammenfassend besonders darauf hinweisen, dass die grundsätzliche Konstante des Wortpaares viel wichtiger ist als die geschichtlich bedingten Unterschiede hinsichtlich einzelner Begriffe: *ʾlp* (*alp*), *bqr* ... gegen *ṣʾn, ś, śh.* Aus dieser Konstante ergibt sich nämlich eine wichtige textkritische Folgerung, die wir mit Gewinn auf die Mēšaᶜ-Inschrift (Z. 31) anwenden können. Im Hinblick auf das verlässlich überlieferte Wort *ṣʾn* unmittelbar nach der Lücke werden wir auf Grund unserer bisherigen Feststellungen vor allen anderen Möglichkeiten auf den Gegensatzbegriff *ʾlp* bzw. *bqr* in der Lücke schliessen dürfen, zumal der Zusammenhang eine solche meristische Schilderung nahelegt: Der König Mēšaᶜ habe « alle Haustiere » von den genannten Orten weggenommen [72]. Bezeichnenderweise zeigt die von M. Lidzbarski vorgeschlagene Ergänzung des Textes in diese Richtung: *mᶜ/dny hbqr wʾt myṭb/ ṣʾn ḥʾrṣ* — « Die Annehmlichkeiten der *Rinder* und das Beste vom *Kleinvieh* des Landes » [73].

Man kann voraussetzen, dass solche Inschriften nicht unbedingt die Einzelheiten der Errungenschaften des Königs beschreiben wollen, sondern viel-

---

[72] Man darf daher die Meinung von S. Segert für nicht belegbar halten, wenn er in « Die Sprache der moabitischen Königsinschrift », Ar Or 29/2 (1961) 209 behauptet: « Das verlässlich überlieferte Wort *ṣʾn* (31) weist zwar in der Richtung auf die Viehzucht hin, doch es gewährt keine Unterscheidung zwischen dem möglichen *nq/dj* .../ ʻ die Viehhirten ʼ und Lidzbarski's *mᶜdn* —, das er dann unter Benützung von Halévy's Vorschlag mit *bqr* ergänzt ». Vgl. hierzu auch KAI, *Kommentar,* 179: « Wegen *ṣʾn* in Z. 3. erwartet man *nq/dy* « Hirten » oder *mᶜ/dny* « Leckerbissen (des Viehs) ».

[73] Vgl. *Kanaanäische Inschriften,* 9; Ephemeris für Semitische Epigraphik I (Giessen 1902) 74. 145.

mehr eine allgemeine Schilderung, die häufig übertrieben und pathetisch ist, mit konventionellen literarischen Mitteln bringen. Wir haben es dabei offensichtlich mit einer « offiziellen » literarischen Technik zu tun [74], deren Wurzel zumindest hinsichtlich einzelner Elemente weit zurück in der Umgangssprache zu suchen sind.

[74] Vgl. T. Collins, « The Kilamuwa Inscription », 188: « The very existence of such a piece of 'official' poetry is in itself significant, since it implies an accepted poetic tradition with recognised canons and techniques to which the writer of this poem conformed and was indeed no doubt chosen in view of already proven skill in their practice ».

II. Teil

Meristische Wortpaare und Wortgruppen in alphabetischer Ordnung mit Stellenangaben

Eine Behandlung des ergiebigen Materials in dieser Weise ist aus verschiedenen Gründen naheliegend. Die synthetisch-analytische Behandlung dieser relevanten Belege nach den wichtigen Kategorien, wie sie im ersten Teil der Arbeit ausgeführt worden ist, ermöglichte eine Durchdringung des Stoffes innerhalb des syrisch-palästinischen Sprachraumes. Das Festlegen gegenseitiger Beziehungen der behandelten Beispiele hinsichtlich ihrer poetischen Ausformung — durchaus in einer geschichtlichen Perspektive — führte uns zum tieferen Verständnis der Stilfigur des Merismus.

Es bleibt jedoch noch eine Fülle meristischer Beispiele übrig, die zwar ebenfalls einer Erklärung bedürfen, sich aber kaum in einheitliche Kategorien einordnen lassen. Da ausserdem auch die vielen einfacheren meristischen Gegensatzverbindungen bisher noch nirgendwo systematisch und vollständig gesammelt sind, sollte diese katalogartige Sammlung mit Behandlung wichtiger Redewendungen zuerst einen Überblicksbeitrag über den Umfang dieses sprachlichen Phänomens darstellen. Als die Sammlung im wesentlichen schon zu Ende war, hat mich L. Alonso Schökel dankenswerterweise auf die Monographie von B. Hartmann, *Die nominalen Aufreihungen im Alten Testament* (Zürich 1953) aufmerksam gemacht. B. Hartman bringt nämlich eine vollständige Materialsammlung der durch *waw* zusammengestellten nominalen, hauptsächlich zweigliedrigen Wendungen. In der Einteilung hält er sich allerdings nicht an ihre stilistische Funktion, so dass in seinem Werk zerstreute einzelne nominale meristische Zusammenstellungen in dieser systematischen und stilistisch gezielten Sammlung ohne weiteres wiedergegeben werden können. Indem hier Belege aller syrisch-palästinischen Sprachen in dieselbe alphabetische Ordnung eingefügt werden, kommt das Verhältnis zwischen den gemeinsamen « Parallelen » und zwischen den jeweils bloss in einzelnen Sprachen belegten Beispielen anschaulich zum Vorschein.

Technisch gesehen, werden die meristischen Zusammenstellungen grundsätzlich paarweise gegeben. Bildet jedoch ein Paar zusammen mit anderen Termini oder Paaren eine erweiterte meristische Wendung, die eine organische Einheit darstellt, so werden auch ganze Konstruktionen alphabetisch in fortschreitender Richtung gegeben. Eine viergliedrige Redewendung wird beispielsweise als solche aufgeführt, wenn das erste Wortpaar in der alphabetischen

Ordnung an die Reihe kommt. Kommt das zweite Paar an die Reihe, so wird es ohne vorangehende Zusammenstellung wiedergegeben.

1

a. *ʾb* + *ʾm* - « Vater » + « Mutter »
Gen 2,24; 28,7; Ex 21,15.17; Lev 18,7.9; 19,3; 20,9.17; 20,19; 21,2.11; Num 6,7; Dtn 5,16; 21,13.18.19; 22,15; 27,16; 33,9; Jos 2,13.18; 6,23; Ri 14,2.3.4.5.6.9.16; 1 Sam 22,3; 2 Sam 19,38; 1 Kön 19,20; 2 Kön 3,2; Jes 8,4; Jer 6,21; 16,7; Ez 22,7; 44,25; Mich 7,6; Sach 13,3.3; Ps 27,10; Spr 19,26; 20,20; 23,25; 28,24; Rut 2,11; Est 2,7.7; Sir 41,17.

b. *ʾb* // *ʾm* - « Vater » // « Mutter »
2 Kön 3,13; Spr 1,8; 6,20; 23,22; 30,11.17; Sir 3,6.16.

c. *ʾb* + *ʾm* - « Vater » + « Mutter »
Karatepe A I 3 (KAI 26).

d. *ʾb* // *ʾm* - « Vater » // « Mutter »
Zincirli: Kilamuwa 10 (KAI 24).

2

a. *ʾbny hśdh* // *ḥyt hśdh* - « Steine des Ackers » // « Tiere des Feldes »
Ijob 5,23.

b. *ʾbn* + *ʿṣ* - « Stein » + « Holz »
Jer 3,9; Ez 26,12.

c. *abn* + *ʿṣ* - « Stein » + « Holz »
UT, 52:66 (CTA 22:66).

Das Wortpaar kommt im Zusammenhang mit der Götterzeugung vor. Die jungen Götter (*Šḥr, Šlm* und « die schönen und lieblichen Götter ») sind in das « heilige Gefilde » gebracht, wo sie sich unter « Steinen und Bäumen » - *labnm wlʿṣm* tummeln können. In diesem Kontext erscheint die Annahme gerechtfertigt, dass das Wortpaar stellvertretend für die « ganze unkultivierte Natur » gebraucht wird [1]. Die Sicherheit, dass die meristische Interpretation zutrifft, wird durch den klaren meristischen Beleg des Paares in der umgekehrten Reihenfolge von ʿnt II:19-20; IV:58-59 noch verstärkt.

3

a. *ʾdwn* + *ʾnšym* - « Gott » + « Menschen »
Sir 10,7.

b. *ʾdwn* + *gbrt* - « Herr » + « Herrin »
Sir 41,18.

[1] In diese Richtung zeigt auch die Anmerkung *s* auf S. 378 von TO I: « ʻ Pierres et bois ʼ paraissent désigner par métonymie la nature inculte, comme, peut-être, en Ex 7,19 ».

4

a. (*bn*) *ʾdm* + (*bn*) *ʾyš* // *ʿšyr* + *ʾbywn* - « der (einfache) Mensch » + « der Herrensohn » // « der Reiche » + « der Arme »
Ps 49,3.

b. (*bn*) *ʾdm* // (*bn*) *ʾyš* - « der (einfache) Mensch » // « der Herrensohn »
Ps 62,10; Jes 2,9.11.

5

a. *ʾgm-mym* // *mwṣʾy mym* - « Wasserteich » // « Wasserquellen »
Jes 41,18b; Ps 107,35:

yāśēm (Jes: ʾāśîm) midbār laʾagam-mayim
weʾereṣ ṣiyyāh lemôṣāʾê māyim
Er macht (ich mache) die Wüste zum *Wasserteich*
und verdorrtes Land zu *Wasserquellen.*

Wie besonders aus V. 33 des Psalmes hervorgeht, ist das fragliche Paar nicht synonym, sondern gegenüberstellend-meristisch zu verstehen. Noch auffallender ist das gegensätzliche Verhältnis dieses Verses zu V. 33. Die beiden Verse bilden also einen Merismus, der eine grundsätzliche Entsprechung in Ps 74,15 und Ijob 12,15 findet. Mit der Schilderung, dass Gott das Wassergebiet zur Wüste (V. 33) und umgekehrt die Wüste zum bewässerten Land macht (V. 35), sollte allgemein betont werden, dass Gott alles, was er will, tun kann [2]. Angesichts des offenbar topischen Charakters der Aussage erscheint das Bemühen von M. Dahood, die *yqtl*-Form *yāśēm* in Ps 107,35 auf bestimmte vergangene Ereignisse zu beziehen [3], nicht naheliegend, zumal die Wendung in Jes 41,18b anscheinend etwas Zukünftiges ankündigt.

6

a. *ʾdm* + *bhmh* - « Mensch » + « Tier »
Gen 6,7; 7,23; Ex 8,13.14; 9,9.10.19.22.25; 12,12; 13,2.15; Lev 7,21; 27,28; Num 3,13; 8,17; 18,15.15; 31,11.26.47; Jer 7,20; 21,6; 27,5; 31,27; 32,43; 33,10.10.12; 36,29; 50,3; 51,62; Ez 14,13.17. 19.21; 25,13; 29,8; 36,11; Jon 3,7.8; Zef 1,3; Hag 1,11; Sach 2,8; Ps 36,7; 135,8; Koh 3,19.

b. *ʾdm* // *bhmh* - « Mensch » // « Tier »
Ez 32,13.

c. *ʾdm* + *bqr* + *ḥmr* + *ṣʾn* - « Mensch » + « Rind » + « Esel » + « Schaf »
Num 31,28.30.

---

[2] Vgl. dazu H. Gunkel, *Die Psalmen,* 472f.

[3] Siehe *Psalms* III, 89.

7

a. *ʾdm* // *mlk* - « (gewöhnlicher) Mensch » // « König » [4]
Ps 105,14.
b. *ʾdm* // *ndyb* - « (gewöhnlicher) Mensch » // « Fürst » [5]
Ps 118,8-9.
c. *ʾdm* // *śr* - « (gewöhnlicher) Mensch » // « Fürst »
Ps 82,7 (?).

8

a. *ʾdmh* // *mym* - « Festland » // « Gewässer »
Dtn 4,18.

9

a. *ʾdr* + *ṣʿr* - « gross, mächtig » + « klein, gering »
Cagliari 2 (KAI 65); Bordj-Djedid 5 (KAI 81).

10

a. *ʾhbh* + *śnʾh* - « Liebe » + « Hass »
Koh 9,1.
b. *ʾhbh* // *śnʾh* // *qnʾh* - « Liebe » // « Hass » // « Leidenschaft »
Koh 9,6.

11

a. *ʾwr* // *ḥšk* - « Licht » // « Finsternis »
Jes 45,7; Ijob 38,19.

12

a. *ʾzn* + *ʿyn* - « Ohr » + « Auge »
Jes 6,10; Spr 20,12.
b. *ʾzn* // *ʿyn* - « Ohr » // « Auge »
Ijob 29,11.

13

a. *ʾzrḥ* + *gr* - « Einheimischer » + « Fremder »
Ex 12,49; Lev 16,29; 17,15; 18,26; Num 15,29.30.

---

[4] Vgl. J.C. Greenfield, « Some Glosses on the Keret Epic », Eretz-Israel 9 (1969) 60, Anm. 7.
[5] Vgl. M. Dahood, *Psalms* III, 55.

14

a. ʾḫ + ʾḫwt - « Bruder » + « Schwester »
Lev 21,2-3; Num 6,7; Jos 2,13; Ez 44,25; Ijob 42,11.

15

a. ʾḫwr + qdm - « hinten » + « vorn »
Ps 139,5.
b. ʾḫrwn // qdmny - « jemand von Westen » // « jemand von Osten »
Ijob 18,20:
Ob seines Tages schaudern *die im Westen* (*ʾḫrwnym*),
und *die im Osten* (*wqdmnym*) packt ein Graus [6].

16

a. *ʾyy ktyym* // *qdr* - « die Inseln der Kittäer (Westen) » // « Kedar (Osten) »
Jer 2,10.
In der Kritik an die Treulosigkeit Israels gegen Jahwe hebt Jeremia hervor, dass selbst « nirgends » in der Heidenwelt so etwas vorkommt, dass ein Volk seinen Gott vertauscht. « Westen » // « Osten » stehen hier wahrscheinlich stellvertretend für alle Himmelsrichtungen.

17

a. *ʾyš* + *ʾšh* - « Mann » + « Frau »
Gen 7,2; Ex 21,28.29; 35,22.29; 36,6; Lev 13,29.33.38; 20,27; Num 5,6; 6,2; Dtn 17,2.5.5; 29,17; 31,12; Jos 6,21; 8,25; Ri 9, 49.51; 16,27.27; 1 Sam 15,3; 22,19; 27,9.11; 2 Sam 6,19; Jer 6,11; 40,7; 41,16; 44,7; 51,22; Est 4,11; Esr 10,1; Neh 8,2.3; 1 Chr 16,3; 2 Chr 15,13.
b. *ʾyš* + *ʾšh* + *ṭp* - « Mann » + « Frau » + « kleine Kinder »
Jcr 40,7.
c. *ʾyš* + *ʾšh* + *yld* - « Mann » + « Frau » + « Kind »
Esr 10,1.
d. *ʾyš* // *bḥwr* - « Mann » // « Jüngling »
Jer 18,21.
e. *ʾyš* // *yld* - « Mann » // « Knabe, Kind »
Gen 4,23.
f. *ʾyš* // *mlk* - « Mann, (gewöhnlicher) Mensch » // « König »
1 Chr 16,21.

---

[6] Vgl. hierzu M.H. Pope, *Job,* 137.

18

a. *ʾyš* + *bhmh* - « Mann, Mensch » + « Vieh »
Ex 11,7.

b. *ʾyš* // *šwr* - « Mensch » // « Rind, Stier » [7]
Gen 49,6.

19

a. *ʾkl* (Hi.) // *šqh* (Hi.) - « speisen » // « tränken »
Ps 80,6; Spr 25,21; Sir 15,3.

b. *ʾkl* + *šth* - « essen » + « trinken »
Gen 24,54; 26,30; Ex 24,11; 32,6; Ri 19,4.6; 1 Sam 30,12.16; 2 Sam 11,11; 1 Kön 1,25; 4,20; 2 Kön 6,22; 7,8; Jes 21,5; 22,13; Jer 16,8; 22,15; Sach 7,6; Ijob 1,4.13.18; Spr 23,7; Rut 3,7; Koh 5,17; Est 4,16; Esr 10,6; Neh 8,12; 1 Chr 29,22.

c. *ʾkl* // *šth* - « essen » // « trinken »
Ex 34,28; Num 23,24; Dtn 29,5; 2 Sam 12,3; 16,2; Jes 29,8; 65,13; Ez 12,18; 39,17.18.19; Hag 1,6; Ps 50,13.

d. *ʾkl* + *šth* - « essen » + « trinken »
Zincirli: Panammuwa I., Z. 9 (KAI 214); Panammuwa II., Z. 9 (KAI 215).

e. *ʾkl* // *šth* - « essen » // « trinken »
Zincirli: Panammuwa I., Z. 17.21/22 (KAI 214).

20

a. *ʾl* // *mlk* - « Gott » // « König »
Sir 7,4.

b. *ʾlhym* + *ʾdm* - « Gott » + « Mensch »
Spr 3,4b.

c. *ʾlhym* + *bny ʾdm* - « Götter » + « Menschen »
Ps 36,8b.

d. *ʾlhym* + *ʾnšym* - « Gott » + « Menschen »
Gen 32,29; Sir 45,1.

e. *ʾlhym* + *ʾnšym* - « Götter » + « Menschen »
Ri 9,9.13.

f. *ʾlh* + *ʾnš* - « Gott » + « Mensch(en) »
Dan 6,8.13.

g. *ʾlh(y/n)* + *ʾnš* - « Götter » + « Menschen »
Zincirli: Panammuwa II., Z. 23 (KAI 215); Tēmā-Inschrift A 20 (KAI 228).

---

[7] Siehe C. F. Keil, *Genesis und Exodus,* Biblischer Commentar über das Alte Testament (Leipzig 1878) 330: « Die *sing.* *ʾyš* und *šwr* im Sinne unbestimmter Allgemeinheit sind mehr *Generalis* als *Singularis* zu nennen ».

h. *ʾlhy šmy/n* + *ʾlh/y ʾrq* - « Götter des Himme/ls » + « Götte/r der Erde »
Āfis-Inschrift B 25/26 (KAI 202).
i. *ilm* + *nšm* // *hmlt arṣ* - « Götter » + « Menschen » // « Unzahl der Unterwelt »
UT, 51 VII:51-52 (CTA 4 VII:51-52).
j. *ilm* // *mtm* - « Götter » // « die Verstorbenen »
UT, 62:47 (CTA 6 VI:47).
k. *ʾlnm* + *bn ʾdm* - « Götter » + « Menschen »
Memphis-Inschrift 4 (KAI 48).
l. *ʾlnm* + *ʿm ʾrṣ* - « Götter » + « Volk der Stadt »
Jeḥaumilk 10 (KAI 10).

21

a. *ʾlm* + *ḥrš* + *pqḥ* + *ʿwr* - « stumm » + « taub » + « sehend » + « blind »
Ex 4,11.

22

a. *ʾlmnh* + *gr* // *ytwm* - « Witwe » + « Fremdling » // « Waise »
Ps 94,6.
b. *ʾlmnh* + *ytwm* + *gr* + *ʿny* - « Witwe » + « Waise » + « Fremdling » + « der Arme »
Sach 7,10.
c. *ʾlmnh* + *ytwm* // *gr* - « Witwe » + « Waise » // « Fremdling »
Mal 3,5.
d. *ʾlmnh* // *ytwm* - « Witwe » // « Waise »
Jes 10,2b; Ijob 22,9.
e. *almnt* // *ytm* - « Witwe » // « Waise »
1 Aqht: 24-25 (CTA 19 I:24-25); 2 Aqht V:8 (CTA 17 V:8).
f. *almnt* // *qṣr npš* - « Witwe » // « der Notleidende »
UT, 127:33-34.46-47 (CTA 16 VI:33-34.46.47).

23

a. *ʾlp* + *ṣʾn* - « Rinder » + « Kleinvieh »
Dtn 7,13; 28,4.18.51.
b. *ʾlp* + *ṣʾn* - « Rinder » + « Kleinvieh »
Karatepe A III 8/9; C IV 8/9 (KAI 26).
c. *alp* + *ṣin* - « Rinder » + « Kleinvieh »
UT, 51 VI:40-41 (CTA 4 VI:40-41); 124:12 (CTA 22 B:12).

24

a. *ʾm* + *ʾb* - « Mutter » + « Vater »
Lev 19,3; 20,19; 21,2.

b. *ʾm* // *ʾb* - « Mutter » // « Vater »
Jer 16,3.

c. *ʾm* + *ʾb* - « Mutter » + « Vater »
Kandahar-Inschrift 6 (KAI 279).

25

a. *ʾmh* + *nʿr* - « Magd » + « Knecht »
Ri 19,19.

26

a. (*bny*) *ʾnš* (e.) + *ḥywt brʾ* + *ʿwp šmyʾ* - « Menschen » + « Tiere des Feldes » + « Vögel des Himmels »
Dan 2,38.

27

a. *ʾpl* // *ṣhrym* - « Finsternis » // « Mittag »
Ps 91,6.

Dieses *Hapax*-Paar entspricht semantisch dem stereotypen meristischen Paar *lylh* + *ywm* (und umgekehrt). Es kommt jedoch hier ein stärker Kontrast zum Vorschein, indem nicht einfach der « Tag », sondern der « Mittag » der Finsternis gegenübergestellt ist. Das hängt mit einer besonderen Absicht zusammen: Da das Paar *lylh* // *ywm* auch im vorangehenden Vers erscheint, handelt es sich hier um eine Steigerung. Man braucht sich daher « niemals » von irgendwelchen Übeln erschrecken zu lassen.

28

a. *ʾrḥ* (Inf. cstr.) + *rbʿ* (Inf. cstr.) - « gehen, wandern » + « sich niederlegen »
Ps 139,3.

29

a. *ʾrym* // *ʾyy hym* - « Länder des Lichtes » // « Inseln des (westlichen) Meeres »
Jes 24,15.

30

a. *ʾrṣ* // *ʾlhym* - « Erde » // « Götter «
Ps 97,9.

31

a. *ʾrṣ* // *ʾyym* - « Erde » // « Inseln »
Ps 97,1.
b. *ʾrṣ* + *hrym* - « Land - Ebene » + « Berge »
Hag 1,11.
c. *ʾrṣ* + *ḥwṣwt* - « fruchtbare Erde » + « Flur, Steppe »
Spr 8,26.
d. *ʾrṣ* // *ḥwṣ*(*wt*) - « fruchtbare Erde » // « Flur, Steppe » [8]
Ijob 5,10; 18,17.
e. *ʾrṣ* // *ym* - « Erde, Festland » // « Meer »
Ijob 11,9; 12,8.
f. *ʾrṣ* // *mrwm* - « Erde » // « Himmel »
Sir 40,11:
Alles, was von der *Erde* ist, kehrt zur Erde zurück, und was aus dem *Himmel* stammt, kehrt zum Himmel zurück.
g. *ʾrṣ* + *šmym* - « Erde » + « Himmel »
Ps 148,13.
h. *ʾrṣ* // *šmym* - « Erde » // « Himmel »
Gen 27,39; Dtn 4,17; Ri 5,4; 2 Sam 22,8; Jes 45,12; 48,13; Jer 4,23.28; 10,12; 51,15; Joel 2,10; Sach 8,12; Ps 68,9; 85,12; 102,26; Ijob 35,11; Spr 3,19.
i. *ʾrṣ* // *šmym* / *hrym* // *gbʿwt* - « Erde » // « Himmel » / « Berge » // « Täler »
Jer 4,23-24.
j. *ʾrʿ* (e.) + *šmyn* (e.) - « Erde » + « Himmel »
Jer 10,11.
k. *ʾrq* + *šmyn* - « Erde » + « Himmel »
Sfīre A 26 (KAI 222).
l. *arṣ* + *šmm* - « Erde » + « Himmel »
UT, 126 III:2 (CTA 16 III:2); 609:5 (RŠ 24.643).
m. *ʾrṣ* // *tbl* - « Unterwelt » // « Welt »
Jes 24,4.

[8] Siehe hierzu S.R. Driver - G.B. Gray, *The Book of Job* II, 120: « In antithesis to *ʾrṣ*, which here and in 30,8 signifies the cultivated, settled country, *ḥwṣ* is the steppe country ».

32

a. *ʾš* + *brd* + *šlg* + *qyṭwr* - « Feuer » + « Hagel » + « Schnee » + « Rauch »
Ps 148,8; vgl. Sir 39,29.

b. *ʾš* // *ḥrb* - «Feuer » // « Schwert »
Jes 66,16; Nah 3,15; Ps 78,63a-64a.

c. *išt* // *ḥrb* - « Feuer » // « Schwert »
UT, 137:32 (CTA 2 I:32).

Das Wortpaar « Feuer » // « Schwert » kommt — auch in der umgekehrten Reihenfolge — immer im Zusammenhang mit der totalen Vernichtung bzw. mit der Ankündigung der Vernichtung vor. Dies gibt uns den Anlass für eine meristische Deutung der Aussage in Ps 78,63-64, wo sich das Paar das einzige Mal auf zwei Verse erstreckt. Hier verbindet es nämlich die stellvertretenden Kategorien des männlichen Geschlechtes *bḥwrym* // *khnym* - « Jünglinge » // « Priester » (Ungeweihte-Geweihte; Unverheiratete-Verheiratete) auf einer gemeinsamen Ebene zur Bezeichnung der Tragweite und der Tiefe des Gerichtes von Silo, das durch die daraus sich ergebende Gegenüberstellung von *btwlwt* // *ʾlmnwt* - « Jungfrauen » (die sich nun nicht verheiraten können) // « Witwen » (die nicht klagen dürfen) noch unterstrichen wird.

d. *ʾš* + *mym* - « Feuer » + « Wasser »
Ps 66,12; Sir 15,16.

33

a. *ʾšh* // *bn* - « Frau » // « Sohn, Kind »
Ps 128,3.

b. *ʾšh* / *bn* + *bt* // *ʾdmh* - « Frau » / « Sohn » + « Tochter » // « Land »
Am 7,17.

Amazja, der Priester von Bethel, sollte nach der Weissagung von Amos « alles » verlieren.

c. *aṯt* // *bn* - « Frau » // « Sohn »
UT, 52:64-65 (CTA 23:64-65)

34

a. (*ʾrṣ*) *ʾšwr* // *ʾrṣ mṣrym* - « das Land Assyrien » // « das Land Ägypten »
Jes 27,13; Hos 12,2.

35

a. *bʾr šbʿ* + *dn* - « Beerseba » + « Dan »
1 Chr 21,2; 2 Chr 30,5.

36

a. *bhmh* + *ʾyš* - « Tier » + « Mann, Mensch »
Ex 19,13.
b. *bhmh* + *ḥyh* (*hśdh*) - « Vieh » + « Tiere (des Feldes) »
Gen 3,14; 7,21; Lev 25,7.
c. *bhmh* + *ʿwp* - « (Wild-)Tiere » + « Vögel »
Gen 2,20; Lev 11,46; 1 Kön 5,13; Jer 12,4.
d. *bhmh* (*ʾrṣ*) // *ʿwp hšmym* - « Wild-)Tiere » // « Vögel des Himmels »
Ijob 12,7; 35,11.
e. *bhmh* + *ʿwp hšmym* + *ḥyt hśdh* - « Vieh » + « Vögel des Himmels » + « Tiere des Feldes »
Gen 2,20.
f. *bhmh* // *ṣpwr* - « Tiere, Vieh » // « Vögel »
Dtn 4,17.

37

a. *bwʾ* (*hbyth*) // *pšt bḥwṣ* - « einbrechen (in das Haus) » // « (draussen) auf der Strasse umherziehen »
Hos 7,1c.

Die Absicht des Propheten ist hier evident; er will ausdrucksvoll die Schuld Samariens unterstreichen, indem er von den Räubern spricht, die « überall » ihr Unwesen treiben: « Der Dieb (*gnb*) bricht ein (ins Haus) / die Räuberbande (*gdwd*) plündert auf der Strasse ». Dass das Verb *bwʾ* mit dem inneren Bereich zusammenhängt, wird sowohl aus der Natur des Verbes als auch aus dem Gegensatz zu *ḥwṣ* - « Strasse (draussen) » im nächsten Kolon offenkundig. Die meristische Funktion der Aussage wäre allerdings auffallender, dürfte man im ersten Kolon nach der Verbalform *ybwʾ* noch etwa *hbyth* hinfügen, wie es gelegentlich entsprechend *pròs autón* in der LXX geschieht.

38

a. *bwʾ* + *yṣʾ* - « kommen » + « ausgehen »
Jer 37,4 (in Qal); 2 Chr 23,7 (in Inf.).
b. *bwʾ* // *yṣʾ* - « kommen » // « ausgehen »
Ex 28,35 (Inf.); Dtn 28,6.19 (Inf.); 2 Kön 11,9 (Part.); 2 Chr 23,8 (Part.).

39

a. *bwl hrym* // *ḥyt hśdh* - « das Gewächs der Berge » // « das Wild des Feldes ».

Ijob 40,20.

Hier scheint ein doppelter Merismus vorhanden zu sein. Einerseits werden das Gewächs und das Tierreich, andererseits die Berge und die Ebene gegenübergestellt, um den rhetorischen Effekt zu erreichen, wie das Flusspferd (?) « alles » von « überall » gefressen haben soll. Angesichts dieser meristischen Kontrastierung verliert die Übersetzung dieses Verses und die Spekulation über das Wort *bwl* im M. H. Pope's Kommentar völlig den Grund. Zutreffend übersetzt dagegen den Vers die *Zürcher Bibel*: « Denn das Gewächs der Berge nimmt es sich / und alles Wild des Feldes zermalmt es ».

40

a. *bḥwr* + *btwlh* - « Jüngling » + « Jungfrau »
Dtn 32,25; Jer 51,22; Ez 9,6; Ps 148,12; 2 Chr 36,17.

b. *bḥwr* // *btwlh* - « Jüngling » // « Jungfrau »
Jes 23,4; Sach 9,13.

c. *bḥwr* + *zqn* - « Jüngling » + « Greis »
Jer 31,13.

d. *bḥwr* // *ytwm* + *ʾlmnh* - « Jüngling » // « Waise » + « Witwe »
Jes 9,16.

e. *bḥwr*// *khn* - « Jüngling » // « Priester »
Ps 78,63-64.

41

a. (*b*) *bṭn* // (*b*) *ʾwn* - « im Mutterleib » // « in Manneskraft »
Hos 12,4:

Im *Mutterleib* überlistete er seinen Bruder,
und in seiner *Manneskraft* rang er mit Gott.

Die Anspielung der Aussage auf zwei konkrete Ereignisse aus der Pentateuchüberlieferung (vgl. Gen 25,24-26 + 27; 32,23ff.) begünstigt in Wirklichkeit nicht die meristische Deutung. Aus dem Anklage-Zusammenhang, in welchem das gegenwärtige Israel in seinem Ahnherrn blossgestellt wird, stellt sich jedoch heraus, dass die Termini *bṭn* // *ʾwn* absichtlich gegenübergestellt sind [9], um die konstante Falschheit Israels zu betonen. Angesichts dieses rhetorischen Klanges verliert dann die sowieso abgewandelte geschichtliche Andeutung noch mehr von ihrem Sachinhalt.

[9] Vgl. H. W. Wolff, *Dodekapropheton I. Hosea,* BK XIV/1 (²1965) 274: « *ʾwn* kann die Manneskraft bezeichnen (Gen 49,3); von daher könnte man *bʾwnw* in Parallele zu *bbṭn* übersetzen: ‘ im Mutterleib ... als Mann .... ’ »

42

a. (*m*) *byt* + (*m*) *ḥwṣ* - « inwendig » + « auswendig »
Gen 6,14; Ex 25,11; 37,2; Lev 18,9; 1 Kön 7,9.
b. *byt* ... *ᶜyr* - « Tempel » ... « Stadt »
Ez 9,7.
c. *byt* + *śdh* - « Haus » + « Feld »
Gen 33,5; 2 Kön 8,3.5; Jer 32,15.
d. *byt* + *śdh* + *krm* - « Haus » + « Feld » + « Weinberg »
Jer 32,15.

43

a. *bkr* + *ṣᶜyr* - « der Erstgeborene » + « der Jüngste »
Gen 43,33.

44

a. *bn* // *ʾšh* - « Sohn, Kind » // « Frau »
Jer 18,21; Ps 109,9;
Das Paar bezeichnet die ganze Familie eines Mannes.

45

b. *bn* + *bt* - « Sohn » + « Tochter »
Gen 5,4.10.13.16.19.22.26.30; 11,11.13.15.17.19.21.23.25; 19,12; 31,28; 32,1; 36,6; 37,35; Ex 3,22; 10,9; 20,10; 21,4.31; 32,2; Lev 10,14; 12,6; 18,10; 21,2; 26,29; Num 18,11.19; Dtn 5,14; 7,3; 12,12.18.31; 13,7; 16,11.14; 18,9; 28,32.41.53.56; 32,19; Jos 7,24; Ri 11,34; 1 Sam 1,4; 30,3.6.19; 2 Sam 5,13; 19,6; 2 Kön 17,17; 23,10; Jes 56,5; Jer 3,24; 5,17; 7,31; 11,22; 14,16; 16,2.3; 19,9; 29,6.6; 32,35; 35,8; 48,46; Ez 14,16.18.20.22; 16,20; 23,4. 10.25.47; 24,21.25; 44,25; Joel 3,1; 4,8; Am 7,17; Ijob 1,13.18; 42,13; Neh 4,8; 5,2.5; 1 Chr 14,3; 2 Chr 24,3; 28,8; 29,9; 31,18.
c. *bn* // *bt* - « Sohn » // « Tochter »
Jes 43,6; 49,22; Mich 7,6; Ps 106,37; 144,12.
d. *bn* // *bt* - « Sohn » // « Tochter »
UT, 128 III: 20-21(?). 23-24 (CTA 15 III:20-21. 23-24).
Der Text 128 III:23-24 heisst:
bn krt kmhm tdr
ap bnt ḥry
Die *Söhne* des Keret waren da, wie sie im Gelübde ausbedungen wurden,
und auch die *Töchter* der *Ḥry* ebenso (wie sie im Gelübde ausbedungen wurden).

Da *Krt* // *Ḥry* als « Mann » // « Frau » synonym die « Eltern » bedeuten, hat das Wortpaar *bn* // *bnt* meristische Bedeutung für « Kinder », zumal es zusammenfassend am Ende der Zeugungsgeschichte erscheint. Wenn die auf Grund dieses Verses getroffene Emendation von Z. 20-21 von *bn* // *bnm* in *bnm* // *bnt*, wie sie H. L. Ginsberg[10] und A. Herdner[11] vorschlagen, zutrifft, dürfte dasselbe auch für diesen Vers gelten.

46

a. (*yd*) *bᶜl* // (*yd*) *ʾdm* - « die Hand des Baᶜal » // « die Hand eines Menschen »
KAI 30,4.

47

a. *bqᶜ* // *ybš* (Hi.) - « spalten, hervorbrechen lassen » // « austrocknen »
Ps 74,15:
Hervorbrechen liessest du Quellen und Bäche,
austrocknen die immerfliessenden Ströme.

Der hymnische Zusammenhang mit drei weiteren meristischen Wortpaaren allgemeiner Art (vgl. Vv. 16-17) und die « Parallelen » von Jes 41,18; Ps 107,33.35; Ijob 12,15 legen die Annahme nahe, dass die Aussage eher eine meristische Topik zur Schilderung der « Allmacht » Gottes als eine Anspielung auf bestimmte geschichtliche Ereignisse darstellt[12].

48

a. *bqᶜh* + *hr* - « Tal » + « Berg »
Dtn 8,7.

49

a. *bqr* + *ṣʾn* - « Rind » + « Kleinvieh »
Ex 9,3; Lev 1,2; 22,21; 27,32; Num 15,3; 22,40; Dtn 8,13; 12,6. 17.21; 14,23.26; 15,19; Jes 22,13; Ez 43,25; Jon 3,7; Koh 2,7; Neh 10,37; 1 Chr 12,41; 2 Chr 31,6.

b. *bqr* + *ḥmwr* + *ṣʾn* - « Rind » + « Esel » + « Kleinvieh »
Num 31,28.30.

---

[10] Vgl. *The Legend of King Keret,* 23.

[11] Vgl. CTA, 69.

[12] Ch. A. Briggs, *The Book of Psalms* II, 155, findet einen Zusammenhang zwischen dem Ereignis vom Wasser aus dem Felsen (Ex 17,6; Num 20,8) und dem Zug durch den Jordan (Jos 3).

c. *bqr* // *ṣʾn* - « Rind » // « Kleinvieh »
Joel 1,18.

50

a. *bqr* // *lylh* - « Morgen » // « Nacht »
Jes 21,12; Am 5,8; Ps 92,3.
b. *bqr* + *ʿrb* - « Morgen-Osten » + « Abend-Westen »
Ps 65,9.
c. *bqr* // *ʿrb* - « Morgen » // « Abend »
Gen 49,27.

Der synonyme Parallelismus in Kola 2-3 des Weissagungsspruches Jakobs an Benjamin, Gen 49,27, bestätigt den Vorschlag von M. Dahood, dass die Präpositionen *b*(*bqr*) *und* *l*(*ʿrb*) mit « vom ... bis » zu übersetzen sind [13]. So kommt der Merismus in zeitlicher Hinsicht klar zum Ausdruck: Der Wolf verzehrt und verteilt die Beute den « ganzen » Tag (während er nachts ausgeht, um Beute zu fangen) [14].

51

a. *brkh* + *qllh* - « Segen » + Fluch »
Dtn 11,26; 30,1.19; Jos 8,34.

52

a. *bśr* + *dm* - « Fleisch » + « Blut »
Dtn 12,27; Sir 14,18.
b. *bśr* // *dm* - « Fleisch » // « Blut »
Ez 39,17.18; Ps 50,13.

53

a. *btwlh* // *ʾlmnh* - « Jungfrau » // « Witwe »
Ps 78,63-64.
b. *btwlh* + *bḥwr* - « Jungfrau » + « Jüngling »
Klgl 1,18; 2,21.
c. *btwlh* // *bḥwr* - « Jungfrau » // « Jüngling »
Am 8,13.
d. *btwlh* // *bḥwr* + *zqn* - « Jungfrau » // « Jüngling » + « Greis »
Jer 31,13.

---

[13] Vgl. die Rezension in Bib 45 (1964) 282f. und « The Phoenician Background of Qoheleth », 281. Praktisch alle anderen Übersetzungen und Kommentare verstehen die Wendung *bbqr* // *lʿrb* im Sinne von « am Morgen » // « am Abend », was schwerlich eine meristische Deutung möglich macht.

[14] Vgl. hierzu K. Elliger, « Das Ende der ' Abendwölfe ' Zeph 3,3 Hab 1,8 », *Festschrift Alfred Bertholet* (Tübingen 1950) 158-175.

54

a. *gʾwn // hmwn* - « die Vornehmen » // « die Volksmenge »
Ez 32,12b.
Siehe auch das Paar *kbwd // hmwn* von Jes 5,13b, das kommentiert wird.

55

a. *gbʿh + gyʾ + ʾpyq* - « Hügel » + « Tal » + « Flussbett »
Ez 35,8.

b. *gbʿh + hr + ʿṣ rʿnn* - « Hügel » + « Berg » + « der grüne Baum » (in der Ebene)
Ez 6,13.

c. *gbʿh + ʿṣ rʿnn* - « Hügel » + « der grüne Baum » (in der Ebene)
1 Kön 14,23; 2 Kön 17,10; Jer 2,20.

d. *gbʿh // śdh* - « Hügel » // « Feld »
Jer 13,27aβ-b:
zimmat zᵉnûtēk ʿal-gᵉbāʿôt
baśśādeh rāʾîtî šiqqûṣāyik
Dein schändliches Buhlen (habe ich gesehen) auf den *Hügeln,*
im *Felde* habe ich deine Greuel gesehen.

Ohne Zweifel soll das fragliche Paar hervorheben, dass die Israeliten « überall » Götzengreuel begangen haben. Die meisten Übersetzungen, angefangen mit der LXX (*epì tōn bounōn kaì en toîs agroîs ...*) begünstigen eine derartige Interpretation, so dass die Wendung in der Vulgata seltsam erscheint: « Super colles in agro vidi abominationes tuas ». Die Erklärungsschwierigkeiten sind gewöhnlich durch das Fehlen des vorauszusetzenden *waw* vor *bśdh* bedingt [15]. Dieses Problem löst sich jedoch sehr gut durch die oben gegebene stichometrische Teilung des Textes, die abgesehen von *waw* einen schönen Merismus und eine bemerkenswerte chiastische Struktur hervorhebt: A (*zmt znwtk*), B (*gbʿwt*) - B' (*śdh*), A' (*šqwṣyk*). Das Verb *rʾh* bezieht sich natürlich auf die beiden Kola.

56

a. *gbr + ʾšh* - « Mann » + « Frau »
Jer 43,6; 44,20.

b. *gbr + ʾšh + ṭp* - « Mann » + « Frau » + « kleine Kinder »
Jer 41,16; 43,6.

---

[15] J. Bright, *Jeremiah,* AB 21 (1965) 94, übersetzt die Aussage befriedigend ohne « and »: « On the hills, in the fields // I have seen your indecencies ».

c. *gbr* + *gr* // *gbrt* + *grt* - « freier Mann » + « Fremdling » // « freie Frau » + « Fremde »
Mēšaᶜ-Inschrift 16 (KAI 181).
Um die gesamte Bevölkerung zu umfassen, kontrastiert der Verfasser zugleich die Freien mit den Unfreien, wie auch beide Geschlechter.

57

a. *gdwl* + *qṭn* - « gross » + « klein »
1 Sam 20,2; Jer 16,6; Ez 16,61; Jon 3,5; Est 1,5.20; 2 Chr 31,15; 34,30; 36,18.

b. (*byt*) *gdwl* // *byt qṭn* - « das grosse Haus » // « das kleine Haus »
Am 6,11.

58

a. *gdyš* + *qmh* / *krm* + *zyt* - « Garben » + « stehendes Getreide » / « Weinberg » + « Ölgarten »
Ri 15,5:
wayyabᵉēr miggādîš wᵉᶜad qāmāh
wᵉᶜad kerem zāyit
Neulich hat D. N. Freedman auf zwei chiastisch gestellte meristische Wortpaare in dieser Wendung aufmerksam gemacht [16], indem er entsprechend ähnlichen Lösungen bei M. Dahood [17] im Endkonsonant *mem* von *krm* auch die Präpositionsfunktion *min* vor *zyt* annimmt und folgende Übersetzung gibt:
And it burned up (everything) from the shocks to the standing grain and to the vineyards from the olive trees.

59

a. *gwym* // *ᵓmym* - « Völker » // « Götter »
Ps 117,1.
Die meristische Schilderung entspricht sehr gut dem Kontext und kommt daher der Deutung « Götter » zugute für die problematische Konsonantenschreibung *ᵓmym* (MT *ᵓēmîm*), wie sie M. Dahood auf Grund Jer 50,38 (*ᵓymym*) vorschlägt [18].

b. *gwym* // *šmym* - « Völker » // « Himmel »
Ps 113,4.

---

16 « A Note on Judges 15,5 », Bib 52 (1971) 535.

17 Vgl. *Psalms* II, 81, mit der Bibliographie; Index auf S. 397 unter « Single writing of consonat where morphology requires two »; für weitere Belege siehe *Psalms* II, 371f.

18 Siehe *Psalms* III, 152f.

60

a. *gz* // *zrzyp ʾrṣ* - « Schur » // « verbranntes Land »[19]
Ps 72,6.

61

a. *glgl* // *tbl* // *ʾrṣ* - « Himmelsgewölbe » // « Erdkreis » // « Unterwelt »
Ps 77,19.

62

a. *glh* (Pi.) // *yṣʾ* - « aufdecken » // « hinaufführen »
Ijob 12,22; vgl. Am 5,8.

63

a. *gr* + *ʾzrḥ* - « Fremdling » + « Einheimischer »
Ex 12,19; Lev 24,16.22; Num 9,14; Jos 8,33.

b. *gr* // *grt* - « Fremdling » // « Fremde »
Mēšaᶜ-Inschrift 16 (KAI 181).

c. *gr* + *zr* + *nkry* + *rš* - « Fremdling » + « Beisasse » + « Ausländer » + « Armer »
Sir 10,22.

d. *gr* // *ʾlmnh* + *ytwm* - « Fremdling » // « Witwe » + « Waise »
Ex 22,20-21.

e. *gr.* + *ytwm* + *ʾlmnh* - « Fremdling » + « Waise » + « Witwe »
Dtn 14,29; 16,11.14; 24,19.20.21; 26,12.13; 27,19; Jer 7,6; 22,3.

f. *gr* + *ytwm* // *ʾlmnh* - « Fremdling » + « Waise » + « Witwe »
Dtn 24,17.

g. *gr* // *ytwm* + *ʾlmnh* - « Fremdling » // « Waise » + « Witwe »
Ez 22,7.

64

a. *grn* + *yqr* - « Dreschtenne » + « Kufe der Kelter »
2 Kön 6,27; Hos 9,2.

Wie das Paar *dgn* - *tyrwš* die Lebensmittel schlechthin bezeichnen kann, so meint dieses Paar « alle » Stätten bzw. Gegenstände, durch welche die Lebensmittel zubereitet werden. In der Hungersnot, wie sie in 2 Kön 6,24ff. geschildert ist, gibt es solche Gegenstände, aber keine Mittel. Eine ähnliche meristische Funktion des Paares könnte auch in Hos 9,2 vorhanden sein, während es in den juridischen Zu-

---

[19] Vgl. M. Dahood, *Psalms* II, 181.

sammenhängen von Num 18,27.30; Dtn 15,13.14 wahrscheinlich eine sachliche Bedeutung besitzt.

65

a. *dbr* + *ḥrb* + *rʿb* - « Pest » + « Schwert » + « Hunger »
Jer 21,7.

66

a. *dg hym* + *ʿwp hšmym* - « Fische des Meeres » + « Vögel des Himmels »
Gen 1,26.28; Ez 38,20; Zef 1,3.

b. *dg hym* + *ʿwp hšmym* + *bhmh* + *rmš* - « Fische des Meeres » + « Vögel des Himmels » + « Tiere (des Feldes?) » + « Kriechtiere »
Gen 1,26.

c. *dg hym* + *ʿwp hšmym* + *ḥyh* - « Fische des Meeres » + « Vögel des Himmels » + « Wildtiere »
Gen 1,28.

d. *dg hym* + *ʿwp hšmym* + *ḥyt hśdh* + *rmš* + *ʾdm* - « Fische des Meeres » + « Vögel des Himmels » + « Wildtiere » + « Kriechtiere » + « Mensch »
Ez 38,20.

67

a. *dgn* + *tyr(w)š* - « Korn » + « Wein »
Gen 27,28.37; Dtn 7,13; 11,14; 12,17; 14,23; 18,4; 28,51; 33,28; 2 Kön 18,32; Jes 36,17; Jer 31,12; Hos 2,10.24; 7,14; Joel 2,19; Hag 1,11; Sach 9,17; Ps 4,7; Neh 5,11; 10,40; 13,5.12; 2 Chr 31,5; 32,28.

b. *dgn* // *tyrwš* - « Korn » // « Wein »
Hos 2,11.

c. *dgn* + *tyr(w)š* + *yṣhr* - « Korn » + « Wein » + « Öl »
Dtn 7,13; 11,14; 12,17; 14,23; 18,4; 28,51; Jer 31,12; Hos 2,10.24; Joel 2,19; Hag 1,11; Neh 5,11; 10,40; 13,5.12; 2 Chr 31,5; 32,28.

d. *dgn* // *tyrwš* // *yṣhr* - « Korn » // « Wein » // « Öl »
Joel 1,10.

e. *dgn* + *tyrwš* / *lḥm* + *krm* - « Korn » + « Wein » / « Nahrung » + « Weinberg »
Jes 36,17.

Diese meristische Konstruktion entspricht semantisch vollkommen dem viermal belegten Wortpaar *śbʿ* + *trš* - « Korn » + « Wein » in Karatepe A III 7.9; C IV 7.9 (KAI 26). Da *dgn* + *tyrwš* und *lḥm* + *krm* offensichtlich synonyme Wortpaare sind, entspricht dem *lḥm* statt « Brot » besser die allgemeinere Bedeutung « Nahrung, Korn ».

68

a. *dwr* (*dr*) + *dwr* (*dr*) - « Geschlecht » + « Geschlecht »
Ex 3,15; 17,16; Dtn 32,7; Jes 13,20; 34,10.17; 51,8; 58,12; 60,15; 61,4; Jer 50,39; Joel 2,2; 4,20; Ps 10,6; 33,11; 45,18; 49,12; 51,8; 61,7; 72,5; 77,9; 79,13; 85,6; 89,2.5; 90,1; 100,5; 102,13.25; 106,31; 119,90; 135,13; 145,4.13; 146,10; Spr 27,24; Koh 1,4; Klgl 5,19; Est 9,28; Sir 44,14.16.

b. *dr* + *dr* - « Geschlecht » + « Geschlecht »
Dan 3,33; 4,31.

c. *dr* + *dr* - « Geschlecht » + « Geschlecht »
UT, 51 III:7 (CTA 4 III:7); 68:10 (CTA 2 IV:10); 1 Aqht:154, 162.168 (CTA 19 III:154.162.168).
Bezeichnenderweise kommt die Konstruktion — mit der Bedeutung « von Geschlecht zu Geschlecht », also « immer » — im Ugaritischen und im Hebräischen in den meisten Fällen im synonymen Parallelismus mit *ᶜ(w)lm* - « Ewigkeit » vor.

69

a. *dl* // *ʾlmnh* // *ytwm* - « der Schwache » // « Witwe » // « Waise »
Ijob 31,16-17.

b. *dl* + *ᶜšyr* - « arm » + « reich »
Rut 3,10.

70

a. *dm* // *bśr* - « Blut » // « Fleisch »
Dtn 32,42.

71

a. *dn* + *bʾr-šbᶜ* - « Dan » + « Beerseba »
Ri 20,1; 1 Sam 3,20; 2 Sam 3,10; 17,11; 24,2.15; 1 Kön 5,5.

b. *dn* // *bʾr-šbᶜ* - « Dan » // « Beerseba »
Am 8,14.

72

a. *drwm* + *ṣpwn* - « Süden » + « Norden »
Koh 1,6; 11,3b.
Der hebr. Text von Koh 11,3b-c heisst:
wᵉim-yippôl ᶜēṣ baddārôm wᵉᶜim baṣṣāpôn
mᵉqôm [20] šeyyippôl hāᶜēṣ šāmî hûʾ (MT šām yᵉhûʾ) [21]

---

[20] Siehe hierzu M. Dahood, « Canaanite-Phoenician Influence in Qoheleth », 52: « Here *mqwm* is an accusative of place used instead of more classical Hebrew *bmqwm* ».

[21] Nach M. Dahood, « The Phoenician Background of Qoheleth », 271, ist *šam* das

Die Sentenz ist nicht so klar, dass man sie ohne weiteres übersetzen könnte. So versteht z.B. R.B.Y. Scott die geographischen Begriffe im Sinne von « Süd- » und « Nordwind » [22], während sie K. Galling mit den meisten anderen als geographische Termini im gewöhnlichen Sinn deutet [23]. Eine solche Übersetzung liegt der klaren meristischen Absicht der Sentenz näher und bringt das « irgendwo » [24] sehr schön zum Ausdruck:

Fällt ein Baum im *Süden* oder (fällt einer) im *Norden*:
Der Ort, an dem der Baum fällt, ist sein eigener Platz.

73

a. *dšny-ʾrṣ // ywrdy ʿpr* - « die Feistlinge der Erde » // « die in den Staub (= ins Totenreich) Hinabsteigenden »
Ps 22,30.

Es ist zu begrüssen, dass O. Keel-Leu in diesem Wortpaar eine meristische Gegenüberstellung gesehen hat [25]: « Alle » — die Lebenden und die Toten, d.h. die Volllebenden (auf der Erde) und die Geringlebenden (in der Unterwelt) — sollen Jahwe huldigen. Jedoch ist es befremdend, dass er in der Huldigung von *ywrdy-ʿpr* ein solches Problem sieht, dass das Verb *krʿ* (V. 30b) hier « ein unfreiwilliges Zusammenbrechen » [26] bedeuten sollte. Die Monographie von N. J. Tromp [27] vermag nämlich die Streitfrage über die Beziehung zwischen Jahwe und den Toten doch in eine positivere Richtung zu lenken.

74

a. *hlk* (Hithpa.) // *škb* // *qyṣ* - « umhergehen » // « sich legen » // « aufwachen »
Spr 6,22.

Substantiv mit der Bedeutung « place, proper place » (vgl. Koh 3,17): « In Qoh 11,3, the proposed reading *šāmî hûʾ*, for anomalous and unexplained MT *šām yᵉhûʾ*, has been prompted by the knowledge that Hebrew, like Phoenician and probably like Ugaritic, employed a third-person singular suffix *-y* in addition to *-ô* ».

[22] Siehe *Ecclesiastes,* AB 18 (1965) 250: « If a tree is blown down by a south or a north wind, where it falls, there it remains ».

[23] Vgl. *Die fünf Megilloth. Der Prediger,* HbAT 18 (1969) 118. Siehe auch die LXX: *kaì eàn pésē ksýlon en tō nótō kaì eàn en tō borrā ...*

[24] Vgl. K. Galling, ebd., 119: « Ein Baum, wo er auch steht — ob im Süden oder im Norden irgendeines Baumgartens: soll er fallen, dann stürzt er entwurzelt nieder ». Die Vulgata bringt dagegen ein « irgendwohin »: « Si ceciderit lignum ad austrum aut ad aquilonem, in quocumque loco ceciderit, ibi erit ».

[25] Siehe « Nochmals Psalm 22,28-32 », Bib 51 (1970) besonders auf den Seiten 409-411. Die Ersetzung von *dšny* durch *yšny* bei KBL², 220, ist daher nicht zutreffend.

[26] Auf S. 409.

[27] *Primitive Conceptions,* besonders auf den Seiten 196-213.

75

a. *hll* // *hlk* - « hell werden, anfangen zu leuchten » // « fortgehen »
Ijob 31,26:
ʾim-ʾerʾeh ʾôr kî yāhēl
wᵉyārēᵃḥ yāqār hōlēk
Wenn ich das Licht des Mondes sah, als er *hell wurde,*
(und) den Mond, als er prächtig *fortging.*

Wie aus den Standardwörterbüchern hervorgeht, kommt der Wurzel *hll* die ziemlich allgemeine semitische Bedeutung « hell werden, anfangen zu leuchten » zu (siehe hierzu Ijob 41,10; Jes 13,10). Dieses Verb hängt also eindeutig mit dem Neumond zusammen. Daraus ergibt sich daher die synonyme Bedeutung « Mond » für das Paar *ʾwr* // *yrḥ* und die gegenüberstellende « erscheinen » - « fortgehen » für das Paar *hll* // *hlk* im Sinne des Merismus: Ijob liess sich « niemals » von der Glanz des Mondes verführen, ihm die göttliche Ehre zu erweisen.

An sich wäre in diesem Vers auch der Merismus einer anderen Art möglich, falls statt *hll* // *hlk* das Paar *ʾwr* // *yrḥ* im Sinne von « Sonne » // « Mond » gegenüberstellend verstanden wird. Auf Grund dieser Deutung übersetzt den Vers die Vulgata wie folgt: « Si vidi solem cum fulgeret / et lunam incedentem clare »; und die NEB: « If I ever looked on the sun in splendour / or the moon moving in her glory ». Das Paar dient hier der Beteuerung, dass sich Ijob von « keinen » himmlischen Lichtgrössen verführen liess. Diese Deutung ist jedoch weniger naheliegend, zumal in Ps 74,16 *mʾwr* eindeutig den Mond bezeichnet.

76

a. *hmyr ʾrṣ* // *mwṭ hrym* - « Schlund der Unterwelt » // « Stürzen der Berge »
Ps 46,3.

77

a. *hr* // *ʾpyq* - « Berg » // « Bachrinnen »
Ez 32,6b-c.

Zur Übersetzung mit einer richtigen stichometrischen Teilung siehe die NEB.

b. *hr* // (*msdy*) *ʾrṣ* - « Berg » // « Grundfesten der Unterwelt (Erde?) »
Mich 6,2.

c. *hr* + *bqᶜh* - « Berg » + « Tal »
Dtn 11,11.

d. *hr* + *gbʿh* - « Berg » + « Hügel »
Dtn 12,2; Jes 40,4; 42,15; 55,12; 65,7; Jer 16,16; 50,6; Ez 6,3; 34,6; 36,4.6; Ps 148,9.

e. *hr* // *gbʿh* - « Berg » // « Hügel »
Jes 2,14; 30,25; 40,12; 41,15; 54,10; Jer 4,24; Hos 4,13; 10,8; Joel 4,18; Am 9,13; Mich 6,1; Nah 1,5; Ps 72,3; Spr 8,25; Hld 2,8; 4,6 (?).

Aus den betreffenden Texten lässt sich entnehmen, dass das Wortpaar « alle » Anhöhen bezeichnet. Dies wird besonders evident, wenn das Paar im Zusammenhang mit anderen meristischen Zusammenstellungen erscheint.

f. *hr* + *gbʿh* + *ʾpyq* + *gyʾ* - « Berg » + « Hügel » + « Bachbett » + « Tal »
Ez 6,3; 36,4.6; vgl. auch 35,8.

Der Verfasser wollte vielleicht einen chiastisch gestellen doppelten Merismus hervorheben: Die Anhöhen (grosse und kleine) werden den Niederungen (kleinen und grossen) gegenübergestellt.

g. *hr* // *gbʿh* // *ʾpyq* - « Berg » // « Hügel » // « Bachbett, Bachtal »
Joel 4,18 (vgl. Am 9,13):

Und an jenem Tage geschieht es.
dass die *Berge* von Traubensaft (*ʿsys*) triefen,
und die *Hügel* von Milch (*ḥlb*) strömen,
und alle *Bachtäler* Judas Wasser (*mym*) führen.

Diese offensichtlich meristische Schilderung der überströmenden paradisiesischen Fruchtbarkeit des Landes, die den Tempel als Quellort hat (V. 18b) und das Übermass des vorangehenden Mangels kontrastiert, kommt der Ankündigungsschilderung des auferstandenen Regengottes Baʿal in UT, 49 III: 6-7.12-13 sehr nahe:

šmm šmn tmṭrn
nḫlm tlk nbtm
Der *Himmel* regnete das Fett,
die *Bäche* strömten von Honig.

h. *hr* + *gbʿh* / *nhr* // *ʾgm* - « Berg » + « Hügel » / « Strom » // « Sumpf »
Jes 41,15.

Die Zusammenstellung soll die vollkommene Austrocknung des Landes ausdrücken.

i. *hr* + *gbʿh* + *ʿṣ rʿnn* - « Berg » + « Hügel » + « der grüne Baum (in der Ebene) »
Dtn 12,2.

j. *hr* + *gbʿh* // *ʿṣ hśdh* - « Berg » + « Hügel » // « Baum des Feldes (d.h. der Ebene) »
Jes 55,12b:

Berge und *Hügel* sollen vor euch in Jubel ausbrechen,
und alle Bäume des *Feldes* sollen in die Hände klatschen.

k. *hr* + *gy*ʾ - « Berg » + « Tal »
2 Kön 2,16.
l. *hr* // *gy*ʾ - « Berg » // « Tal »
Ez 32,5.
m. *hr* // ᶜ*mq* - « Berg » // « Tal »
Mich 1,4.
n. *hr* + ᶜ*ṣ r*ᶜ*nn* - « Berg » + « der grüne Baum » (in der Ebene)
Jer 3,6.

Mit einigen Nuancen hinsichtlich einzelner Termini und ihrer Reihenfolge ist diese Topik — bezeichnenderweise im Zusammenhang mit dem Abgöttereithema — ausser in Dtn 12,2 und Jer 3,6 noch in 1 Kön 14,23; 2 Kön 16,4; 2 Kön 17,10; Jer 2,20; 17,2; Ez 6,13; 22,28; 2 Chr 28,4 nachweisbar [28]. Besonders angesichts der Absonderung der Termini durch *waw* kann man annehmen, dass das Glied *tḥt kl* ᶜ*ṣ r*ᶜ*nn* — « unter jedem grünen Baum » in gegenüberstellendem Verhältnis zu den Anhöhentermini steht, da es eine ebene Fläche bezeichnet. Daraus ergibt sich also ein drei- bzw. zweigliedriger Merismus zur Bezeichnung von « überall ».

o. *hrr* + *śdh* - « Berg » + « Feld, Ebene »
Jer 17,3 (2?).

Angesichts des Abgöttereithemas empfiehlt sich für dieses Paar dieselbe meristische Bedeutung « überall » wie für das Paar *gb*ᶜ*h* + *śdh* in Jer 13,27. Hier fehlt jedoch nicht nur das vorauszusetzende *waw* vor *śdh,* sondern auch ᶜ*l* vor der eigenartigen Konstruktion *hrry,* die ebenfalls ein Erklärungsproblem darstellt [29]. Die stichometrische Einteilung der Einheit, zu der das Paar gehört (V. 2), scheint jedoch den Schlüssel zur Überwindung der Interpretationsverwirrung zu bieten:

kizᵉkōr [30] bᵉnêhem mizbᵉḥôtām
waʾᵃšērêhem ᶜal-ᶜēṣ raᶜᵃnān
ᶜal gᵉbāᶜôt haggᵉbōhôt
(ᶜal) hᵃrārî (wᵉ) baśśādeh

So dass ihre Söhne ihrer Altäre gedenken,
und ihrer Ascheren bei *grünen Bäumen,*
auf den hohen *Hügeln,*
auf den *Bergen* und auf der *Ebene.*

---

[28] Zu Stellenangaben vgl. W.L. Holladay, « On every High Hill and under every Green Tree », VT 11 (1961) 170-176, besonders S. 170f. Sein literarkritisches Interesse berührt jedoch nicht die Frage nach der stilistischen Funktion der Topik.

[29] Vgl. GK § 93aa; M. Dahood, *Psalms* I, 183, zu Ps 30,8: « The curious form *harᵉrī* might well be an archaic plural in the oblique case ».

[30] Es liegt nahe, die Konjunktion *ky* mit Inf. im Sinne der Einführung von Folgesätzen zu verstehen. Vgl. GK § 166b, wo die Beispiele einer solchen Verbindung der Konjunktion mit finiten Verben gegeben sind.

Soweit ich sehen kann, findet diese Übersetzung eine Entsprechung nur in *La Sacra Bibbia* (a cura del Pont. Ist. Bibl. di Roma) [31]. Das Fehlen von *ʿl* vor *hrry* lässt sich am besten auf Grund des Prinzips von der doppelten Funktion der Präpositionen in der Poesie erklären [32]. Rechnet man damit, dass das Glied *ʿṣ rʿnn* vor allem die Ebene bezeichnet, so ergibt sich aus der Aussage die chiastisch gestellte Struktur: « Ebene » - « die hohen Hügel » / « Berge » - « Ebene ».

p. *hrry-ʾl* // *thwm rbh* - « die höchsten Berge » // « der gewaltige Abgrund »
Ps 36,7.

78

a. *hrh* + *yldt* - « Schwangere » + « Wöchnerin »
Jer 31,8.

79

a. *zhb* + *ksp* - « Gold » + « Silber »
2 Kön 14,14; Ez 16,13.17; 28,4; Hab 2,19; Sach 14,14; Mal 3,3; Dan 11,38.43; Sir 40,25; 47,18.

b. *zhb* // *ksp* - « Gold » // « Silber »
Jes 46,6.

c. *dhb* (e.) + *ksp* (e.) - « Gold » + « Silber »
Dan 5,2.4.

80

a. *zkr* + *nqbh* - « Mann, männlich » + « Weib, weiblich »
Lev 12,7; 15,33; Num 5,3; Dtn 4,16.

81

a. *zqn* + *nqnh* - « Greis » + « Greisin »
Sach 8,4.

b. *zqn* + *bḥwr* + *btwlh* + *ṭp* + *nšym* - « Greis » + « Jüngling » + « Jungfrau » + « kleine Kinder » + « Frauen »
Ez 9,6.

c. *zqn* // *bḥwr* - « Greis » // « Jüngling »
Joel 3,1; Klgl 5,14.

---

[31] « Come a ricordare ai figli i loro altari e le loro ascere presso alberi fronzuti, sulle colline elevate, al monte e al piano ».

[32] Vgl. M. Dahood, *Psalms* I, Index, 326, unter « Double-duty prepositions »; *Psalms* II, Index, 391; *Psalms* III, « The Grammar of the Psalter », 433.

d. *zqn* + *mlʾ ymym* - « Greis » + « der Vollkräftige »
Jer 6,11.

e. *zqn* + *nʿr* - « Greis » + « Knabe »
Dtn 28,50; Jer 51,22; Ps 148,12.

f. *zqn* + *ʿwll* + *ywnq* / *ḥtn* // *klh* - « Greis » + « Kind, Bube » + « Säugling » / « Bräutigam » // « Braut »
Joel 2,16.

82

a. *zrḥ* + *bwʾ* - « aufgehen » + « untergehen »
Koh 1,5.

83

a. *zrʿ lzrʿ* // *lḥm lʾkl* - « dem Sämann Samen » // « dem Essenden Brot (Korn) »
Jes 55,10c.

b. *zrʿ* + *qṣyr* - « Saat » + « Ernte »
Gen 8,22.

Hier ist beachtenswert die ganze Kette der meristischen Wortpaare:

Solange die Erde steht, soll nicht aufhören *Saat* und *Ernte, Frost* und *Hitze* (*qr wḥm*), *Sommer* und *Winter* (*qyṣ wḥrp*), *Tag* und *Nacht* (*ywm wlylh*).

c. *zrʿ* (Pi.) + *qṣr* (Pi.) - « *säen* » + « ernten »
2 Kön 19,29 = Jes 37,30; Hos 10,12.

d. *zrʿ* // *tpś mgl* - « säen » // « Sichel ergreifen »
Jer 50,16a

In der Weissagung gegen Babel dient das Paar zur Schilderung der totalen Vernichtung der betreffenden Bewohner:

kirᵉtû zôrēᶜa mibbābel
wᵉtōpēś maggāl bᵉᶜēt qāṣîr

Vertilgt aus Babel den *Sämann*
und den, der die *Sichel führt zur Erntezeit!*

Dass die Übersetzer der LXX diese eindeutige meristische Figur nicht verstanden haben, wird ersichtlich aus der Änderung des Partizips *zwrʿ* in Substantiv *zrʿ* - *spérma,* wobei die Wendung auf diese Weise gedeutet wird:

Vertilgt das Geschlecht (Same) aus Babel,
denjenigen, der die Sichel führt zur Erntezeit!

84

a. *(m)ḥwṣ* // *(m)byt* - « draussen » // « drinnen »
Klgl 1,20.

b. *(m)ḥwṣ* // *(m)ḥdr* - « draussen » // « drinnen »
Dtn 32,35.

c. *ḥwṣ* + *rḥwb* - « Strasse, Gasse » + « offener Platz (in den Städten) »
Spr 7,12.

d. *ḥwṣ* // *rḥwb* - « Strasse » // « offener Platz »
Jes 15,3; Jer 5,1; 9,20; Spr 1,20.

85

a. *ḥwqq* // *(b)* *ʿm* - « Führer » // « jemand vom Volke »
Ri 5,9; siehe auch das Paar *prʿ* // *ʿm* von Ri 5,2.

86

a. *ḥy* + *gbwrwt rbh* - « Getier » + « Meeresungeheuer »
Sir 43,25.

b. *ḥyh* + *bhmh* - « wilde Tiere » + « Vieh »
Jes 46,1; Ps 148,10.

c. *ḥyh* *(hʾrs, hśdh)* + *ʿwp hšmym* - « Tiere des Feldes » + « Vögel des Himmels »
Gen 1,30; 2,19; 9,2; Ez 29,5; 38,20; Hos 2,20; 4,3.

d. *ḥyt hśdh* + *ʿwp hšmym* // *dgy hym* - « Tiere des Feldes » + « Vögel des Himmels » // « Fische des Meeres »
Hos 4,3.

e. *ḥywt brʾ* + *ʿwp šmyʾ* - « Tiere des Feldes » + « Vögel des Himmels »
Dan 2,38.

f. *ḥywt brʾ* // *ṣpry šmyʾ* - « Tiere des Feldes » // « Vögel des Himmels »
Dan 4,9.

87

a. *ḥy* // *mt* - « lebend, lebendig » // « tot, der Tote »
Sir 7,33.

b. *ḥyym* + *mwt* - « Leben » + « Tod »
Dtn 30,19; 2 Sam 1,23; Jer 21,8; Sir 11,14; 15,17; 37,18.

c. *ḥyym* + *ṭwb* // *mwt* + *rʿ* - « Leben » + « das Gute » // « Tod » + « das Böse »
Dtn 30,15.

d. *(h)ḥyym* + *(h)mtym* - « die Lebenden » + « die Toten »
Rut 2,20.

e. *(h)ḥym* // *(h)rp*ʾ*m* - « die Lebenden » // « Totengeister »
Tabnit von Sidon 7-8 (KAI 13).

Das Paar erscheint im Zusammenhang mit der Drohung gegen denjenigen, der eventuell den Sarg öffnen würde: Für ihn soll « keine Nachkommenschaft bei den *Lebenden* unter der Sonne werden noch eine Ruhestätte bei den *Totengeistern* ». In der ʾEšmunᶜazar-Inschrift 8-9 (KAI 14) wird dasselbe mit der Gliederung *rp*ʾ*m* // *bn* + *zr*ᶜ - « Totengeister » // « Sohn » + « Nachkommenschaft » ausgesagt.

88

a. *ḥlb* + *dbš* - « Milch » + « Honig »
Ex 3,8.17; 13,5; 33,3; Lev 20,24; Num 13,27; 14,8; 16,13.14; Dtn 6,3; 11,9; 26,9.15; 27,3; 31,20; Jos 5,6; Jer 11,5; 32,22; Ez 20,6.15; Hld 4,11; Sir 39,26; 46,8.

89

a. *ḥlypwt* + *nhywt* - « das Vergangene » + « das Künftige »
Sir 42,19.

90

a. *ḥll* (Hi.) + *klh* (Pi.) - « anfangen » + « enden »
1 Sam 3,12.

91

a. *ḥmh* // *plgy-šmn* - « Milch, Butter » // « Bäche von Öl »
Ijob 29,6.

92

a. *ḥṣ* // *brq* - « Pfeil » // « Speer »
Hab 3,11.
b. *ḥṣ* // *ḥrb* - « Pfeil » // « Schwert »
Dtn 32,42.

93

a. *ḥrb* // ʾ*ymh* - « Schwert » // « Schrecken »
Dtn 32,25.
b. *ḥrb* // ʾ*š* - « Schwert » // « Feuer »
Ez 23,25.
c. *ḥrb* // *išt* - « Schwert » // « Feuer »
UT, 49 II:31-33; V:13-14 (CTA 6 II:31-33; V:13-14).

d. *ḥrb + dbr + rᶜb* - « Schwert » + « Pest » + « Hunger »
Jer 34,17; 2 Chr 20,9.

e. *ḥrb + qšt* - « Schwert » + « Bogen »
Gen 48,22; Jos 24,12; 2 Kön 6,22; Hos 1,7.

f. *ḥrb // qšt* - « Schwert » // « Bogen »
Jes 21,15.

g. *ḥrb + rᶜb* - « Schwert » + « Hunger »
Jer 14,12.15.15; 16,4; 21,7.9; 24,10; 27,8.13; 29,17.18; 32,24.36; 38,2; 42,17.22; 44,12.12.13.18.27; Ez 6,11; 12,16; 14,21.

h. *ḥrb + rᶜb + dbr* - « Schwert » + « Hunger » + « Pest »
Jer 14,12; 21,9; 24,10; 27,8.13; 29,17.18; 32,24.36; 38,2; 42,17.22; 44,13; Ez 6,11; 12,16.

i. *ḥrb // rᶜb* - « Schwert » // « Hunger »
Jer 14,18.

94

a. *ḥrwṣ // ksp* - « Gold » // « Silber »
Spr 8,19; 16,16.

95

a. *ḥryš + qṣyr* - « Pflügen, die Pflügezeit »+ « Ernten, die Zeit der Ernte »
Gen 45,6; Ex 34,21; 1 Sam 8,12.

b. *ḥrš + qṣr* - « pflügen » + « ernten »
1 Sam 8,12.

c. *ḥrš + qṣr / drk ᶜnbym + mšk hzrᶜ / hr // gbᶜh* - « Pflügen » + « ernten » / « Trauben keltern »+ « Samen ziehen, säen » / « Berg » // « Hügel »
Am 9,13 (vgl. Joel 4,18):

Da folgt der *Pflüger* auf den *Schnitter*
und der *Traubenkelterer* auf den *Sämann*.
Da triefen die *Berge* von Most,
und alle *Hügel* zerfliessen.

Im Hinblick auf Joel 4,18; Ijob 29,6 und UT, 49 III: 6-7.12-13 fällt wieder auf, wie die einzelnen Verfasser die altkanaanäischen Traditionselemente frei dem eigenen Entwurf hinzufügen vermochten. In dieser mehrfachen meristischen Aussage ist die Schilderung des Lebensüberflusses aufs höchste gesteigert.

d. *ḥrš // qṣr* - « pflügen » // « ernten »
Hos 10,13.

96

a. (*byt-h*)*ḥrp* + *byt hqyṣ* / *bty hšn* // *btym rbym* - « Winterhaus » + « Sommerhaus » / « Elfenbeinhäuser » // « die vielen (gewöhnlichen) Häuser »
Am 3,15-16.

H. W. Wolff muss trotz der Hinweise auf eine ziemlich ergiebige Bibliographie feststellen, dass ein genaueres Verständnis der Sommer- und Winterhäuser bis heute fehlt [33]. Es scheint jedoch, dass die Annahme der Stilfigur des Merismus in diesem Vers die Forschung weg von den fruchtlosen sachlichen Interpretationen führt. Das doppelte meristische Wortpaar will offensichtlich die Totalvernichtung in zwei Richtungen betonen. Das erste Paar bezeichnet die « Luxushäuser » der höchsten Schicht, vielleicht nur des Königs, während mit dem zweiten Wortpaar die Häuser der « gesamten Bevölkerung » gemeint sind. Wie aus 1 Kön 22,39; Ps 45,9 und Hld 7,5 hervorgeht, sind mit *bty hšn* die prachtvollen Häuser gemeint, so dass sie sehr gut zur Kontrastierung von *btym rbym* dienen, die auf die gewöhnliche untere Bevölkerung verweisen.

In einer umgekehrten Richtung findet das erste Wortpaar seine meristische Entsprechung in der Bauinschrift des Königs Barrākib von Samʾal (KAI 216,18-19). Da die Könige vom Samʾal nur einen einzigen Palast besassen, der für sie zugleich das Winterhaus (*byt štwʾ*) und Sommerhaus (*byt kyṣʾ*) war, d. h. für « alle Jahreszeiten » diente, sollte das Gebäude, dem die Inschrift gewidmet ist, dem Übelstand abhelfen.

97

a. *ḥrš* // *ʾlm* - «Tauber » // « Stummer »
Ps 38,14.

98

a. *ṭhwr* + *ṭmʾ* - « rein » + « unrein »
Koh 9,2.

99

a. *ṭwb* + *rʿ* - « gut, das Gute » + « böse, das Böse »
Gen 2,9.17; 3,5.22; 24,50; 31,24.29; Lev 27,12.14.33; Dtn 1,39; 2 Sam 13,22; 14,17; 19,36; 1 Kön 3,9; Jer 42,6; Koh 9,2 (?); 12,14; Sir 37,18; 39,25.

---

[33] Siehe *Dodekapropheton 2. Joel und Amos,* BK XIV/ (1969) 239f.

b. *ṭwb* + *r*ᶜ + *ḥyym* + *mwt* - « das Gute » + « das Böse » + « Leben » + «Tod »
Sir 37,18.

c. *ṭwb* + *r*ᶜ / *ḥyym* + *mwt* // *ryš* + ᶜ*wšr* - « das Gute » + « das Böse » / « Leben » + « Tod » / « Armut » + « Reichtum »
Sir 11,14.
« Das « alles » kommt vom Herrn.

d. *ṭwb* // *r*ᶜ - « das Gute » // « das Böse »
Dtn 30,13.

e. *ṭwbh* + *r*ᶜ*h* - « das Gute » + « das Böse »
Num 24,13.

f. *ṭyb* (K.) + *r*ᶜ*h* (K.) - « gut handeln » + « böse handeln »
Lachisch-Ostrakon Nr. 5, Z. 9-10 (KAI 195).

Dieser Beleg ist jedoch nicht sicher, weil der Text nicht gut erhalten ist. Deswegen sind auch die Lesarten verschieden.

100

a. *ṭl* + *mṭr* - « Tau » + « Regen »
2 Sam 1,21; 1 Kön 17,1.

b. *ṭl* // *rbybym* - « Tau » // « Regen »
Mich 5,6.

c. *ṭl* // *rbb* // *šr*ᶜ *thmtm* - « Tau » // « Regen » // « Anschwellen der zwei Tiefen »
UT, 1 Aqht: 44-45 (CTA 19 I: 44-45).

d. *ṭl šmm* // *rbb kbkbm* - « Tau des Himmels » // « Regen der Sterne »
UT, ᶜnt II: 40-41; IV: 87-88 (CTA 3 II: 40-41; IV: 87-88).

e. *ṭl hšmym* // *šmny h*ʾ*rṣ* - « Tau des Himmels » // « Fett der Erde »
Gen 27,28.

f. *ṭl šmm* // *šmn arṣ* - « Tau des Himmels » // « Fett der Erde »
UT, ᶜnt II: 39; IV: 87 (CTA 3 II: 39; IV: 87)(?).
II: 39; IV: 87 (CTA 3 II: 39; IV: 87) (?).

g. *ṭl šmm* // *šmm arṣ* // *rbb rkb* ᶜ*rpt* - « Tau des Himmels » // « Fett der Erde » // « Regen des Wolkenreiters »
UT, ᶜnt II: 39-40 (CTA 3 II: 39-40).

Die Begriffkontrastierungen der vorliegenden Belege dienen anscheinend zur Bezeichnung der Herkunft allen Wassers. Im Blick auf die ᶜ*nt*-Belege bekommt man jedoch den Eindruck, dass wir es nur mit einem dichterischen Spiel zu tun haben, das einen solchen Gedanken nicht richtig oder kaum zum Ausdruck bringt.

101

a. *ṭm*ʾ + *ṭhwr* - « der Unreine + « der Reine »
Dtn 12,15.22.

102

a. *yd* // *ymyn* - « die linke Hand » // « die Rechte »
Jes 48,13; Ps 21,9; 26,10; 74,11; 89,14; 138,7; 139,10.

In der letzten Zeit ist immer häufiger die Ansicht anzutreffen, dass *yd* die spezifischere Bedeutung von « die linke Hand » gewinnt, wenn sie mit *ymyn* in Parallelismus steht [34]. Falls diese Deutung zutrifft, haben wir in den angeführten Belegen aus dem Psalter schöne Beispiele der meristischen Aussagen für « beide Hände ». Dies ist hier möglich, weil das Subjekt (Jahwe) immer dasselbe ist — ohne Bezug auf verschiedene Sachen — und dadurch eine gemeinsame Ebene beider Hände hergestellt ist. In anderen Belegen dieses Wortpaares bezieht sich gewöhnlich jede Hand auf ein verschiedenes Objekt, was den Merismus nicht ermöglicht. Das gilt beispielsweise für Ri 5,26 [35] (Jes 48,13) und vielleicht für alle ugaritischen Belege die in RSP I, 2. Kap. Nr. 218 aufgeführt sind. Wenn z. B. Ba^{c}al nach UT, 76 II: 6-7 in der linken Hand den Bogen und in der rechten Hand die Pfeile hält, ist der Merismus nur dann vorhanden, wenn der Verfasser ausdrücklich « die beiden Hände » hervorheben wollte, ohne den verschiedenen Gegenständen in ihnen viel Interesse zu schenken. In dieser Hinsicht sind wir aber im besten Fall nur auf Vermutungen angewiesen. Etwas anderes ist es mit Jes 48,13: Wissen wir einmal, dass das Paar « Erde » // « Himmel » den « ganzen Kosmos » bedeutet, so liegt auf der Hand, dass Jahwe mit « beiden Händen » « alles » geschaffen hat.

b. *yd* + *rgl* - « Hand » + « Fuss »
Gen 41,44; Ps 22,17.

Hier haben wir es mit zwei klassichen meristischen Belegen zu tun. Um die volle Herrschaft von Joseph über Ägypten zu betonen, wird in Gen 41,44 gesagt, dass ohne seinen Willen niemand « die Hand oder den Fuss regen » soll. In Ps 22,17 hat den Merismus bereits M. Dahood aufgedeckt [36].

---

[34] Vgl. hierzu E. Z. Melamed, « Break-up of Stereotype Phrases as an Artistic Device in Biblical Poetry », Scripta Hierosolymitana 8 (1961) 145f; C. Stuhlmueller, CBQ 29 (1967) 196 (502) zu Jes 48,12-13; L. Alonso Schökel, *Salmos* (Madrid [3]1972) 385 zu Ps 139,10; M. Dahood, *Psalms* I, 133 zu Ps 21,9; S. 163 zu Ps 26,10; *Psalms* II, 203 zu Ps 74,11; S. 315 und 317 zu Ps 89,14.26; *Psalms* III, 281 zu Ps 138,7; S. 290 zu Ps 139,10; UF 1 (1969) 227; B. Margulis, « A Ugaritic Psalm (RŠ 24.252) », JBL 89 (1970) 294. Vgl. RSP I, Kap. II, Nr. 218.

[35] Die LXX und Vulgata übersetzen hier *yd* ausnahmsweise mit « die linke Hand ». Der Grund ist offenbar in dem klaren Bezug der jeweiligen Hände auf verschiedene Gegenstände zu suchen, was dann ausschliesst, dass *ymyn* nur eine nähere Bestimmung von *yd* wäre.

[36] Siehe *Psalms* III, XXXI: « The explicit identity in this translation of *yāday w^{e}raglāy,* ' my hands and my feet ', and *kol* ^{c}*aṣmōtāy,* ' all my bones ', reveals the former to be an example of merismus, that is, a twofold expression of totality ».

103

a. *yhwh* + *ʾnšym* - « Jahwe » + « Menschen »
1 Sam 2,26.

b. *yhwh* // *bny ʾdm* - « Jahwe » // « Menschen »
Ps 107,8.15.21.31.

104

a. *ywm(m)* + *lylh* - « Tag, bei Tag » + « Nacht, bei Nacht »
Gen 8,22; 31,39; Ex 10,13; 13,21; Lev 8,35; Dtn 9,18.25; 10,10; Jos 1,8; 1 Sam 28,20; 30,12; 1 Kön 8,59; Jes 28,19; 38,12.13; 60,11; 62,6; Jer 8,23; 16,13; 33,20.20.25; Jon 2,1; Ps 1,2; 32,4; 55,11; 74,16; 88,2; Koh 8,16; Klgl 2,18; Neh 1,6; 4,3; 1 Chr 9,33; 2 Chr 6,20.

In den meisten Belegen ist (einfach) « immer » gemeint. Wenn gelegentlich die Zahl der Tage und der Nächte, wie etwa in Dtn 9,18.25; 11,11 ..., angegeben wird, handelt es sich um die Gliederung in zwei Hälften, was wir einfach mit « Tagen » bezeichnen.

b. *ywm(m)* // *lylh* - « Tag, bei Tag » // « Nacht, bei Nacht »
Jes 21,8; Jer 31,35; Hos 4,5; Ps 19,3; 22,3; 42,9; 121,6; 136,8-9 Ijob 3,3.

In Jer 31,35; Ps 121,6 136,8-9 sind « Tag » // « Nacht » durch den Bezug auf die Sonne, bzw. auf den Mond scheinbar getrennt, was an sich nicht für den Merismus spräche. Da aber auch die « Sonne » und der « Mond » die meristische Bedeutung des « Lichtes » schlechthin tragen, gibt es in diesen Belegen sogar den doppelten Merismus: « Kein Licht » wird « jeweils » den Beter stechen (Ps 121,6); Gott hat « das Licht » für « jede Zeit » geschaffen (Jer 31,35; Ps 136,8-9).

c. *ywm* + *lylh* - « Tag » + « Nacht »
Sfîre A 12 (KAI 222).

105

a. *ywnq* + *ʾyš śybh* - « Säugling » + « der ergraute Mann »
Dtn 32,25.

106

a. *yḥyd* // *ʾsyr* - « der Verlassene » // « der Gefangene »
Ps 68,7.

b. *yḥd* (*aḥd*) // *almnt* // *zbl* // *ʿwr* // *trḫ ḫdṯ* - « der Verlassene » // « Witwe » // « der Kranke » // « der Blinde » // « der Jungverheiratete »

UT, Krt: 96-102. 184-190 (CTA 14 II: 96-102; IV: 184-190).

Die ganze eigentümliche Kontrastierungskette bringt zum Ausdruck, dass die Mobilmachung vollständig war.

107

a. *yṭb* (Hi.) + *r*ᶜᶜ (Hi.) - « gut tun » + « schlecht tun »
Jes 41,23; Zef 1,12.

108

a. *yld* + *yldh* - « Knabe » + « Mädchen »
Sach 8,5.

b. *yld* // *yldh* - « Knabe » // « Mädchen »
Joel 4,3.

109

a. *ym* // *ʾrym* // *ʾyy hym* - « (das südliche) Meer » // « Länder des Lichtes - Osten » // « Inseln des (westlichen) Meeres »
Jes 24,14-15:

hemmāh yiśᵉʾû qôlām
yāronnû bigᵉôn yhwh
ṣahᵃlû miyyām ᶜal kēn
bāʾūrîm kibbᵉdû (MT kabbᵉdû) yhwh
bᵉʾiyyê hayyām šēm yhwh
ʾᵉlōhê yiśrāʾēl

Jene sollen ihre Stimme erheben,
bejubeln die Hoheit Jahwes,
jauchzen vom *Meer* (Süden) her über den Gerechten.
In den *Ländern des Lichtes* (Osten) sollen sie ehren Jahwe,
auf den Inseln des *Meeres* (Westen) den Namen Jahwes,
des Gottes Israels.

Um diese zufriedenstellende stichometrische Struktur sowie den besseren Sinn der Perikope zu gewinnen, muss man zuerst das Wort *kn* als den Titel Gottes « der Gerechte » statt im Sinne der Kausalpartikel verstehen [37]. Damit wird im V. 14 der Parallelismus zu *yhwh* hergestellt, zugleich aber die Beziehung aller Verba in beiden Versen auf die 3. Pr. Pl. sichtbar. Dass die Folge *yqtl* - *qtl* prekativ zu verstehen ist, ergibt sich aus dem Kontext ziemlich klar. Die Wendung ist daher als ein Anruf an die Exulanten in « allen » Himmelsrichtungen zu verstehen. Die einzelnen Termini zur Bezeichnung der Himmelsrichtungen erklären sich gegenseitig. Stellt *ʾrym* - « Lichtge-

[37] Vgl. M. Dahood, *Psalms* III, 119, zu Ps 110,7; 223, zu Ps 127,2.

genden, was die östlichen Gegenden bedeuten soll »[38], den Gegensatz zu *ʾyy hym* dar, so kann *ym* von V. 14c nur den Süden bezeichnen und bezieht sich entweder auf das Rote Meer oder auf den Strom Nil (vgl. Ps 107,3; Jes 49,12).

b. *ym // (mwsdy) ʾrṣ* - « Meer » // « die Grundfesten des Festlandes »
Spr 8,29.

c. *ym + ḥrbh* - « Meer » + « das Trockene »
Hag 2,6.

d. *ym + ybšh* - « Meer » + « das Trockene, Festland »
Jon 1,9.

e. *ym // ybšt* - « Meer » // « das Trockene, Festland »
Ps 95,5.

f. *ym + ym / nhr + ʾpsy ʾrṣ* - « Meer » + « Meer » / « Strom » + « die Enden der Erde »
Sach 9,10; Ps 72,8; Sir 44,21; vgl. auch Mich 7,12.

Die Deutungen dieser Konstruktion sind verschieden. Grundsätzlich gehen sie in der Frage auseinander, ob die Formeln ein bestimmtes Gebiet innerhalb bestimmter Grenzen bezeichnen oder bloss allgemein gemeint sind. Diese Frage ist für unser Anliegen von zentraler Bedeutung. Wenn die geographischen Begriffe ganz bestimmte Grenzen bezeichnen, kann man daraus kein « überall » folgern. Trotz der Verwirrung in den Deutungen kann man mit Sicherheit annehmen, dass die Häufung der geographischen Begriffe in feierlichen Zusammenhängen zum Stil gehört[39] und daher mit ihrer Gliederung doch mit dem Merismus zusammenhängt.

g. *ym // nhr* - « Meer » // « Strom »
Ps 80,12; 89,26.

Man kann ohne weiteres annehmen, dass das Wortpaar in Ps 80,12 « Mittelmeer (Westen) » // « Euphrat (Osten) » meint. In Ps 89,26 ist dagegen der Plural *nhrwt* problematisch. Nach H. Gunkel bezeichnet er Euphrat und Nil[40]. Es würde sich daher in beiden Beispielen um die eigentlichen Grenzen Israels mit besonderem Bezug auf das Grossreich Davids handeln, was vor allem angesichts des Orakels über David in Ps 89,20-38 naheliegt. H. J. Kraus und M. Dahood entscheiden sich jedoch für die allgemeinere Bedeutung der betreffenden Begriffe. Nach H. J. Kraus wird in Ps 89,26 der König zum universalen Chaosüberwinder erklärt, wobei ein altorientalisches Motiv

---

[38] Siehe GB 18f. unter I. *ʾwr*; M. Jastrow, *A Dictionary of the Targumim*, 32. In der späteren hebr., d.h. in der jüdischen Literatur, ist das Wort *ʾwr* öfters mit der Bedeutung « Tagesanbruch » belegt.

[39] Vgl. H. Schmidt, *Die Psalmen*, 137; A. Alt, *Kleine Schriften zur Geschichte des Volkes Israel* (München 1956) 75.

[40] Vgl. *Die Psalmen*, 393.

aufgenommen werde [41]. M. Dahood sieht hier « mythical terms expressing worldwide dominion » [42]. Liegt hier eine solche allgemeine Absicht tatsächlich zugrunde, so kommt der Merismus sehr gut zum Ausdruck.

h. *ym-mṣrym* // *nhr* - « ägyptisches Meer - Nil » // « (Euphrat-) Strom »
Jes 11,15.

i. *ym* + *nḥl* - « Meer » + « Bach »
Lev 11,9.10.

Die *Zürcher Bibel* übersetzt die Gegenüberstellung mit « in grossen und kleinen Gewässern », dagegen die NEB mit « whether in salt or fresh water ».

j. *ym* + *ṣpwn* + *ngb* - « Westen » + « Norden » + « Süden » (?)
Dan 8,4.

k. *ym* + *ṣpwn* + *tymn* + *mzrḥ* - « Westen » + « Norden » + « Süden » + « Osten »
Dtn 3,27.

l. *ym* + *qdm* + *ṣpwn* + *ngb* - « Westen » + « Osten » + « Norden » + « Süden »
Gen 28,14.

Die Viergliederung der letzten zwei Belege ist klar meristisch. Etwas schwieriger ist es, über die Dreigliederung von Dan 8,4 zu entscheiden. Es ist durchaus möglich, dass die Begriffe hier jeweils eine bestimmte Bedeutung besitzen, zumal in Sach 14,4 die geographische Viergliederung ganz klar unmeristisch verwendet ist.

m. (*plštym*) *ymh* // *bny-qdm* / *ʾdwm wmwʾb* // *bny ʿmwn* - « Philister meerwärts - Westen » // « die Söhne des Ostens » / « Edom und Moab - Norden » // « die Söhne Ammons - Süden »
Jes 11,14

n. (*ḫp*) *ym* // *ṣat špš* - « Meeresküste - Westen » // « Sonnenaufgang - Osten »
UT, ʿnt II:7-8 (CTA 3 II:7-8).

o. *ym* // *śdh* - « Meer » // « Feld, Festland »
1 Chr 16,32.

p. *ym* ... *śdh* - « Meer » ... « Land, Feld »
Ez 26,5-6.

q. *ym* // *tbl* / *nhr* // *hr* - « Meer » // « Festland » / « Strom » // « Berg »
Ps 98,7-8.

110

a. *ymyn* + *śmʾ(w)l* - « rechts » + « links » [43]
Gen 24,49; Ex 14,22.29; Num 20,17; 22,26; Dtn 2,27; 5,32; 17,11.

---

[41] Vgl. *Psalmen,* 623.

[42] Vgl. *Psalms* II, 317; siehe auch G. W. Ahlström, *Psalm 89* (Lund 1959) 108ff.

[43] Vgl. E. Z. Melamed, « Break-up of Stereotype Phrases as an Artistic Device in Biblical Poetry », Scripta Hierosolymitana 8 (1961) 146: « The combination 'right and left'

20; 28,14; Jos 1,7; 23,6; 1 Sam 6,12; 2 Sam 2,19.21; 16,6; 1 Kön 22,19; 2 Kön 22,2; Jes 54,3; Sach 12,6; Spr 4,27; Dan 12,7; 2 Chr 18,18; 34,2.

b. *ymyn* // *śmʾ(w)l* - « rechts » // « links »
Jes 9,19; Sach 4,3.11 (?); Spr 3,16.

c. *ymn* + /*śm*/*ʾl* - « rechts » + « links »
Siloah-Kanal in Jerusalem 3 (KAI 189,3).

d. *ymn* (Hi.) + *śmʾl* (Hi.) - « sich zur Rechten wenden » + « sich zur Linken wenden »
2 Sam 14,19; Jes 30,21; Ez 21,21; 1 Chr 12,2.

111

a. *ysp* (Hi.) // *brʿ* - « dazugeben » // « abziehen »
Koh 3,14.

b. *ysp* (Ni.) // *ʾṣl* (Ni.) - « hinzugefügt » // « weggenommen »
Sir 42,21.

Der Gedanke ist in beiden Beispielen derselbe: Was Gott tut, hat einen festen Bestand und ein « richtiges Ausmass ».

112

a. *yʿr* + *krml* / *npš* + *bśr* - « Wald » + « Fruchtland » / « Seele » + « Leib »
Jes 10,18.

b. *yʿr* // *ʿyr* - « Wald » // « Stadt »
Jes 32,19.

c. (*ḥzyr m*) *yʿr* // (*zyz*) *śdy* - « der Eber aus dem Walde » // « das Getier der Felder »
Ps 80,14.

Aus dem Zusammenhang geht hervor, dass das Gegensatzwortpaar metaphorisch die Feinde Israels bezeichnet [44]. Wenn in *ḥzyr* // *zyz* die Kontrastierung von « grossen » und « kleinen » Tieren gemeint ist, haben wir es hier mit einem doppelten Merismus zu tun: Von « überall » kommen « alle Arten » von Feinden, um Israel zu vernichten.

113

a. *yṣʾ* + *bwʾ* - « ausgehen » + « kommen »
Im Infinitiv: Dtn 31,2; Jos 14,11; 1 Sam 29,6; 1 Kön 3,7; 2 Kön 19,27; Jes 37,28; Sach 8,10.

---

is common in the O.T. In several passages it has the meaning of 'on every side'». Vgl. auch S. 147.

[44] Wie M. Dahood in *Psalms* II, 259, darauf hinweist, hat dieses Wort auch im Ugaritischen (*ḫzr* und *ḫnzr*) metaphorische Bedeutung persönlichen Charakters.

Im Partizip: 1 Sam 18,16; 1 Kön 15,17; 1 Chr 11,2; 2 Chr 15,5; 16,1.
Im Qal Impf.: 1 Sam 18,13; 2 Chr 1,10.
Im Substantiv *mwṣ*ʾ + *mbw*ʾ: 2 Sam 3,25.

Diese eigentümliche meristische Gegenüberstellung vermag in allen diesen grammatischen Formen dieselbe Idee zum Ausdruck zu bringen: Die Ganzheit der (gewöhnlich menschlichen) Aktivität, der Bewegung, des Benehmens ...

b. *yṣ*ʾ // *bw*ʾ - « ausgehen » // « kommen »
Jer 14,18.

c. *yṣ*ʾ (Inf.) // *šwb* (Inf.) - « hervorgehen » // « zurückkehren »
Sir 40,1.

114

a. (ʿ*l-*) *yṣw*ʿ // (*b*) ʾ*šmwrh* - « auf dem Lager, im Bett » // « in der (Nacht-) Wache »
Ps 63,7.

115

a. *yrd* (Hi.) + ʿ*lh* (Hi.) - « hinunterführen » + « heraufführen »
1 Sam 2,6.

116

a. *yrḥ* + *kwkbym* - « Mond » + « Sterne »
Dtn 4,19; Ps 8,4; Koh 12,2.

b. *yrḥ* // *šmš* - « Mond » // « Sonne »
Ps 104,19.

117

a. *yrš* (Hi.) + ʿ*šr* (Hi.) - « arm machen » + « bereichern »
1 Sam 2,7.

118

a. (*mbyt*) *yśr*ʾ*l* + (*mn h*) *gr* - « Israelit » + « der Fremde »
Lev 17,8.10; Ez 14,7.

b. (*bny*) *yśr*ʾ*l* + (*mn h, l*) *gr* - « Israeliten » + « der Fremde »
Lev 17,13; 20,2; Num 19,10; Jos 20,9.

119

a. *yšb* (Inf.) + *hlk* (Inf.) + *škb* (Inf.) + *qwm* (Inf.) - « sitzen » + « gehen » + « sich niederlegen » + « aufstehen »
Dtn 6,7; 11,19.

b. *yšb* // *lyn* - « sitzen » // « Nacht zubringen »
Ps 91,1.

Soweit ich sehen kann, hat M. Dahood als der erste in der Form *yitlônān* (V. 1b) den Gegensatz zum Verb (*yšb* (V. 1a) gesehen [45]. Auf Grund dieser Deutung kommt ein eigenartiger Merismus zum Vorschein: Der König steht « immer » unter dem Schutz Gottes, was vollkommen dem V. 5 entspricht, nach welchem er sich « niemals » (weder nachts, noch bei Tag) vor irgendwelchen Übeln zu fürchten braucht.

c. *yšb* (Inf.) + *qwm* (Inf.) - « niedersitzen » + « aufstehen »
2 Kön 19,27; Jes 37,28; Ps 139,2; Klgl 3,63.

120

a. *ytwm* + *ʾlmnh* - « Waise » + « Witwe »
Jes 9,16; Ps 146,9.

b. *ytwm* + *ʾlmnh* // *gr* - « Waise » + « Witwe » // « Fremdling »
Dtn 10,18.

c. *ytwm* // *ʾlmnh* - « Waise » // « Witwe »
Jes 1,17.23; Jer 5,28 (?); 49,11; Ps 68,6; Sir 4,9; 35,14.

d. *ytwm* // *ʾlmnh* / *yḥyd* // *ʾsyr* - « Waise » // « Witwe » / « der Verlassene » // « der Gefangene »
Ps 68,6-7.

e. *ytm* // *almnt* - « Waise » // « Witwe »
UT, 127:49-50 (CTA 16 VI:49-50).

121

a. *kʾb* (Hi.) + *ḥbš* // *mḥṣ* + *rph* - « Schmerz verursachen » + « verbinden » // « schlagen » + « heilen »
Ijob 5,18.

122

a. *kbwd* // *hmwn* - « Edelleute » // « Volksmenge »
Jes 5,13b:
ûkᵉbôdô mētê (MT mᵉtê) rāʿāb
wahᵃmônô ṣiḥēh ṣāmāʾ

45 Siehe *Psalms* II, 329f.; « Textual Problems in Isaia », CBQ 22 (1960) 408f.

Und seine *Edelleute* sterben vor *Hunger,*
und seine *Volksmenge* brennt vor *Durst.*

Da die Wendung im Zusammenhang mit einem Weheruf erscheint, kündigt sie offensichtlich etwas Zukünftiges an; jedoch mit einem solchen Nachdruck, dass sie wie etwas bereits Vollbrachtes klingt. Die Zusammenstellung *mētê rāʿāb* — « vor Hunger gestorbene » statt *mᵉtê rāʿāb* — « Männer des Hungers » kann man daher wohl aktiv übersetzen. Im Gegensatz zur LXX, die im Vers sogar nur ein Subjekt auftauchen lässt — *kaì plēthos egenēthē nekrōn dià limōn kaì dìpsan hýdatos* —, übersetzen die Vulgata und die meisten neuen Übersetzungen das fragliche Wortpaar richtig im gegenüberstellend-meristischen Sinn [46]. Man muss also hier das Prinzip *abstractum pro concreto* anwenden [47]. Auf Grund dieses Prinzips lässt sich dann auch die Zusammenstellung *gʾwn* // *hmwn* innerhalb eines ähnlichen Gerichtskontextes in Ez 32,12b meristisch deuten:

Und sie werden die *Vornehmen* Ägyptens vertilgen,
und vernichtet wird all seine *Volksmenge.*

Merkwürdigerweise übertragen alle Übersetzungen *gʾwn* im abstrakten Sinn mit « Pracht ».

123

a. *kbwd* + *qlwn* - « Ehre » + « Schmach »
Sir 5,13.

124

a. *khn* + *nbyʾ* - « Priester » + « Prophet »
2 Kön 23,2; Jes 28,7; Jer 2,26; 6,13; 8,1; 13,13; 26,7.8.11.16; 29,1; 32,32; Klgl 2,20; Neh 9,32.

Wie aus der häufigen meristischen Gegenüberstellung dieses Paares zu « Volk » (vgl. 2 Kön 23,2; Jer 13,13; 26,7.8; 29,1) oder « Fürsten, Königen » (vgl. Jer 2,26; 8,1; 32,32) ersichtlich ist, bezeichnet es die gesamte religiöse Führung Israels.

125

a. *kwkb* // *šmš* // *yrḥ* - « Stern » // « Sonne » // « Mond »
Jes 13,10; Ez 32,7.

---

[46] Die Vulgata: « Et nobiles eius interierunt fame // et multitudo eius siti exaruit ». Die *Zürcher Bibel*: « die Edlen » // « die Menge »; die NEB: « nobles » // « common folk »; die *Jerusalem-Bibel*: « grands » // « foules »; RSV: « honoured men » // « multitude ».

[47] Vgl. hierzu H. Wildberger, *Jesaja 1-12*, BK X/1 (1972) 187.

126

a. *ksʾ lgbh* // *ʿpr wʾpr* - « der hohe Thron » // « Staub und Asche »

Sir 40,3:

miyyôšēb kissēʾ leḡōbah
ʿad yôšēb [48] ʿāpār wāʾēper

Von dem an, der auf dem hohen *Throne* sitzt,
bis zu dem, der in *Staub und Asche* sitzt.

Der Vers gehört zur umfassenderen Schilderung der grossen Mühsal in Vv. 40,1ff., die Gott allen Menschen bereitet hat.

127

a. *ksp* + *zhb* - « Silber » + « Gold »

Gen 13,2; Jes 2,7.20 (?); 31,7 (?); 60,9; Ez 7,19.19; 38,13; Hos 8,4 (?); Joel 4,5; Nah 2,10; Zef 1,18; Hag 2,8; Spr 17,3; 22,1; Koh 2,8; Sir 51,28.

In den geschichtlichen Büchern ist dieses Paar sehr stark vertreten. Man kann aber kaum feststellen, ob und wann es meristische Bedeutung für « Kostbarkeiten » besitzt, zumal es häufig zusammen mit einigen anderen Gegenständen aufgezählt wird. Deswegen ist es nicht befremdend, wenn im Gegensatz zu den ugaritischen Belegen hier auch in den poetischen Texten die figurative Bedeutung nicht immer mit Sicherheit festzustellen ist.

b. *ksp* // *zhb* - « Silber » // « Gold »

Jes 13,17; 39,22 (?); Hos 2,10; Sach 13,9.

c. *ksp* + *zhb* - « Silber » + « Gold »

Silwan-Inschrift B 1 (KAI 191).

d. *ksp* // *zhb* - « Silber » // « Gold »

Zincirli: Panammuwa II., Z. 11 (KAI 215); Barrākib, Z. 11-12 (KAI 216).

e. *ksp* // *ḥrwṣ* - « Silber » // « Gold »

Sach 9,3; Spr 3,14; 8,10.

f. *ksp* // *ḥrṣ* - « Silber » // « Gold »

Tabnit von Sidon, Z. 4-5 (KAI 13); Kilamuwa 12 (KAI 24).

Angesichts des charakteristischen ugaritischen Wortpaares *ksp* // *ḥrṣ* sind die wenigen hebr. und phön. Belege desselben Paares besonders bemerkenswert. In Spr 3,14; 8,10 dient es zur Betonung, dass der Wert der Weisheit den Wert « aller Kostbarkeiten » übersteigt. Sach 9,3 schildert dagegen im Zusammenhang mit dem Orakel gegen Sidon und Tyrus die Anhäufung des « Reichtums » in Tyrus. Der Bezug der Aussage auf Phönizien gibt uns wahrscheinlich den Schlüs-

[48] Statt *ywšb* besteht die Variante B *lšwb*. Im Hinblick auf den Sinn empfiehlt sich jedoch diese Form. Vgl. G. L. Prato, *Il problema della teodicea in Ben Sira,* 304.

sel zur Erklärung, wieso in diesem verhältnismässig späten Buch das einzige Mal in der ganzen prophetischen Literatur dieses archaische Wortpaar vorkommt, denn in der Inschrift des Tabnit von Sidon (6. Jh.) taucht es ebenfalls auf. Hier steht es im Zusammenhang mit dem Verbot, dass man den Sarg des Königs der Sidonier öffnet: *k ʾy ʾd/rln ksp ʾy ʾd/rln ḫrṣ* — « Denn sie haben bei mir kein Silber gesammelt, sie haben bei mir kein Gold gesammelt ».

g. *ksp* + *ḫrṣ* - « Silber » + « Gold »
UT, 51 V:80. 94-95 (CTA 4 V:80. 94-95); 612:8.

h. *ksp* // *ḫrṣ* - « Silber » // « Gold » [49]
UT, 51 I:26-27. 27-28; II:27-28; V:77-78. 93-95. 100-101; VI:34-35. 37-38 (CTA 4 I:26-27. 27-28; II:27-28; V:77-78. 93-95. 100-101; VI:34-35. 37-38); 2 Aqht VI:17-18 (CTA 17 VI:17-18); Krt: 205-206 (CTA 14 V:205-206).

i. *ksp* + *yrq ḫrṣ* - « Silber » + « gelbes Gold » [50]
UT, Krt: 126. 238. 250-251. 269-270 (CTA 14 III:126. 238; V:250-251; VI:269-270).

Der Kontext des Paares ist gewöhnlich klar und stellt keine textkritischen Probleme. In einzelnen Stücken lässt sich jedoch manchmal ein charakteristisches Gepräge erkennen. So erscheint z.B. das Paar in der Keret-Legende formelhaft im Zusammenhang mit dem Huldigungsangebot von « Kostbarkeiten » seitens des Königs *Pbl* von *Udm* an Keret. In der Antwort verlangt Keret statt dieser die reizende Tochter *Pbl*-s. Im Text 51 dient es einerseits zur Bezeichnung der Geschenke an die Göttin *Aṯrt,* andererseits zur Beschreibung des Aufbaus des Palastes für Baᶜal aus den « kostbaren » Gegenständen.

j. *ksp* // *yrqrq ḥrwṣ* - « Silber » // « gelbes Gold »
Ps 68,14.

Der einzige biblische Beleg dieser Zusammenstellung in einer einzigartigen Ausformung stellt eine Besonderheit ersten Ranges dar. Der Kontext ist wegen einer üppigen Symbolik unklar. Lässt er deswegen verwirrende Deutungen zu bei der Frage nach dem Bezug des Verses, so lässt er in der « Taube » jedoch eindeutig den « Reichtum », bzw. den « Wohlstand » zum Ausdruck kommen:

Die Flügel einer Taube sind überzogen mit *Silber,*
und ihre Federn mit gelbem *Gold.*

128

a. *kph* + *ʾgmwn* - « Palmzweig » + « Schilfrohr »
Jes 9,13.

---

[49] Vgl. RSP I, 2. Kap., Nr. 301.
[50] Vgl. RSP I, 2. Kap. Nr. 302.

129

a. *krm* + *zyt* - « Weinberg » + « Olivengarten »
Ex 23,11 (?); Dtn 6,11; Jos 24,13; Ri 15,5 [51].

130

a. *krml* // *ᶜyr* - « Fruchtland » // « Stadt »
Jer 4,26.

Das Paar stellt das letzte Glied des Bildes vom Kampfgetöse dar (Vv. 23-26), in das die ganze Natur einbezogen ist. Die vier zusammengehörigen meristischen Wortpaare werden jeweils durch die Verbalform *rāᵓîtî* eingeleitet.

131

a. (*rᵓš h*) *krml* // *qrqᶜ hym* - « der Gipfel des Karmel » // « der Grund des Meeres »
Am 9,3.

132

a. *lbnh* // *ḥmh* - « die Bleiche - Mond » // « die Heisse - Sonne »
Jes 24,23; 30,26; Hld 6,10.

133

a. *lḥm* + *krm* - « Brot, Nahrung » + « Weinberg »
Jes 36,17.

b. *lḥm* // *mᵓkl tᵓwh* - « Brot » // « Lieblingsspeise »
Ijob 33,20:
wᵉzihᵃmattû hayyātô lāḥem
wᵉnapšô maᵓᵃkal taᵓwāh
Sein Leben(szustand) macht ihm das *Brot* widrig,
und seine Seele die *Lieblingsspeise*.

Im Hinblick auf die Verbalform *zihᵃmattû* — 3.f.sg. + suff. dat. — sind die synonymen Begriffe *ḥyh* // *npš* (Vgl. Vv. 38.39) als Subjekt mit der Spezialbedeutung « Lebens- bzw. Seelenzustand » zu verstehen. Das Objekt-Paar *lḥm* // *mᵓkl tᵓwh* ist offensichtlich gegenüberstellend, um das Ekelempfinden des Kranken an jeder Art von Speise zum Ausdruck zu bringen. Im umgekehrten, positiven Sinn erscheint das Appetit-Motiv bereits in der Keret-Legende (UT, 127:10-22): Die Göttin *Šᶜtqt* heilt den kranken König, so dass er wieder Appetit bekommt, sich sättigt und den Königsthron einnimmt.

---

51 Vgl. D.N. Freedman, « A Note on Judges 15,5 », Bib 52 (1971) 535.

c. *lḥm* + *mym* - « Brot » + « Wasser »
Ex 23,25; Num 21,5; 1 Kön 18,4.13; 2 Kön 6,22; Jes 33,16; Ez 4,17; Hos 2,7; Am 8,11; Neh 13,2.

d. *lḥm* // *mym* - « Brot » // « Wasser »
1 Sam 30,11; 1 Kön 13,8.9.16.22; Spr 25,21; Esr 10,6; Neh 9,15.

e. *lḥm* + (//) *šqᶜ*; *lḥm* + (//) *štᶜ* jeweils in der Bedeutung « essen » + (//) « trinken » ist im Ugaristischen öfters belegt. Zu den Stellen siehe RSP I, 2. Kap., Nr. 334 und 335.

134

a. (*b*) *lylh* // (*b*) *ʾšmwrh* - « bei Nacht (während des Schlafens) » // « während der (Nacht-) Wache »
Ps 119,55.

Angesichts des Wortpaares *yṣwᶜ* // *ʾšmwrh* - « Lager, Bett » // « (Nacht-) Wache » von Ps 63,7 erscheint die substantivische Deutung *ʾšmwrh* bei A. B. Ehrlich [52] sehr naheliegend. In Ps 63,7 ist das Paar klar gegenüberstellend-meristisch und schildert die beständige Sehnsucht des Psalmisten nach Jahwe. Da die Absicht in Ps 119,55 sehr ähnlich ist, trifft auch hier die gegenüberstellend-meristische Deutung bedeutend besser als die synonyme, etwa im Sinne: « In der Nacht » // ... d.h. während der Nachtwache ». Natürlich wirkt die Schilderung der Treue « während des Schlafens und Wachens » nur dann nicht anstössig, wenn man poetische Figuren nicht mit mathematisch-analytischen Kriterien beurteilt.

b. *lylh* + *ywm* - « Nacht » + « Tag »
Dtn 28,66; 1 Sam 25,16; 1 Kön 8,29; Jes 27,3; 34,10; Jer 14,17; Est 4,16; Sir 38,27.

135

a. *mʾwr* + *šmš* - « Licht des Mondes, Mond » + « Sonne »
Ps 74,16.

Angesichts der meristischen Vv. 15-17 dieses Psalms, besonders aber im Hinblick auf die Gegenüberstellung *ywm* + *lylh* - « Tag » + « Nacht » im vorangegangenen Kolon, gewinnt die sonst allgemeine Bedeutung « das Licht » des Wortes *mʾwr* an dieser Stelle eine klarere Bestimmung, nämlich « das Licht des Mondes, Mond » als Gegensatz zur « Sonne ». Die Übersetzung « the light of moon » // « sun » in der NEB ist daher gesichert und dürfte anderen Lösungen, beispielsweise der Übersetzung « the luminaries » // « the sun » in der RSV, ein Ende bereiten. Wieder ein Beispiel, wie schon allein die Gegenüberstellung der Termini der Textkritik zu Gute kommen kann.

---

[52] Siehe *Die Psalmen* (Berlin 1905) 308.

136

a. *m'mr* + *m'šh* - « Wort » + « Tat »
Sir 3,8.

137

a. *mdbr* + *hrym* - « Wüste-Süden » + « Berge-Norden »
Ps 75,7.
b. *mdbr* // *krml* - « Wüste » // « Fruchtgefilde »
Jes 32,16.
c. *mdbr* + *lbnwn* + *nhr* (*prt*) + *hym h'ḥrwn* - « Wüste-Süden » + « Libanon-Norden » + « Euphratstrom-Osten » + « das westliche Meer »
Dtn 11,24.
d. (*n'wt*) *mdbr* // *'ṣy hśdh* - « die Auen der Wüste » // « die Bäume des (Frucht-) Feldes »
Joel 1,19.

138

a. *mwṣ'* + *m'rb* // *mdbr* + *hrym* - « Aufgang » + « Untergang » // « Wüste-Süden » + « Berge-Norden »
Ps 75,7.

Der Verfasser will in diesem Vers offensichtlich nachdrücklich betonen, dass Gott « überall » der Sieger ist [53], und greift zu den gegenüberstellenden geographischen Begriffen. Im Hinblick aus die Gegenüberstellung von « Aufgang » + « Untergang » in V. 7a empfiehlt sich allerdings die Deutung von « Süden » + « Norden » für *mdbr* + *hrym* in V. 7b. Auf Grund einiger älterer Deutungen kann man mit C. A. Briggs [54] vor *hrym* ein *mn* voraussetzen, zumal es vorher dreimal vorhanden ist. Dass die Gegenüberstellung *mdbr* + *hrym* « Süden » + « Norden » bezeichnet, lässt sich übrigens aus zwei weiteren Belegen, Dtn 11,24 und Ex 23,31, erschliessen; sie enthalten nämlich ähnliche und klar abgegrenzte geographische Bezeichnungen.

b. *mwq' šmš* + *m'rb* - « Aufgang der Sonne » + « Untergang »
Zincirli: Panammuwa II., Z. 13 (KAI 215).

Zwischen dem hebr. *mwṣ'* (phön. *mṣ'*) und aram. *mwq'* herrscht eine vollkommene Entsprechung. Das hebr. *ṣ* und das aram. *q* entwickeln sich nämlich jeweils verschieden vom gemeinsemitischen *ḍ* [55].

[53] Auf Grund der in dem Psalm enthaltenen Auseinandersetzung entspricht die Deutung *lē'* — « Sieger » von M. Dahood für das sonst unerklärbare *lō'* — « nicht » vollkommen. Vgl. *Psalms* I, 46. 144; *Psalms* II, 212f.; Bib 47 (1966) 400 mit Bibliographie.
[54] *The Book of Psalms* II, 161. 164.
[55] Vgl. die Konsonantentabelle in UT, *Grammar*, 5. 13.

139

a. *mwt* + *ḥyym* - « Tod » + « Leben »
2 Sam 15,21; Spr 18,21.

b. *mwt* (in Qal pt. m. pl.) + *ḥyym* - « die Toten » + « die Lebenden »
Num 17,13.

c. *mwt* (Hi.) + *ḥyh* (Hi.) - « töten » + « lebendig machen »
Dtn 32,39; 1 Sam 2,6; 2 Kön 5,7.

140

a. *mzrḥ* + *ym* - « Aufgang-Osten » + « das (westliche) Meer »
Jos 11,3; 1 Chr 9,24.

b. *mzrḥ* + *ym* + *ṣpwn* + *ngb* - « Aufgang-Osten » + « das (westliche) Meer » + « Norden » + « Süden »
1 Chr 9,24.

c. *mzrḥ-šmš* + *mbwʾ* - « der Aufgang der Sonne » + « Untergang »
Mal 1,11; Ps 50,1; 113,3.

d. *mzrḥ* // *mbwʾ hšmš* - « Aufgang (der Sonne) » // « Untergang der Sonne »
Sach 8,7.

e. *mzrḥ-šmš* + *mʿrb* - « der Aufgang der Sonne » + « der Untergang »
Jes 45,6.

f. *mzrḥ* + *mʿrb* + *ṣpwn* + *ym* - « Osten » + « Westen » + « Norden » + Süden »
Ps 107,3.

g. *mzrḥ* // *mʿrb* // *ṣpwn* // *tymn* - « Osten » // « Westen » // « Norden » // « Süden »
Jes 43,5-6.

Die letzten zwei Belege erklären sich gegenseitig. Die offensichtlich gegenüberstellende Absicht der Perikopen führt uns zuverlässig zum Schluss, dass *ym* von Ps 107,3 wie *tymn* von Jes 43,6 den « Süden » bezeichnet, indem mit *ym* das südliche Meer oder der Golf von Aqabah und nicht, wie man gewöhnlich annimmt, der Westen gemeint ist. Da in beiden Belegen die aus dem Exil Zurückkehrenden aus « allen » Himmelsrichtungen zum Vorschein kommen, werden mit dem Begriff *ym* aller Wahrscheinlichkeit nach diejenigen von Ägypten bezeichnet sein, was für diesen Begriff die Bedeutung von Nil nahelegt [56]. Angesichts der zwei angeführten Bedeutungsmöglichkeiten für *ym* erweist sich die übliche Emendation in *ymyn* [57] als völlig unberechtigt.

---

[56] Vgl. GB 302 zu *ym* unter Nr. 3; KBL 383 zu *ym* unter Nr. 6; ZLH 313 zu *ym* der zweiten Behandlung unter Nr. 1.

[57] Vgl. etwa H. Gunkel, *Die Psalmen,* 471; H. J. Kraus, *Psalmen,* 735.

141

a. *mḥqry-ʾrṣ* // *twʿpwt hrym* / *ym* // *ybšt* - « die Tiefen der Unterwelt » // « die Gipfel der Berge » / « Meer » // « Festland »
Dies ist ein schönes Beispiel der vertikal-horizontalen Viergliederung.
Ps 95,4-5.

142

a. (*l*) *mṭh* // (*l*) *mʿlh* - « nach unten » // « nach oben »
Jes 37,31.
b. (*l*)*mṭ* // (*l*)*mʿl* - « nach unten » // « nach oben »
ʾEšmunʿazar 11-12 (KAI 14).

143

a. *mṭr* // *ṭl* - « Regen » // « Tau »
Dtn 32,2; Ijob 38,28.
b. *mṭr* // *ṭll* - « regnen » // « tauen »
UT, 1 Aqht: 41 (CTA 19 I:41).

144

a. *mym* // *ym* // *mrwm*[58] - « Wasser » // « Meer » // « Himmel »
Ps 93,3.
b. *mym* // *lḥm* - « Wesser » // « Brot »
Ijob 22,7.
c. *mym* // *nhr* // *ʾš* - « Wasser » // « Strom » // « Feuer »
Jes 43,2.
d. *mym* // *šmym* // *ʿpr hʾrṣ* // *hr* // *gbʿh* - « Wasser, Ozean » // « Himmel » // « Staub der Unterwelt (oder Erde-Ebene ?) » // « Berg » // « Hügel »
Jes 40,12 (vgl. Sir 1,1-3):
Wer hat gemessen mit seiner hohlen Hand das *Wasser*
und den *Himmel* mit der Spanne bestimmt
und gefasst mit dem Dreimass den *Staub der Unterwelt*
und gewogen mit der Waage die *Berge*
und die *Hügel* mit Waagschalen?

[58] Versteht man mit M. Dahood, *Psalms* II, 342, und H. J. Tromp, *Primitive Conceptions*, 63, *b* vor *mrwm* als *beth comparativum*, so kommt hier diese eindeutige meristische Wendung zum Vorschein:
Gewaltiger als das Tosen der *Wasser;*
gewaltiger als die Brandung des *Meeres;*
gewaltiger als der Himmel ist Jahwe
Zur Bedeutung « Himmel » für *mrwm* vgl. ZLH 472, Nr. 3.

In der Hauptgliederung *mym* // *šmym* // *ʿpr hʾrṣ* können die Grundgrössen der Schöpfung gemeint sein: « Meer » // « Himmel » // « Festland » [59]. Im Hinblick auf die übliche Tendenz solcher meristischer Aussagen zu extremen Gegensätzen empfiehlt sich jedoch die Annahme, *mym* und *ʿpr hʾrṣ* mit jeweils zwei verschiedenen Aspekten der Unterwelt in Verbindung zu setzen [60].

145

a. *mlk* // *ʾdm* - « König » // « Mensch »
Karatepe A III 12-13; III 19 - IV 1; C III 13-14 (KAI 26).

b. *mlk* + *ʾlhym* - » König » + « Gott »
Jes 8,21.

c. *mlk* + *blmlk* - « König » + « Nicht-König, ein gewöhnlicher Mensch »
UT, 51 VII:43 (CTA 4 VII:43).

d. (*byt h*) *mlk* + *byt hʿm* - « Königspalast » + « Haus des Volkes »
Jer 39,8.

e. *mlk* + *śr* - « König » + « Fürst »
Jer 2,26; 4,9; 17,25; 25,18; 32,32; 36,21; 44,17.21; 49,38; Ez 17, 12; Hos 3,4; 8,10; 13,10; Klgl 2,9; Est 1,21; Dan 9,6.8; Neh 9, 32.34; 1 Chr 24,6; 2 Chr 28,21; 30,2.6.12; 36,18.
Das Paar wird zur Bezeichnung der « Herrschaft » gebraucht.

f. *mmlkwt hʾrṣ* // *ʾlhym* - « die Könige der Erde » // « Götter » [61]
Ps 68,33.

g. *mmlkt* + *ʾdm*(*m*) - « König » + « Mensch(en) »
ʾEšmunʿazar 4.6-7.10.11.20.22 (KAI 14).

146

a. *mn-hwʾ* + *hlʾn* - « von hier » + « weiterhin »
Jes 18,2.7.
Der Sinn der Wendung ist « allüberall », « weit und breit » [62].

---

59 Vgl. S. Smith, *Isaiah Chapters XL-LV. Literary Criticism and History* (London 1944) 12f.: « The verbs and the objects are carefully balanced to cover the measurable forms of matter (in Anm. 85: liquid, air, powder, solid) and all the types of measurement ».

60 Vgl. N. J. Tromp, *Primitive Conceptions,* 62, zur Diskussion über *mym*; S. 85-91 über *ʿpr*; S. 23-46 über *ʾrṣ*. B. Couroyer, « Isaïe XL, 12 », RB 73 (1966) 186-196, bringt dagegen nichts für unsere Fragestellung.

61 Die Bedeutung « Könige » für *mmlkwt* empfiehlt sich auf Grund des Parallelismus mit « Götter ». M. Dahood, *Psalms* II, 151, macht auf die erhebliche Einstimmigkeit aufmerksam, dass *mmlkwt* die phönizische Bedeutung « Könige » besitzt. ZLH 445B bringt die Beispiele dieser Bedeutung für das abstrakte Substantiv *mmlkh*: 1 Sam 10,18; 1 Kön 10,20; 2 Chr 9,19; 12,8; Jes 47,5; Jer 1,15; 25,26; Ps 68,33; 79,6; 102,23; 135,11.

62 Vgl. KBL 231 zu *hlʾh* unter Nr. 3.

147

a. *mᶜṭ* + *hrbh* - « wenig » + « viel »
Koh 5,11; Sir 5,15.

148

a. *(l)mᶜlh* // *ʾl-ʾrṣ* - « nach oben » // « auf die Erde »
Jes 8,21-22.

149

a. *mᶜrb* // *mzrḥ-šmš* - « Untergang - Westen » // « Aufgang der Sonne-Osten »
Jes 59,19.

150

a. *mṣʾ šmš* // *mbʾ* - « Aufgang der Sonne-Osten » // « Untergang-Westen »
Karatepe A I 4-5; A II 2-3 (KAI 26).

151

a. *mṣrym* // *ʾšwr* - « Ägypten-Süden » // « Assyrien-Norden »
Jes 52,4; Hos 9,3; 11,5.11.
b. (*nhr*) *mṣrym* // *nhr prt* - « Strom Ägyptens » // « Euphratstrom »
Gen 15,18.

152

a. (*ṣbʾ h*)*mrwm bmrwm* // *mlky hʾdmh ᶜl-hʾdmh* - « das Heer des Himmels im Himmel » // « die Könige des Erdreichs auf dem Erdreich »
Jes 24,21.
b. *mrwm* + *ʾrṣ* - « Himmel » + « Unterwelt (Erde?) »
Jes 24,4c.

Der ganze Vers ist eine meristische Einheit und heisst:
ʾābᵉlāh nābᵉlāh hāʾāreṣ
ʾumlᵉlāh nābᵉlāh tēbēl
ʾumlālû mārôm ᶜim-hāʾāres (MT mᵉrôm ᶜam-hāʾāreṣ)
Es verdorrt, verwelkt die *Unterwelt* (Erde?),
verschmachtet, verwelkt die *Welt,*
verschmachtet die *Himmelshöhe* samt der *Unterwelt* (Erde?).

Die *crux interpretum* stellt das dritte Kolon dar, das die LXX mit *hypsēloì tēs gēs* und die Vulgata mit « altitudo populi terrae » übersetzt. Im Hinblick auf die Ankündigung der Totalverwüstung im durchaus apokalyptischen Stil und angesichts des häufig im Sinne von

« Himmel » belegten Wortes *mrwm* [63], bietet sich von selbst die meristische Deutung « Himmel » + « Unterwelt » für das fragliche Wortpaar an. Auch die Deutung « Unterwelt » für *ʾrṣ* sowohl im ersten als auch im dritten Kolon dürfte nicht befremdend erscheinen [64], wenn man bedenkt, dass in Am 7,4, in ähnlichem Zusammenhang die Verwüstungsschilderung wie folgt lautet: « Und er (der Feuerregen) frass die grosse Grundflut (*thwm rbh*), er frass das Ackerfeld (*ḥlq*) ».

c. (*ʾrbwt m*)*mrwm* // *mwsdy ʾrṣ* - « die Gitter des Himmels » // « die Grundfesten der Unterwelt (Welt?) »
Jes 24,18.

Die Bedeutung « Himmel » für *mrwm* empfiehlt sich auch auf Grund der Zusammenstellung *ʾrbwt hšmym* von Gen 7,11; 8,2.

153

a. *nbyʾ* + *khn* - « Prophet » + « Priester »
Jer 8,10; 14,18; 23,33.34.

154

a. *ngb* + *ṣpwn* - « Süden » + « Norden »
Ez 21,9.

155

a. *ndyb* // *bn ʾdm* - « Fürst » // « Menschensohn »
Ps 146,3.

J. C. Greenfield [65] und M. Dahood [66] verstehen diesen Vers meristisch. Es ist aber durchaus möglich, dass *bn ʾdm* die synonyme nähere Bestimmung von *ndyb* ist und der Merismus daher nicht ohne weiteres in Frage kommt.

156

a. *nhr* // *ʾgm* - « Strom » // « Sumpf, See »
Jes 42,15.

b. *nhr* // *hr* - « Strom » // « Berg »
Ps 98,8.

---

[63] Vgl. besonders Jes 24,18; 32,15; 33,5; Ps 93,4. Für weitere Belege siehe ZLH 472 zu *mrwm* unter Nr. 3; N. J. Tromp, *Primitive Conceptions*, 63.

[64] Vgl. hierzu O. Kaiser, *Der Prophet Jesaja. Kapitel 13-39*, 148: « Im Rahmen des vorliegenden Weltbildes hat man sich darunter eine Erschöpfung des oberirdischen, himmlischen und des unterirdischen Ozeans vorzustellen ».

[65] « Some Glosses on the Keret Epic », *Eretz-Israel* 9 (1969) 60, Anm. 7.

[66] *Psalms* III, 341.

c. *nhrwt // mwṣ'y mym* - « Ströme » // « Wasserquellen »
Ps 107,33.
Der Vers will offensichtlich die Ganzheit des Wassers, das für ein kultiviertes Land notwendig ist, zum Ausdruck bringen und steht im polaren Gegensatz zu V. 35, so dass in diesen zwei Versen ein doppelter Merismus vorhanden ist.

d. *nhr // nḥl mṣrym* - « (Euphrat-) Strom » // « Bach Ägyptens »
Jes 27,12.

157

a. *nḥly mym* + *ᶜynt* + *thmt* / *bqᶜh* + *hr* - « Wasserbäche » + « Quellen » + « Fluten » / « Tal » + « Berg »
Dtn 8,7:

Jahwe, dein Gott, bringt dich in ein schönes Land, ein Land mit *Wasserbächen, Quellen, Fluten,* die im *Tale* und am *Berge* hervorströmen.

Die Aussage ist zweifach meristisch: «Alle Arten» von Wasser werden « überall » hervorströmen.

158

a. *nṭᶜ* (Pi.) // *'kl pry* - « pflanzen » // « Frucht geniessen »
2 Kön 19,29 = Jes 37,30.

159

a. *nyn* + *nkd* - « Spross » + « Stamm »
Gen 20,21; Jes 14,22; Ijob 18,19.

b. *nyn // nkd* - « Spross » // « Stamm »
Sir 41,5; 47,22.

Im gleichwertigen Bezug einzelner Termini auf die Nachkommenschaft könnte an sich ein Grund für eine synonyme Interpretation bestehen. Aus dem Zusammenhang des jeweiligen Beleges geht jedoch eindeutig hervor, dass es sich hier um eine absichtlich kontrastierende Topik zur Totalitätsschilderung handelt. Das Motiv der vollständigen Vernichtung jeglicher Nachkommenschaft, wie es in Jes 14,22; Ijob 18,19; Sir 47,22 auftritt, ist besonders auffallend [67]. Die abstrakte Übersetzung des Paares in der LXX mit einem einzigen Wort wie *spérma* in Jes 14,22 und *epígnōstos* in Ijob 18,19 verfehlt also den wesentlichen, d. h. den poetisch-rhetorischen Punkt der Wendung.

[67] O. Kaiser, *Der Prophet Jesaja. Kapitel 13-39,* 38, vergleicht das Paar der deutschen Redewendung « mit Kind und Kegel ».

160

a. *nʿr* + *zqn* - « Knabe » + « Greis »
Gen 19,4; Ex 10,9; Jos 6,21; Jes 20,4; Klgl 2,21; Est 3,13.
b. *nʿr* // *yšyš* - « Knabe » // « Greis »
Ijob 29,8.

161

a. *npl* (*ʾl hpḥt*) // *ʿlh* (*mtwk hpḥt*) - « fallen » (in die Grube) // « steigen » (aus der Grube)
Jes 24,18.

In diesem Vers wird die Unentrinnbarkeit vor dem Gericht durch den doppelten Merismus geschildert:

Wer flieht vor der Stimme des Grauens,
fällt in die Grube.
Und wer aus der Grube *steigt,*
verfängt sich im Garn.
Denn die Schleusen des *Himmels* (*mrwm* !) werden geöffnet
und die Fundamente der *Unterwelt* (*mwsdy ʾrṣ*) erbeben.

Aus der klaren meristischen Schilderung geht hervor, dass der « Fallende » und der « Steigende » nicht einunddieselbe Person sind, die aus der Grube steigen wollen, nachdem sie in diese gefallen sind, sondern als zwei verschiedene Subjekte stellvertretend für « alle » « vor der Stimme des Grauens » Fliehenden stehen.

162

a. *nṣr* // *šwrš* - « Spross, Schoss » // « Wurzel »
Sir 40,15:

nēṣer ḥāmās lōʾ yônēq bô
wᵉšôreš ḥōnēp ʿal šen sālaʿ

Der *Spross* des Frevels hat keinen Trieb,
und die *Wurzel* der (Gott-) Entfremdung stösst auf Felsgestein.

Die Übersetzung stimmt grundsätzlich mit derjenigen von R. Smend überein [68] und weicht von den meisten anderen hinsichtlich der Lesart *wšwrš* statt *ky šwrš* im zweiten Kolon ab [69]. Wie aus den ähnlichen meristischen Zusammenstellungen: *kph* + *ʾgmwn* (Jes 9,13; 19,15); *nyn* + (//) *nkd* (Gen 20,21; Jes 14,22; Ijob 18,19; Sir 41,5; 47,22); *šrš* + *ʿnp* (Mal 3,19); *šrš* // *prḥ* (Jes 5,24); *šrš* // *pr(y)* (2 Kön 19,30 = Jes 37,31; ʾEšmunʿazar 11-12); *šrš* // *qṣyr* (Ijob 18,16;

[68] *Die Weisheit des Jesus Sirach,* 71.

[69] Zu textkritischen Varianten siehe F. Vattioni, *Ecclesiastico,* 217; G.L. Prato, *Il problema della teodicea in Ben Sira,* 310.

29,19) ersichtlich ist, muss man das Versagen von « Spross » und « Wurzel » meristisch als ein einziges und gleichzeitiges Ereignis verstehen, womit die Aussage stark an rhetorischer Kraft gewinnt [70].

163

a. *nś*ʾ (pt. Qal) + *nś*ʾ (pt. Qal mit *beth*) - « Schuldherr » + « Schuldner »
Jes 24,2.

164

a. *nś*ʾ (pt. Ni.) + *špl* (*šāpāl* statt masoretischer Form *šāpēl*) - « hoch erhaben, stolz » + « niedrig, gering »
Jes 2,12.

Da in den nachfolgenden Versen nur die Hochmütigen im Blickpunkt des angekündigten « Tages Jahwes » stehen, wirkt hier dieses meristische Wortpaar etwas befremdend. Das berechtigt jedoch nicht, *špl* auf Grund der LXX etwa mit *gbh* zu ersetzen, wie es in den Übersetzungen üblich ist. Der einleitende Satz will wahrscheinlich noch allgemein die Erhabenheit Jahwes über « alle » hervorheben.

165

a. *ntš* + *ntṣ* + ʾ*bd* (Hi.) + *hrṣ* / *bnh* + *nṭ*ᶜ - « ausreissen » + « einreissen » + « vertilgen » + « niederreissen » / « aufbauen » + « einpflanzen »
Jer 1,10; vgl. Sir 49,7.

Mit dieser Gegenüberstellung wird die Berufung Jeremias durch das göttliche Wort legitimiert:

Hiermit lege ich meine Worte in deinen Mund,
siehe, ich gebe dir heute Vollmacht
über die Völker und über die Königreiche,
auszureissen und *einzureissen*,
zu *vertilgen* und *niederzureissen*,
aufzubauen und *einzupflanzen*.

In diesem eindrucksvollen Stück sind die ganze Beglaubigung und die Freiheit des Propheten als des Bevollmächtigten Jahwes enthalten. Wie es besonders in 18,7-10 auf Grund derselben Gegensatzschilderung verdeutlicht ist, bleiben die Redefreiheit und der Auftrag des Propheten immer an das gebunden, was in Anbetracht des augenblicklichen Verhaltens der Menschen zu reden erforderlich erscheint.

[70] Die poetisch-rhetorische Wirkung tritt dagegen sehr zurück, wenn man die Wendung auf Grund der Lesart *ky šwrš* im zweiten Kolon mit G. L. Prato, *Il problema ...*, 303, im ursächlich-sukzessiven Sinn versteht: « Il ramo del violento non ha germoglio // poiché la radice dell'empio è sulla punta di una roccia ».

Das Nebeneinander des Bösen und des Guten in der Geschichte der Völker wird dem Propheten in seiner Zusammengehörigkeit bereits sichtbar. Von daher artikuliert sich sein Auftrag in der meristischen Schilderung, die ihren Inhalt aus dem Bereich der Landwirtschaft und des Bauwesens hernimmt. Es ergibt sich eine chiastisch gestellte Kontrastierung: Das erste Wort des jeweiligen negativen Wortpaares, also *ntš* und *ʾbd,* entspricht dem zweiten Wort des positiven - *ntʿ* (landwirtschaftlicher Aspekt), während das zweite Wort des jeweiligen negativen Paares, also *ntṣ* und *hrs,* dem ersten des positiven - *bnh* entspricht (Aspekt des Bauwesens) [71]

166

a. *sws* + *rkb* - « Pferd » + « Wagen »
Dtn 11,4; 20,1; Jos 11,4; 1 Kön 20,1.21; 2 Kön 5,9; 6,14.15.17; Jes 66.20; Jer 50,37; Ez 26,7; 39,20.

b. *sws* + *rkb* - « Pferd » + « Reiter »
Ex 15,1.21; Jer 51.21; Hag 2,22; Ijob 39,18.

c. *sws* + *rkb* + *prš* - « Pferd » + « Wagen » + « Reiter »
Ez 26,7.

167

a. *ʿbd* + *ʾdwn* - « Knecht » + « Herr »
Jes 24,2.

168

a. *ʿbd* + *ʾmh* - « Sklave » + « Sklavin »
Ex 20,10.17; 21,20.26.27.32; Lev 25,6.44; Dtn 5,14.14.21; 12,12.18; 16,11.14; Ijob 31,13; Esr 2,65; Neh 7,67.

b. *ʿbd* + *špḥh* - « Knecht » + « Magd »
Gen 2,16; 20,14; 24,35; 32,6; Dtn 28,68; 1 Sam 8,16; 2 Kön 5,26; Jes 14,2; Jer 34,9.10.11.11; 34,16.16; Joel 3,2; Koh 2,7; Est 7,4; 2 Chr 28,10.

c. *ʿbd* // *špḥh* - « Knecht » // « Magd »
Ps 123,2.

169

a. *ʿbr* + *šwb* - « durchziehen » + « zurückkehren »
Sach 7,14.

---

[71] W. Rudolph, *Jeremia,* 4, eliminiert mit E. Vogt, VD 42 (1964) 242f., und mit einigen anderen Autoren das zweite negative Wortpaar als Glosse und macht auf das chiastisch gestellte Gegensatzpaar aufmerksam: ausreissen — einpflanzen (von Pflanzen), einreissen — aufbauen (von Gebäuden).

170

a. *ᶜbr* (ptc.) *drk* // *škn* - « der einen Weg zieht (ein Unbekannter auf der Strasse) » // « Anwohner, Nachbar »
Ps 89,42 (vgl. Ps 31,12).

171

a. *ᶜbry* + *ᶜbryh* - « Hebräer » + « Hebräerin »
Dtn 15,12; Jer 34,9.

172

a. *ᶜdh* (Haf.) + *qwm* (Haf.) - « absetzen » + « einsetzen »
Dan 2,21.

173

a. *ᶜwl* // *zqn* - « Säugling » // « Greis »
Jes 65,20.

174

a. *ᶜwlm* // *dwr* + *dwr* - « Ewigkeit » // « Geschlecht » + « Geschlecht »
Joel 2,2.
b. *ᶜwlm* + *ᶜd* - « Ewigkeit » + « Ewigkeit »
Ex 15,18; Mich 4,5; Ps 9,6; 10,16; 21,5; 45,7.18; 48,15; 52,10; 104,5; 106,48; 119,44; 145,1.2.21; Dan 12,3.
c. *ᶜwlm* + *ᶜwlm* - « Ewigkeit » + « Ewigkeit »
Jer 7,7; 25,5; Ps 41,14; 90,2; 103,17; 106,48; Neh 9,5; 1 Chr 16,36; 29,10; Sir 39,20.
d. *ᶜwlm* // *ᶜwlm* - « Ewigkeit » // « Ewigkeit »
Ps 103,17.

175

a. *ᶜwp* (*hšmym*) + *bhmh* (*hʾrṣ, hśdh*) - « Vögel (des Himmels) » + « Vieh, Tiere (der Erde, des Feldes) »
Gen 7,2; 8,17; 9,10; Lev 7,26; Dtn 28,26; 1 Sam 17,44; Jer 9,9; 15,3; 16,4; 19,7; 34,20.
b. *ᶜwp-hšmym* + *dgy hym* - « Vögel des Himmels » + « Fische des Meeres »
Zef 1,3.
c. *ᶜwp hrym* // *zyz śdy* - « Vögel der Berge » // « Getier der Felder »
Ps 50,11.

d. *ᶜwp* (*hšmym*) + *ḥyh* (*hʾrṣ, hśdh*) - « Vögel (des Himmels) » + « Tiere (der Erde, des Feldes) »
Gen 2,20; 1 Sam 17,46; Ez 38,20.

e. *ᶜwp* (*hšmym*) // *ḥyh* (*hʾrṣ, hśdh*) - « Vögel » (des Himmels) // « Tiere » (der Erde, des Feldes)
2 Sam 21,10; Ez 31,6.13; 32,4.

176

a. *ᶜwr* // *ʾlm* - « blind » // « stumm »
Jes 56,10.

b. *ᶜwr* // *ḥrš* - « blind » // « taub »
Jes 35,5; 43,8.

c. *ᶜwr* + *psḥ* - « blind » + « lahm »
Lev 21,18; 2 Sam 5,6.8; Jer 31,8; Ijob 29,15.

177

a. *ᶜzr* + *kšl* (Hi.) - « helfen » + « machen, dass jemand strauchle und falle »
2 Chr 25,8.

178

a. *ᶜyṭ hrym* // *bhmt hʾrṣ* / *qyṣ* // *ḥrp* - « Raubvögel der Berge » // « Tiere des (Flach-) Landes » / « den Sommer zubringen » // « überwintern »
Jes 18,6:

Sie werden allesamt überlassen sein den *Raubvögeln der Berge,*
und den *Tieren des Landes;*
die Raubvögel werden darauf den *Sommer zubringen,*
und alles Getier des Landes darauf *überwintern.*

Hier ist ein geschickter dreifacher Merismus vorhanden: Zuerst werden die Raubvögel und andere wilde Tiere für alle Arten der Tiere gegenübergestellt; analog die Berge und die Niederungen für « überall »; und schliesslich Sommer und Winter für « immer ». Keiner der drei Gegenüberstellungen kann eine realistische Deutung zukommen, denn die Beziehung der genannten Tiere mit den genannten Orten und Zeiten könnte man beliebig vertauschen.

179

a. *ᶜyn* + *ʾzn* - « Auge » + « Ohr »
Dtn 29,3; Ez 44,5.

b. *ᶜyn* // *ʾzn* - « Auge » // « Ohr »
Jes 11,3; 32,3; 35,5; 43,8; Jer 5,21; Ez 12,2; Ps 34,16; Ijob 13,1; Koh 1,8; Sir 16,5.

180

a. *ᶜyp // rᶜb* - « erschöpft » (vor Durst) // « hungrig »
Ijob 22,7.

181

a. *ᶜyr // śdh* - « Stadt » // « Feld »
Gen 34,28; Dtn 28,3.16.

182

a. *ᶜly* (*ʾrm*) + *tḥth* (*ʾrm*) - « Oberes » (Aram) + « Unteres » (Aram)
Sfîre I A 6 (KAI 222 A).

Angesichts der Unklarheit, « ob mit dem ' Oberen und Unteren Aram ' die Aramäer Syriens und Mesopotamiens gemeint sind oder eine Zweiteilung innerhalb Syriens beabsichtigt ist » [72], bleibt auch die Frage offen, wie weit und in welchem Sinn hier der Merismus in Frage kommt. A. Cowley ist der Meinung, dass die beiden Wörter zur Bezeichnung der Himmelsrichtungen « Norden » + « Süden » gebraucht werden [73]. In jedem Fall haben wir es mit einer meristischen Zweigliederung zu tun.

183

a. *ᶜlmt // gbr* - « Jungfrau » // « junger, freier Mann »
Zincirli: Kilamuwa 8 (KAI 24).

In diesem Vers ist absichtlich der Höhepunkt der Schilderung der Not zur Zeit der Vorgänger Kilamuwas hervorgehoben, damit um so deutlicher der Gegensatz zu den Z. 11-13 zum Ausdruck kommen kann, in denen der allgemeine Wohlstand zur Zeit des Königs Kilamuwas geschildert wird. *ᶜlmt* wird daher eher die Bedeutung « freie Jungfrau » (entsprechend dem *gbr* - « freier Mann ») als « a slave girl » [74] haben. Das meristische Wortpaar dient also zur Betonung, dass man in der Zeit der Not für gewöhnliche Dinge wie ein Schaf oder ein Gewand « das Beste » hergeben musste.

184

a. *ᶜm + khn* + « Volk, der Mann des Volkes » + « Priester »
Jes 24,2; Hos 4,9.

---

[72] Siehe KAI II: *Kommentar*, 244f.
[73] Siehe *Aramaic Papyri of the fifth Century B. C.* (Oxford 1923) 25,5ff.
[74] So T. Collins, « The Kilamuwa Inscription — a Phoenician Poem », 185.

Im Hinblick auf die unmittelbare Häufung von sechs gegensätzlichen Wortpaaren zur meristischen Schilderung des totalen Weltgerichtes ist es klar, dass « das Volk » oder besser « der Mann des Volkes » dem « Priester » gegenübergestellt ist, um « alle » in profan-sakraler Linie zu umfassen.

b. *ᶜm ᵓrṣ* // *mmlkt* - « das Volk der Stadt » // « Könige »
Jeḥaumilk 10-11 (KAI 10).

« Die Herrin von Byblos » sollte dem König Jeḥaumilk « die Gnade vor dem *Volke dieser Stadt* und die Gnade vor allen *Königen* » geben.

c. *ᶜmym* // *yšby plšt* / *ᵓlwpy ᵓdwm* // *ᵓyly mwᵓb* - « Völker » // « Bewohner Philistäas » / « Fürsten von Edom » // « die Gewaltigen », bzw. « die Häupter Moabs »
Ex 15,14-15.

Dass die vorliegende Aufzählung der von Angst ergriffenen kanaanäischen Völkerschaften eine eindeutige meristische Gliederung darstellt, wird besonders im Hinblick auf die unmittelbar folgende abstrakte Wiedergabe: « Alle Bewohner Kanaans » (V. 15c) offensichtlich. Angesichts der geographischen Lage Kanaans ergeben sich daraus die Bezeichnungen der Himmelsrichtungen in der Reichenfolge: Westen - Süden - Osten - Norden.

185

a. *ᶜsys* // *ḥlb* // *mym* - « Traubensaft » // « Milch » // « Wasser »
Joel 4,18.

186

a. *ᶜṣ* + *ᵓbn* - « Holz » + « Steine »
Ex 7,19; Dtn 28,36.64; 29,16; 2 Kön 19,18; Jes 37,19; Ez 20,32; Sach 5, 4.

b. *ᶜṣ* // *ᵓbn* - « Holz » // « Stein »
Jer 2,27; Hab 2,19.

Ausser in Ex 7,19 bezeichnet das Wortpaar als *terminus technicus* für die « Götzen » anscheinend « alle » vom Menschen gemachten Götterbilder [75]. Aus diesem stereotypen meristischen Sprachgebrauch wird verständlich, wieso in Ex 7,19 dasselbe Wortpaar in der Form *ûbāᶜēṣîm ûbāᵓᵃbānîm* zur Bezeichnung « aller » Gefässe gebraucht werden konnte [76].

---

[75] In einigen anderen Belegen wie etwa in 1 Kön 5,32; 2 Kön 22,6 und 1 Chr 22,14 bezeichnet das Paar Baumaterial, wobei es kaum zu entscheiden ist, ob es meristisch das gesamte Baumaterial meint oder sachlicherweise nur die Bedeutung der genannten zwei Arten besitzt.

[76] TO I, 378, Anm. *s* trifft also wahrscheinlich nicht den Sinn des Beleges.

c. ᶜṣ // *abn* - « Holz » // « Stein »
UT, ᶜnt III:19-20; IV:58-59 (CTA 3 III:19-20; IV:58-59); 1001 rev:13.

187

a. ᶜṣ *pry* + ᵓ*rzym* - « Fruchtbäume » + « Zedern »
Ps 148,9.

Dies ist der einzige nachweisbare Beleg, wo ᶜṣ — allerdings auf Grund der genaueren Bestimmung von *pry* — dem ᵓ*rz* gegenübergestellt ist. Dass hier eine beabsichtigte meristische Schilderung vorliegt [77], ergibt sich ausser aus dem Wortpaar selber auch aus dem Zusammenhang, der ebenfalls meristisch ist.

188

a. ᶜ*ṣr* // *šlḥ* (Pi.) - « zurückhalten » // « loslassen »
Ijob 12,15.

189

a. ᶜ*ṣr* (pt. pass.) + ᶜ*zb* (pt. pass.) - « unmündig, der schutzberechtigte Stammverwandte » + « mündig, der schutzlose Fremde »
Dtn 32,36; 1 Kön 14,10; 21,21; 2 Kön 9,8; 14,26.

Die sichere Deutung dieser Zusammenstellung, die bezeichnenderweise in Gerichtszusammenhängen erscheint, lässt sich noch immer nicht erschliessen [78]. Es dürfte jedoch für unbezweifelbar gelten, dass die beiden Wörter in einem gegenüberstellenden Verhältnis zueinander stehen. Das ergibt sich letztlich aus den Grundbedeutungen der betreffenden Wortstämme: ᶜ*ṣr* - « zurückhalten », « festhalten »; ᶜ*zb* - « loslassen », « verlassen » [79]. Die offensichtlich meristische Redewendung bringt also die Vollständigkeit, d. h. die Ausnahmslosigkeit der Vernichtung zum Vorschein [80].

---

[77] Vgl. M. Dahood, *Psalms* III, 354: « Here the phrase seems to be a merismus, including all cultivated and uncultivated trees ».

[78] Vgl. E. Kutsch, « Die Wurzel ᶜ*ṣr* im Hebränschen », VT 2 (1952) 60-65; P. P. Saydon, « Meaning of the Expression ᶜ*ṣwr w*ᶜ*zwb* », VT 2 (1952) 371-374. Auf S. 371 heisst es: « It is generally agreed that the expression ᶜ*ṣwr w*ᶜ*zwb* denotes the whole people or a whole class of the people as divided into two different and opposite categories, but there is no agreement about the particular nature of that difference and opposition ».

[79] Vgl. hierzu M. Noth, *Könige 1,* BK IX/1 (1968) 316.

[80] *La Bible de Jérusalem* übersetzt die Wendung mit « liés ou libres » und bemerkt zu 1 Kön 14,10: « Deux mots de sens imprécis, exprimant la totalité et faisant alliteration ».

190

a. *ᶜṣr šmm + dg bym* — « Vogel des Himmels » + « Fisch im Meer »
UT, 52:62-63 (CTA 23:62-63).

191

a. *ᶜqr + ᶜqrh + (wb)bhmh* - « der Unfruchtbare » + « die Unfruchtbare » + (auch nicht unter dem) « Vieh »
Dtn 7,14.

Der Merismus ist doppelt: « Nirgendwo » (weder unter den Menschen noch unter dem Vieh) sollte die Unfruchtbarkeit zustandekommen.

192

a. *ᶜrb + bqr* - « Abend » + « Morgen »
Ex 27,21.

b. *ᶜrb + bqr + ṣhrym* - « Abend » + « Morgen » + « Mittag »
Ps 55,18.

Die Dreigliederung bezeichnet ein dreimaliges tägliches Gebet (vgl. Dan 6,11): Der Beter klagt zu « jeder » Gebetszeit zu Gott.

193

a. *ᶜrwm + yḥp* - « nackt » + « barfuss »
Jes 20,2.3.4.

194

a. *ᶜrpt // ṭl* - « Wolken » // « Tau »
UT, 1 Aqht: 40-41 (CTA 19 I:40-41).

Danel greift eine meristische Redewendung auf, wenn er um « irgendwelchen » Regen bittet:

yr ᶜrpt tmṭr
bqẓ ṭl yṭll lǵnbm

Die *Wolken* mögen den ersten Regen (im Herbst)[81] *fallen lassen,*
im Sommer möge der *Tau* auf die Trauben *niederfallen.*

Entsprechend den Verbalformen *mṭr // ṭll* sind auch die Substantive *ᶜrpt // ṭl* meristisch gegenübergestellt.

---

[81] TO I, 444, übersetzt das Kolon auf diese Weise anscheinend auf Grund des hebr. *yôreh* — « pluie d'automne » (vgl. Anm. g).

195

a. *ᶜšyr* + *ʾbywn* - « reich, der Reiche » + « arm, der Arme »
Ps 49,3.

b. *ᶜšyr* + *rš* - « der Reiche » + « der Arme »
Spr 22,2.

196

a. *ᶜth* + *ᶜwlm* - « nun, jetzt » + « Ewigkeit »
Mich 4,7; Ps 113,2; 115,18; 121,8; 125,2; 131,3.

197

a. *psḥ* // *ʾlm* - « lahm » // « stumm »
Jes 35,6.

b. *psḥ* + *ᶜwr* - « lahm » + « blind »
Dtn 15,21; 2 Sam 5,8.

198

a. *pnym* + *ʾḥwr* - « Vorderseite, vorn » + « Hinterseite, hinten »
2 Sam 10,9; Ez 2,10; 1 Chr 19,10; 2 Chr 13,14.

b. *pnym* in der Form *lpnyw* // *ʾḥryw* - « vor ihm » // « hinter ihm »
Joel 2,3.3.

c. *pnym* in der Form *pnyw* // *ᶜly-ksl* - « sein Gesicht » // « an seinen Lenden »
Ijob 15,27.
Hier ist der Merismus im Sinne einer prallen Fettleibigkeit zu verstehen.

d. (*hlk*) *lpny* // *ʾsp* - « ziehen vor » // « schliessen den Zug »
Jes 52,12b; 58,8b.

e. *pnym* in der Form *lpnym* // *sbybyw* - « vor ihm » // « rings um ihn »
Ps 50,3.

f. *pnym* in der Form *lpnym* // *sbyb ṣryw* [82] - « vor ihm » // « um seinen Rücken »
Ps 97,3.
Dasselbe Motiv verbindet semantisch die Belege unter b), d), e). Es kommt wahrscheinlich daher, dass auch in Ps 50,3 die meristische Bedeutung « überall » (lodert das Feuer ...) vorhanden ist.

g. *pnm* // *ksl* - « Angesicht » // « Rücken » in der Form *lpnk* // *bᶜd kslk* - « vor deinem Angesicht » // « hinter deinem Rücken »
UT, 127:48-50 (CTA 16 VI:48-50) [83].

---

[82] Wenn man mit M. Dahood, *Psalmus* II, 361, *sbyb ṣryw* als *sābîb ṣûrāyw* versteht, gewinnt man die auf Grund Joel 2,3 geforderte meristische Gegenüberstellung.

[83] Vgl. RSP I, 2. Kap., Nr. 462: « The prepositional phrases *lpnk*, 'before your face',

199

a. *pqḥ* + *ᶜwr* - « sehend » + « blind »
Ex 4,11.

200

a. *pry mmᶜl* + *šrš mtḥt* - « Frucht von oben » + « Wurzel von unten »
Am 2,9.

201

a. *prᶜ* // *ᶜm* - « Führer » // « jemand von dem Volke »
Ri 5,2.

Die Vv. 2 und 9 sind sich sehr ähnlich. Die meristische Gegenüberstellung ist schon in sich selber sichtbar, wird aber erhärtet im Hinblick auf den noch klareren meristischen V. 10, der eine logische Fortsetzung des V. 9 darstellt. Bei all diesen Belegen handelt es sich um den Anruf zum Jubel der gesamten Bevölkerung. Im Gegensatz zu den meisten anderen Übersetzungen — vor allem angesichts des V. 2 — sind alle diese Wendungen in der NEB sehr geglückt übertragen. Die Bedeutung « Führer » als Gegensatz zu *ᶜm* — « (gewöhnliches) Volk » ist gesichert [84], so dass die Deutung « d. frei hängende, ungeflochtene Haupthaar » bei KBL, 780, nicht in Frage kommen kann.

202

a. *ptḥ* (Pi.) // *ʾsr* - « öffnen, lösen » // « binden, anspannen »
Ijob 12,18:
môsēr (MT mûsar) mᵉlākîm pittēaḥ
wayyeʾsōr ʾēzôr bᵉmotnêhem
Den Königen *löst* er die Fessel
und *bindet* den Gürtel um ihre Hüften.

Wie schon das fragliche gegensätzliche Wortpaar nahelegt, liegt hier eine Umschreibung vor, wie Gottes Macht unwiderstehlich über das Schicksal der Könige sich erweist. Das kontrastierende Motiv « Freilassung » — « Gefangennahme » soll veranschaulichen, wie sie in jeder Hinsicht in der Verfügung Gottes stehen. Die meristische Sentenz entspricht also grundsätzlich den übrigen meristischen Schilderungen in der Ijob-Rede 12,2 - 13,2 (vgl. noch die Vv. 7.8.15.16. 22.23), wo die unerforschliche Durchführung der Weisheit und der Stärke Gottes zur Sprache kommt. Nachdem also die grundlegende

---

and *bᶜd kslk,* 'behind your back', form a merismus, a twofold expression meaning 'on all sides' ».

[84] Siehe GB 660 unter *prᶜ* II; vgl. UT, *Glossary,* Nr. 2113.

Bedeutung der figurativen Redewendung gesichert ist, verlieren die zahlreichen seltsamen Spekulationen über diesen Vers — sei es über den Vers als ganzen oder über seine Elemente — ihren Grund [85]. Neuerdings lässt sich A.C.M. Blommerde durch die Mehrdeutigkeit von *beth* im Hebräischen verführen. Indem er dem « *b* in *b^e^motnêhem* the meaning ' from ' » zuschreibt, gelangt er zum unbegründeten synonymen Verständnis der beiden Kola [86].

203

a. *ṣ(ʾ)nh* + *ʾlp* - « Kleinvieh » + « Rinder »
Ps 8,8.

b. *ṣʾ(w)n* // *ʾlp* (MT *ʾlwp*) - « Kleinvieh » // « Rinder »
Ps 144,13-14.

c. *ṣʾn* + *bqr* - « Kleinvieh » + « Rinder »
Gen 12,16; 13,5; 20,14; 21,27; 24,35; 26,14; 33,13; 34,28; 45,10; 46,32; 47,1; 50,8; Ex 10,9.24; 12,32.38; 20,24; Num 11,22; Dtn 16,2; 1 Sam 14,32; 15,9.14.21; 27,9; 30,20; 2 Sam 12,2.4; 1 Kön 1,9; 8,5; 2 Kön 5,26; Jer 3,24; 5,17; 31,12; Hos 5,6; 2 Chr 18,2; 32,29.

d. *ṣʾn* // *bqr* - « Kleinvieh » // « Rinder »
Jes 65,10; Hab 3,17.

204

a. *ṣd* // *ymyn* - « die linke Seite » // « die rechte Seite »
Ps 91,7.

Im Hinblick auf die unmittelbar vorangehende meristische Schilderung mit temporalem Aspekt empfiehlt sich in diesem Vers sehr stark die meristische Deutung, die auch aus der Redewendung selber zu erschliessen ist: Der Beter braucht sich « niemals » (Vv. 5-6) vor irgendwelchen Übeln zu fürchten; auch wenn Tausende an « beiden » Seiten, bzw. « rings um ihn » fallen [87].

205

a. *ṣdyq* + *ršᶜ* - « der Gerechte » + « der Frevler »
Gen 18,25.25; Ez 21,8.9; Ps 11,5; Koh 3,17; 9.2.

b. *ṣdyq* // *ršᶜ* - « der Gerechte » // « der Frevler »
Koh 7,15:

---

85 Vgl. etwa F. Horst, *Hiob 1,* 193f.

86 Siehe *Northwest Semitic Grammar and Job,* 63.

87 Vgl. hierzu E. Z. Melamed, « Break-up of Stereotype Phrases as an Artistic Device in Biblical Poetry », Scripta Hierosolymitana 8 (1961) 146.

ʾet-hakkōl rāʾîtî bîmê heblî
yēš ṣaddîq ʾōbēd bᵉṣidqô
wᵉyēš rāšāᶜ maʾᵃrîk bᵉrāᶜātô

Beides (alles) habe ich gesehen in meinen nichtigen Tagen:
Da geht ein *Gerechter* zugrunde trotz (wegen?) seiner Gerechtigkeit,
da lebt ein *Frevler* lange trotz (wegen?) seiner Bosheit.

Die antithetische Sentenz kann an sich natürlich nicht meristisch verstanden werden. « Gerechter » und « Frevler » sind nicht auf eine gemeinsame Ebene gestellt — wie etwa in Belegen unter a.) durch synonyme Verba —, sondern sind im Gegenteil durch die antithetischen Verba *ʾbd // ʾrk* in zwei gesonderte Blöcke geteilt. Berücksichtigt man indes die grundlegende Ideenperspektive des Predigers, so ergibt sich eine meristische Schilderung, die gerade durch diese antithetische Sentenz an Gewicht gewinnt; der Zusammenhang ist grundsätzlich von der Erkenntnis der allgemeinen Nichtigkeit (*hbl*) bestimmt. In der kreuzweisen Kontrastierung « Gerechter » - « Frevler » kommt daher, wie üblich bei Prediger, das grundsätzlich gleiche Schicksal aller Menschen zur Sprache.

206

a. *ṣwlh* + *mᶜyn* - « Meeresgrund » + « Quellen »
Sfîre I A 11-12 (KAI 222 A).

Die meristische Gegenüberstellung ist vor allem im Zusammenhang mit anderen entsprechenden Wortpaaren gesichert: Die Vereinbarungen des Bargaʾja mit Matiᶜ ʾel werden bestimmt vor den « Göttern der *Wüste* (Himmels?) und des *Fruchtlandes* (Erde?) — *ʾlhy rḥbh wʾdm/h* ... vor dem *Himme/l* und der *Erde* — *šmy/n wʾrq* — und vor dem *Meeres/grund* und den *Quellen* — *ṣw/lh wmᶜynn* — und vor dem *Tag* und der *Nacht* — *ywm wlylh* » (Z. 10-12). Merkwürdigerweise dient das Wort *mᶜyn* auch in Ps 74,15 zur meristischen Aussage, allerdings in einem anderen Sinn: Gott hat *aufgetan* Quellen und Bäche (*mᶜyn wnḥl*) und *ausgetrocknet* mächtige Ströme. Im nächsten Vers findet sich auch das Wortpaar *ywm* + *lylh.*

207

a. *ṣwr // gbᶜh* - « Berg » // « Hügel »
Num 23,9:

Siehe, vom Gipfel der *Berge* sehe ich es,
von den *Hügeln* erschaue ich es.

Wie aus dem Zusammenhang hervorgeht, will Bileam sagen, dass er von « überall » her die einzigartige Stellung des Volkes Israel unter den Völkern sieht.

b. *ǵr* // *gbᶜ* - « Berg » // « Hügel »
UT, 49 II: 16 (CTA 6 II: 16); 51 V: 77-78. 93-94. 100-101 (CTA 4 V: 77-78. 93-94. 100-101); 67 VI: 26-27 (CTA 5 VI: 26-27) [88].

Es ist auffallend, dass in allen diesen Belegen nur zwei verschiedene meristische Aussagen vorhanden sind. In 49 II: 16-17 + 67 VI: 26-27 handelt es sich um dieselbe vorgeprägte Wendung mit Bezug auf zwei verschiedene Gottheiten:

wtṣd [89] kl ǵr lkbd arṣ
kl gbᶜ lkbd šdm

Und sie durchstöberte alle *Berge* bis ins Innere der Erde,
alle *Hügel* bis in das Innere der Felder.

Während nach 67 VI: 26-27 die Göttin ᶜAnat « überall » auf der Suche nach dem niedergesunkenen Baᶜal erscheint, gibt Mot in 49 II: 15-19 die Erklärung, warum er Baᶜal aufgefressen hat: Er konnte nämlich « nirgends » « irgendwelche » andere Lebewesen finden.

Die übrigen drei Belege aus dem Text 51 bringen in jeweils dergleichen Formel die Zusicherung an Baᶜal, in Berggebieten genug kostbares Material für den Bau seines Palastes finden zu können:

tblk ǵrm mid ksp
gbᶜm mḥmd ḫ̮rṣ

Die *Berge* werden dir viel *Silber* bringen,
die *Hügel* begehrenswertes *Gold*.

208

a. *ṣnyp wṣyṣ* // *śmlt ᶜwr* - « Kopfbund und Golddiadem » // « Leinwand »
Sir 40,4.

209

a. *ṣpwn* + *ym* - « Norden » + « Süden: das südliche Meer (Nil?) »
Jes 49,12; Ps 107,3.

b. *ṣpwn* + *ymyn* - « Norden » + « Süden »
Ps 89,13.

c. (*ᵓrṣ*) *ṣpwn* // *yrkty-ᵓrṣ* - « das nördliche Land » // « die Enden der Erde »
Jer 6,22; 31,8; 50,41.

Wenn auch das Thema des Heimwegs aus dem Exil in 31,8 die Deutung « Süden » für *yrkty-ᵓrṣ* nahelegt, so spricht die Zusammenstellung *yrkty-ṣpwn* — « der äusserste Norden » in Jes 14,13; Ez 38,

---

[88] Vgl. RSP I, 2. Kap., Nr. 449. Der da aufgeführte Beleg von ᶜnt III: 27-28 (CTA 3 III: 27-28) ist wahrscheinlich nicht meristisch. Anscheinend beziehen sich die beiden Termini auf den Berg *ṣpn,* wo Baᶜal seinen prächtigen Palast bauen will.

[89] In Text 49 II: 15 steht die 1. Person *waṣd,* sonst ist alles dasselbe.

6.15; 39,2; Ps 48,3 eher für die Synonymie der beiden Wortkombinationen, so dass wir hier auf Vermutungen angewiesen sind.

d. *ṣp(w)n* + *ngb* - « Norden » + « Süden »
Gen 28,14; 1 Chr 9,24.

e. *ṣp(w)n* + *ngb* + *qdm* + *ym* - « Norden » + « Süden » + « Osten » + « Westen »
Gen 13,14.

f. *ṣpwn* + *tymn* - « Nordwind » + « Südwind »
Hld 4,16:
Mache dich auf, *Nordwind,* komm, *Südwind!*
Durchwehe meinen Garten, dass seine Wohlgerüche strömen.

Aus dem dichterischen Gehalt der Garten-Perikope 4,12 - 5,1 mit dem exotischen Klang der Wörter geht hervor, dass dem fraglichen Wortpaar hier eine besonders emphatische Absicht zukommt [90]. Es bietet sich die Vermutung an, dass nicht nur « irgendwelcher » von beiden, bzw. « beide » Winde, sondern sogar « irgendwelcher der möglichen » Winde gemeint ist. Jedoch wird eine solche « pathetische » Deutung zu sehr gepresst, wenn wir nicht einmal feststellen können, ob alle Winde, die für Palästina charakteristisch sind [91], in der biblischen Tradition für eine solche Schilderung in Frage kommen konnten.

g. *ṣpwn* // *tymn* - « Norden » // « Süden »
Jes 43,6.

210

a. *ṣpwr šmym* + *dgy hym* - « Vögel des Himmels » + « Fische des Meeres »
Ps 8,9.

b. *ṣpwr* + *ḥyt hśdh* - « Vögel » + « Getier des Feldes »
Ez 39,17.

211

a. *ṣrr* (ptc.) // *škn* / *yd'* (ptc. Pu.) // *r'h* (ptc.) *bḥwṣ* - « Feind » // « Anwohner, Nachbar » / « Vertrauter » // « der auf der Strasse Sehende ».
Ps 31,12 (vgl. Ps 89,42):
Vor allen meinen *Feinden* bin ich zum Spott geworden
und meinen *Nachbarn* zum Hohn;

---

[90] G. Gerleman, *Ruth. Das Hohelied,* BK 18 (1965) 161, begnügt sich mit dieser allgemeinen Bemerkung: « Dass der Nord- und der Südwind speziell genannt werden, ist literarische Artistik (vgl. Jes 43,6) und hat keine sachliche Bedeutung ».

[91] Zur Frage hinsichtlich der Winde in Palästina vgl. besonders F. M. Abel, *Géographie de la Palestine* I, 117-120.

ein Schrecken meinen *Vertrauten,*
die mich auf der *Strasse sehen,* fliehen vor mir.

Das doppelte meristische Paar erlaubt zuerst, die chiastische stichometrische Gliederung vorzunehmen: A (Feind), B (Nachbar) — B' (Vertrauter), A' (ein Unbekannter auf der Strasse). Der Merismus ist also doppelt: Einerseits werden die Feinde (die Nicht-Israeliten?) und die Anwohner, andererseits die Vertrauten (Bekannten) und Unbekannten kontrastiert. Der Psalmist ist also « absolut allen » Leuten zum Spott geworden.

212

a. *qdm* + *ʾḥwr* - « Osten » + « Westen »
Jes 9,11.
In der Gerichtsrede wird ausgesagt, dass Jahwe die Feinde Israels hochkommen lassen wird: « Aram von Osten (*mqdm*) und die Philister von Westen (*mʾḥwr*) ». Es kann nicht bezweifelt werden, dass diese zweifache Gegenüberstellung einem zweifachen Totalitätsausdruck dient: Jahwe wird « alle » Feinde Israels « von überall » hochkommen lassen.

b. *qdm* // *ʾḥwr* / *śmʾwl* // *ymyn* - « vorne-Osten » // « hinten-Westen » / « links-Norden » // « rechts-Süden »
Ijob 23,8-9 [92].

c. *qdm* + *ym* - « Osten » + « Westen »
UT, 51 VII:34 (CTA 4 VII:34).

d. *qdm* // *plštym* - « Osten » // « Philister - Westen »
Jes 2,6b:
kî māl^{eʾ}û miqqedem
w^{eʿ}ōn^{e}nîm kapp^{e}lištîm
Denn sie sind voll von ' Wahrsagern ' aus dem *Osten*
und sie treiben Zauberei wie *Philister.*
Das Thema « Wahrsagerei » bezieht sich anscheinend mit Absicht auf die beiden gegensätzlichen Richtungen « Osten » - « Westen », um die Teilnahme Israels an ausländischen Kultsitten aus « allen » Richtungen hervorzuheben. Im ersten Kolon stimmt allerdings etwas nicht. Das Bemühen um eine befriedigende Erklärung der vorliegenden Wendung bleibt ohne Aussichten, wenn auch etwa die Ergänzung durch *qos^{e}mîm* — « Wahrsager » vor *mqdm* zumindest naheliegt [93].

e. (*hym h*) *qdmwny* // *hym hʾḥrwn* - « das östliche Meer » // « das westliche Meer »

---

[92] Vgl. hierzu M. H. Pope, *Job,* 172.
[93] Vgl. H. Wildberger, *Jesaja 1-12,* BK X/1 (1972) 93.

Joel 2,20; Sach 14,8.

Man kann feststellen, dass beiden Belegen die Tendenz zur Totalitätsschilderung zugrundeliegt. In Sach 14,8 will der Verfasser wahrscheinlich betonen, dass sich das lebendige Wasser von Jerusalem nach « allen » Seiten hin ausbreiten wird. Dementsprechend könnte auch in Joel 2,20 gemeint sein, dass der Feind aus dem Norden in « alle » Richtungen von Israel getrieben wird. Die Wendung ist wert, dass man auf sie eingeht:

Und den (Feind) aus dem *Norden* (*ʾet-haṣṣᵉpônî*) treibe ich weit von euch weg und stosse ihn in ein *dürres und wüstes Land* (*ʾel-ʾereṣ ṣiyyāh ûšᵉmāmāh*), seinen Vortrab ins *östliche Meer* und seine Nachhut ins *westliche Meer,* dass sein Modergeruch aufsteigt.

Angesichts der geographischen Lage Israels, vor allem Jerusalems, kann man schliessen, dass das « östliche Meer » und das « westliche Meer » jeweils das Tote und das Mittelmeer und daher « Osten » + « Westen » bezeichnen. M. Dahood hat bereits darauf aufmerksam gemacht, dass in Joel 2,20 alle vier Himmelsrichtungen erscheinen, da « das dürre und wüste Land » « Süden » bedeutet [94]. Der Gegenüberstellung « Norden (den Feind von Norden) » und « Süden » kann man natürlich keine meristische Bedeutung zuschreiben.

213

a. *qwm* [95] + *yšb* + *yṣʾ* + *bwʾ* (alles in Inf.) - « aufstehen » + « sitzen » + « fortgehen » + « kommen »
2 Kön 19,27 = Jes 37,28.

214

a. *qṭl* (pt. Qal) // *ḥyh* (pt. Af.) // *rwm* (pt. Af.) // *špl* (pt. Af) - « töten » // « am Leben lassen » // « erhöhen » // « erniedrigen »
Dan 5,19.

215

a. *qṭwn* + *gd(w)l* - « klein, der Kleine » + « gross, der Grosse »
Gen 19,11; Num 22,18; 1 Sam 5,9; 22,15; 25,36; 30,2.19; 2 Kön 23,2; 25,26; Jer 6,13; 8,10; 31,34; 42,1.8; 44,12; Ps 104,25; 115,13; Ijob 3,19; 1 Chr 26,13; 2 Chr 15,13; 18,30.

b. *qṭn wmʿt* // *nplʾ wḥzq* - « Kleines und Weniges » // « Wunderbares und Gewaltiges »
Sir 39,20.

---

94 Siehe « The Four Cardinal Points in Psalm 75,7 and Joel 2,20 », Bib 52 (1971) 397.
95 Im hebr. Text fehlt das vorauszusetzende Wort *qûmᵉkā;* jedoch findet es sich in Qª.

216

a. *qyṣ* + *ḥrp* - « Sommer » + « Winter »
Gen 8,22; Sach 4,8; Ps 74,17.
b. *qyṣ* // *ḥrp* - « den Sommer zubringen » // « überwintern »
Jes 18,6b

217

a. *qnh* (pt.) + *mkr* (pt.) - « Käufer » + « Verkäufer »
Jes 24,2.
b. *qnh* (pt.) // *mkr* (pt.) - « Käufer » // « Verkäufer »
Ez 7,12b:
haqqôneh ᵓal-yiśmāḥ
wᵉhammôkēr ᵓal-yitᵓabbāl
Der *Käufer* freue sich nicht,
und der *Verkäufer* sei nicht traurig.

Die knappe Redewendung steht im Zusammenhang mit dem « Kommen des Tages Jahwes » und dem Eintreffen der Zeit. Der Topos « Käufer » - « Verkäufer » stimmt daher mit dem Beleg von Jes 24,2 überein, wo in einer Reihe ähnlicher Gegensatzpaare die allgemeine Schilderung des Gerichtes erfolgt. Die Antithetik « freuen » - « trauern » stört den Merismus nicht, weil auch sie zur Nivellierung aller Unterschiede dient, indem sie « die beiden Pole menschlicher Gemütsregung » bezeichnet [96].

218

a. *qṣwy-ᵓrṣ* // *ym rḥwq* - « die Enden der Erde » // « das ferne Meer »
Ps 65,6.

219

a. *qṣyr* + *lḥm* // *bn* + *bt* / *ṣᵓn* + *bqr* // *gpn* + *tᵓnh* - « Weinernte » + « Korn » // « Sohn » + « Tochter » / « Schafe » + « Rinder » // « Weinstock » // « Feigenbaum »
Jer 5,17:
Es frisst deine *Weinernte* und dein *Korn,*
frisst deine *Söhne* und deine *Töchter;*
es frisst deine *Schafe* und deine *Rinder,*
frisst deinen *Weinstock* und deinen *Feigenbaum.*

---

[96] Vgl. W. Zimmerli, *Ezechiel,* BK XIII/1 (1969) 176, wo er die figurative Bedeutung gegen zahlreiche « reale » Deutungen vertritt.

Die Unersättlichkeit des angekündigten Volkes von Feinden Israels wird durch das viermalige *ʾkl* und mehr noch durch die chiastisch gestellten vier meristischen Wortpaare unterstrichen: « Alles », die gesammte Ernte, alle Lebewesen von den Menschen bis zu den Tieren und alle Fruchtbäume werden verschlungen. Die Paare stehen zweifellos jeweils stellvertretend für das *Ganze* ihrer Ebene. Auf Grund der Häufung der meristischen Paare darf man vor allem annehmen, dass das erste Paar nicht synonym das Getreidegebiet, sondern gegenüberstellend die gesamte Ernte jeder Art bezeichnet, indem *qṣyr* entsprechend *gpn* vom vierten Paar die Weinernte meint.

220

a. *qr* + *ḥm* - « Frost » + « Hitze »
Gen 8,22.

221

a. *qrwb* + *rḥwq* - « nahe » + « ferne »
Jer 25,26; Ez 22,5; Est 9,20; Dau 9,7.

222

a. *rʾh* + *šmʿ* - « sehen » + « hören »
Dtn 29,3; Ez 44,5.
b. *rʾh* // *šmʿ* - « sehen » // « hören »
Jes 11,3; 32,3; Jer 5,21; Ez 12,2; Ijob 13,1; Koh 1,8; Sir 16,5.

223

a. *rʾš* + *znb* / *kph* + *ʾgmwn* - « Kopf » + « Schwanz » / « Palmzweig » + « Schilfrohr »
Jes 9,13; 19,15.

Das zweifache Bild aus zwei verschiedenen Bereichen (Lebewesen - Baumwelt) gewinnt besonders bei dem zweiten polaren Wortpaar an Schärfe [97]. Aus dem jeweils verschiedenen Zusammenhang und der verschiedenen Absicht der beiden Belege geht hervor, dass die Metapher, namentlich das erste Wortpaar, nicht unbedingt im Sinne von « hoch und niedrig » zu verstehen ist, wie es einige Interpreten auf Grund von Dtn 28, 13.44 vorschlagen [98]. Gibt 9,13 den Anlass für

[97] Der Merismus erschliesst sich auch aus der Übersetzung in der LXX, obwohl sie im einzelnen von dem hebr. Text abweicht: *kefalē* + *aurà* / *méga* + *mikrós* in 9,13; *kefalē* + *aurà* / *archē* + *télos* in 19,15. Die Vulgata: « caput » + « cauda » / « incurvans » + « refrenans ».

[98] Vgl. G. B. Gray, *The Book of Isaiah,* ICC (1912) 186, zu 9,13: « The high and the

eine solche Interpretation, so kommt sie in 19,15 wohl nicht in Frage; in 9,13 handelt es sich nämlich um die Totalität des Gerichtes über das Volk Israel:

Und Jahwe hieb von Israel ab *Kopf* und *Schwanz*,
Palmzweig und *Schilfrohr* an einem Tag.

In 19,15 dient indessen die Metapher der Ansage, dass Ägypten « gar nichts » vollbringen wird:

Und so wird Ägypten kein Werk (*mᶜśh*) aufweisen,
welches *Haupt* und *Schwanz, Palmzweig* und *Schilfrohr* hervorbringen könnte.

Wie bereits die LXX und Vulgata zeigen, steht die fragliche Viergliederung hier im Akkusativ-Objekt und nicht im Subjekt, wobei der persönliche Aspekt nicht zum Vorschein kommen kann [99].

224

a. *rʾš* + *swp* - « Anfang » + « Ende »
Koh 3,11.

225

a. *rʾšwn* + *ʾḥrwn* - « das Frühere, der Erste » + « das Spätere, der Letzte »
Jes 44,6; Dan 11,29 (?); Neh 8,18; 2 Chr 9,29; 12,15; 16,11; 20,34; 25,26; 26,22; 28,26; 35,27; Sir 41,3.

b. *rʾšwn* // *ʾḥrwn* - « der Erste, das Frühere » // « der Letzte, das Spätere »
Jes 48,12; Koh 1,11.

226

a. *rb* + *mᶜṭ* - « viel » + « wenig »
1 Sam 14,6; Sir 42,4.

227

a. *rwḥ* + *qdym* / *ʾšwr* // *mṣrym* - « Westwind » + « Ostwind » / « Assur - Norden » // « Ägypten - Süden »

---

low, or the leaders and the rank-and-file »; auf Seite 330 zu 19,15: « Neither high nor low will achieve anything ». Siehe auch H. Wildberger, *Jesaja. Kapitel 1-12*, BK X/1 (1972) 219.

[99] Die Interpretation von O. Kaiser, *Der Prophet Jesaja. Kapitel 13-39*, 85, zu 19,15 kann daher nicht richtig sein, wenn er meint, « dass die Ägypter auf diese Weise künftig zu keinem gemeinsamen, das ganze Volk umfassenden Tun in der Lage sein werden, und greift bei seinem Vergleich von Hoch und Niedrig mit Haupt und Schwanz, Palmzweig und Binse auf 9,13 zurück ». Zu dieser Deutung kommt er auf Grund der Annahme, dass die meristische Metapher Subjekt sein solle. So auch G. B. Gray, *The Book of Isaiah, ICC* (1912) 320. 330. Nach B. Duhm, *Das Buch Jesaia* (Göttingen 1914) 119, sei « der einfache Gedanke: weder hoch noch niedrig leistet etwas, äusserst ungeschickt ausgedrückt ».

Hos 12,2:

Ephraim befreundet sich mit dem *Westwind* und rennt dem *Ost-*
allezeit mehren sie Lüge und Trug. [*wind* nach;
Mit *Assur* schliessen sie ein Bündnis,
nach *Ägypten* führen sie Öl.

Abgesehen davon, dass besonders im Kolon 2b möglicherweise auf ein konkretes Bündnis Bezug genommen wird, dient die vermutlich absichtliche vierfache Gegensatzzusammenstellung der allgemeinen Aussage, dass Ephraim « überall » ausser bei Jahwe Freundschaft und Zuflucht sucht. Die hier vorgeschlagene Bedeutung « Westwind » für *rwḥ* lässt sich also nur auf Grund der Gegenüberstellung vermuten.

228

a. *rwm* (Hi.) + *špl* (Hi.) - « erhöhen » + « erniedrigen »
Dan 5,19; Sir 7,11.

229

a. *rḥbh* + *ʾdm/h* - « Wüste (Himmel?) » + « Fruchtland (Erde ?) »
Sfîre I A 10 (KAI 222 A).

Die Wendung *ʾlhy rḥbh wʾdm/h* ist ohne Zweifel meristisch, zumal anschliessend noch drei weitere meristische Wortpaare folgen. Angesichts der neutralen Grundbedeutung des Wortes *rḥbh* - « Weite » entzieht sich jedoch die genauere Bedeutungsbestimmung der Aussage. Im Hinblick auf Ps 118,5 - « Aus der Bedrängnis rief ich Yah, Yah antwortete mir aus der Himmelsweite (*bmrḥb*) » - empfiehlt sich die Bedeutung « die Götter des Himmels und der Erde ». Da aber schon in der nächsten Zeile das Paar *šmyn* - *ʾrq* erscheint, liegt die Deutung « die Götter der Wüste und des Fruchtlandes » viel näher [100].

230

a. *rḥwb* // *ḥwṣ* - « Platz » // « Strasse »
Am 5,16.

231

a. *rḥwq* + *qrwb* - « der Ferne » + « der Nahe »
1 Kön 8,46; Jes 57,19; Jer 48,24; 2 Chr 6,36.

b. *rḥwq* // *qrwb* - « der Ferne » // « der Nahe »
Jes 33,13.

---

[100] So KAI II: *Kommentar*, 239; J. A. Fitzmyer, *The Aramaic Inscriptions of Sefîre*, 36, entscheidet sich hingegen mit Dupont-Sommer für die Deutung im Sinne von « place-name ».

232

a. *rḥmym* + *ʾp* - « Erbarmen » + « Zorn »
Sir 5,6; 16,11.

233

a. *ryš* + *ʿwšr* - « Armut » + « Reichtum »
Sir 11,14.

234

a. *rkb* // *yšb* // *hlk* - « reiten » // « sitzen » // « gehen, wandern »
Ri 5,10:

Die ihr auf weissen Eselinnen *reitet,*
die ihr auf Teppichen (?) *sitzt,*
und die ihr des Weges *wandert,* singt!

Die meristische Kontrastierung zwischen den Vornehmen (Kola 1 und 2) und den gewöhnlichen « Fussgängern » (Kolon 3) ist eindeutig. Diesen Merismus hat bereits Th. H. Gaster anerkannt [101]. Es ist aber möglich, dass schon allein die verbale Dreigliederung den Merismus hinsichtlich der jeweiligen Aktivitätslage der Menschen darstellt.

235

a. *rkb* + *sws* - « Wagen » + « Pferd »
2 Kön 7,6; 10,2; Jes 43,17; Jer 17,25; Ps 76,7.

b. *rkb* + *prš* - « Wagen » + « Reiter »
Gen 50,9; Ex 14,9.17.18.23.26.28; 15,19; Jos 24,6; 1 Sam 1,6; 1 Kön 1,5; 9,19.22; 10,26; 2 Kön 2,12; 13,14; 18,24; Jes 36,9; Ez 26,7; Dan 11,40; 1 Chr 18,6; 2 Chr 1,14; 8,6.9; 16,8.

c. *rkb* + *rkb* - « Wagen » + « Reiter »
Jer 51,21.

236

a. *rmš* + *dg* - « Kriechtiere » + « Fische »
1 Kön 5,13.

b. *rmš* // *dgh* - « Kriechtiere » // « Fische »
Dtn 4,18.

c. *rmš* + *ʿwp hšmym* - « Kriechtiere » + « Vögel des Himmels »
Gen 6,7; 7,23.

---

[101] Siehe *Myth, Legend and Custom in the Old Testament* (New York 1969) 418-419. 429-420. Vgl. auch R. G. Boling, *Judges,* AB 6A (1975) 110.

c. *rmš* + *ṣpwr knp* - « Kriechtiere » + « gefiederte Vögel »
Ps 148,10.

237

a. *r*ᶜ + *ṭwb* - « böse, bosartig » + « gut »
Gen 24,50; 2 Sam 13,22.
b. *r*ᶜ + *ṭwb* - « der Böse » + « der Gute »
Spr 15,3.
c. *r*ᶜ*h* + *ṭwb* - « Unglück » + « Glück »
Klgl 3,38.
d. *r*ᶜᶜ (Hi.) + *yṭb* (Hi.) - « Böses tun » + « Gutes tun »
Lev 5,4.
e. *r*ᶜᶜ (Hi.) // *yṭb* (Hi.) - « Böses tun » // « Gutes tun »
Jer 10,5.

238

a. *r*ᶜ*b* + *ḥrb* - « Hunger » + « Schwert »
Jes 51,19; Jer 14,16.
b. *r*ᶜ*b* + *ṣmʾ* - « Hunger » + « Durst »
Dtn 28,48; 2 Chr 32,11.
c. *r*ᶜ*b* // *ṣmʾ* - « Hunger » // « Durst »
Jes 5,13; Am 8,11; Neh 9,15.
d. *r*ᶜ*b* + *ṣmʾ* - « hungrig, hungern » + « durstig, dürsten »
2 Sam 17,29; Jes 49,10; Ps 107,5.
e. *r*ᶜ*b* // *ṣmʾ* - « hungrig, hungern » // « durstig, dürsten »
Jes 29,8; 32,6; 65,13; Ijob 5,5; Spr 25,21.

239

a. *rpim* // *ilnym* / *ilm* // *mtm* - « Totengeister » // « Gottheiten » / « Götter » // « die Verstorbenen »
UT, 62:44-48 (CTA 6 VI:44-48):
špš rpim tḥtk
špš tḥtk ilnym
ᶜdk ilm
hn mtm ᶜdk [102]
Špš, die *Totengeister* sind dir untertan,
Špš, die *Gottheiten* sind dir untertan.
Bis zu dir kommen die *Götter,*
die *Verstorbenen* kommen bis zu dir.

---

[102] Wegen der Mehrdeutigkeit des Wortes ᶜ*d* kann die Übersetzung nur versuchsweise geschehen. Vgl. OT I, 271, Anm. *j*.

Die betreffenden Begriffe bilden eine chiastisch gestellte Struktur: A (*rpim*) - B (*ilnym*) - B' (*ilm*) - A' (*mtm*). Wie es auch in Jes 26,14; Ps 88,11; Spr 2,18 der Fall ist, stehen *rpim* - *mtm* in einem synonymen Verhältnis zueinander, was daher auch die Zusammenstellung *ilnym* - *ilm* nahelegt [103]. Es kann nicht bezweifelt werden, dass diese durch den Chiasmus gewonnenen Zusammenstellungen dem Totalitätsausdruck gegenübergestellt sind. In dieser Hinsicht kommt die Wendung sehr nahe der Inschrift des Tabnit von Sidon, Z. 8 (KAI 13) und der ʾEšmunᶜazar-Inschrift, Z. 8 (KAI 14). Im ersten Beleg dient das Wortpaar *ḥym* // *rpʾm* - « die Lebenden » // « die Totengeister » der meristischen Schilderung, während im zweiten Beleg das Paar *rpʾm* // *bn wzrᶜ* - « die Totengeister » // « Sohn und Nachkommen » zu demselben Zweck verwendet wird.

Angesichts dieser Belege ist wahrscheinlich die Annahme nicht allzu kühn, das synonym verstandene Wortpaar *rpum* // *ilnym* in den problematischen « Rephaim »-Texten: UT, 121 I: 1-2 (CTA 20 A: 1-2); 122: 3-4. 11-12 (CTA 21 A: 3-4. 11-12); 123 vermutlich in Z. 5-6. 10-11. 19-20 (CTA 22 A: 5-6. 10-11. 19-20) eher gegenüberstellend-meristisch zu verstehen.

b. *rpʾm* // *bn wzrᶜ* - « die Totengeister » // « Sohn und Nachkommen »
ʾEšmunᶜazar 8 (KAI 14).

240

a. *ršᶜ* // *ṣdq* - « schuldig sein » // « schuldlos sein »
Ijob 10,15.

241

a. *ś* // *ʾlp* (*bqr*) - « Schaf » // « Rind »
Kilamuwa 11 (KAI 24).

b. *śh* + *šwr* + *ḥmwr* - « Schaf » + « Rind » + « Esel »
Ri 6,4.

242

a. *śbᶜ* + *trš* - « Korn » + « Wein »
Karatepe A III 7.9; C IV 7.9 (KAI 26).

b. *śbᶜ* // *tyrwš* - « Korn » // « Wein »
Spr 3,10:

Dann werden sich deine Speicher mit *Korn* füllen,
und deine Keltern werden von *Wein* überlaufen.

[103] Vgl. hierzu A. Caquot, « Les Rephaim Ougaritiques », Syria 37 (1960) 78: « Il se peut que *ilnym* marque une infériorité de condition par rapport aux *ilm* ».

Wie M. Dahood feststellt, kommt dem an sich abstrakten Wort *śbᶜ* - « Sättigung, Überfluss » sowohl in den Karatepe-Belegen als auch in Spr 3,10 die konkrete Bedeutung von « Korn » zu [104], denn aus der üblichen ugarit. - hebr. Zusammenstellung eines abstrakten und eines konkreten Substantivs lässt sich jeweils eine konkrete Bedeutung erschliessen [105]. Damit stimmt dieses Wortpaar semantisch mit dem konventionellen meristischen Paar *dgn* - *tyrwš* - « Korn » - « Wein » überein. In beiden Fällen handelt es sich um die Bezeichnung « aller » Güter durch zwei charakteristische Gattungen. In der Verheissungsaussage von Spr 3,10 wird die meristische Deutung noch erhärtet im Hinblick auf die vorangegangene Schilderung « aller » Güter (V. 9): « Ehre Jahwe (durch Gaben) von deinen Gütern // und von den Erstlingen all deines Ertrags ».

243

a. *śgᵓ* (Hi.) + *ᵓbd* (Pi.) / *šṭḥ* + *nḥh* - « gross machen, vermehren » + « verderben, ausrotten » / « ausbreiten » + « wegführen »

Ijob 12,23:

maśgîᵓ laggôyim wayᵉᵓabbᵉdēm
šōṭēaḥ laggôyim wayyanḥēm

Er macht Völker gross und lässt sie verloren gehen,
breitet Nationen weit aus und führt sie hinweg.

In Übersetzungen und Kommentaren wird das figurative Verständnis der Aussage selten sichtbar [106]. Auch A. C. M. Blommerde übersieht offensichtlich die klare meristische Absicht des Verses [107]. Wie aus dem Zusammenhang und aus der partizipialen Wendung hervorgeht, handelt es sich hier um eine allgemeine Aussage ohne Bezug auf ein bestimmtes Schicksal eines konkreten Volkes, obwohl Ijob sicher aus seiner Lebenserfahrung spricht. Der unabwendbare Prozess vom Aufstieg bis zum Fall der Völker — also nicht nur der Aufstieg und der Fall — bietet ihm den Anlass für den allgemeinen theologischen Satz, dass « alles » Geschehen in der Geschichte durch das unergründbare Walten Gottes verursacht wird [108].

---

104 Siehe *Proverbs,* 9. Ihm folgt A. Barucq, *Le livre des Proverbes,* Sources Bibliques (Paris 1964) 58: « Et tes greniers seront remplis de blé // et les cuves déborderont de vin ».

105 Vgl. M. Dahood, *Psalms* III, 411f.; Orientalia 34 (Roma 1965) 86., die Rezension von KAI, wo die Übersetzung « Sättigung » von KAI angegriffen wird. Die Versuche der Emendation von *sābāᶜ* in *šeber* auf Grund der LXX (*sitō*) sind also unbegründet.

106 Ein solches Verständnis liegt jedoch anscheinend den Bemerkungen von F. Horst, *Hiob,* BK XVI/1 (²1969) 196, zugrunde.

107 Seine Übersetzung, die grandsätzlich mit derjenigen von M. H. Pope übereinstimmt, ist angesichts der meristischen Schilderung befremdend: « Some nations he raises, then makes them perish (in Sheol) / Other nations he disperses, then leads them (into Paradise) ». Die Wörter « some », « other », « then » sind alle Zeichen, dass der Merismus nicht wahrgenommen ist. Siehe *Northwest Semitic Grammar and Job,* 64f.

108 Diesen zentralen Gedanken verfehlen auch S. R. Driver - G. B. Gray, *The Book of*

244

a. *śdh* // *ʾdmh* - « Feld » // « Steppe »
Joel 1,10.

b. *śdh* // *drk* - « Feld » // « Weg, Strasse »
Jer 6,25.

c. *śdh* // *yʿr* - « Feld » // « Wald »
Jes 56,9; Ps 96,12.

d. *śdh* // *ʿyr* - « Feld » // « Stadt »
Jer 14,18.

e. *šd* // *ym* - « Feld » // « Meer »
UT, 49 V:18-19 (CTA 6 V:18-19); 1 Aqht: 205 (CTA 19 IV:205); ʿnt II:42-43 (CTA 3 II:42-43).

f. *šd* // *mdbr* - « Feld » // « Steppe, Wüste »
UT, 52:68 (CTA 23:68); Krt:104-105. 193-194 (CTA 14 II-III: 104-105; IV:193-194).
UT, 52:66-69 heisst:

šbʿ šnt tmt ṯmn nqpt
ʿd ilm nʿmm ttlkn šd
tṣdn pat mdbr
wngš hm nǵr mdrʿ

Sieben Jahre vollendet, acht Wenden der Zeit (vergangen),
bis die lieblichen Götter auf dem *Feld* herumgehen konnten,
die Grenzen der *Steppe* durchwandern,
so dass der Feldhüter mit ihnen zusammentraf.

Die Übersetzung, die hinsichtlich anderer Übertragungen eine etwas selbständigere Modifizierung forderte, setzt voraus, dass die « lieblichen Götter » 7-8 Jahre nach der Geburt brauchten, bis sie « überall », d. h. an fruchtbaren und unfruchtbaren Gebieten, herumwandern konnten. Der Zusammenhang spricht wohl ziemlich klar für die gegenüberstellend-meristische Deutung des Paares *šd* // *mdbr*, was in Anbetracht des zweimal vorkommenden Keret-Beleges noch deutlicher wird. Dort erscheint das Paar im Zusammenhang mit der Schilderung des Befehles Els an Keret, er solle eine riesige Armee aufstellen, um die Stadt *Udm* zu umzingeln. Da alle Leute einrücken mussten, haben sie auf dem langen Wege nach *Udm* das « ganze » fruchtbare und unfruchtbare Gebiet angefüllt:

kirby tškn šd
km ḥsn pat mdbr

Wie Heuschrecken bedeckten sie das *Feld*,
wie Grillen die Grenzen der *Steppe* [109].

Job, Part I., 119f.: « The rise and fall of nations illustrate God's caprice: He makes them increase in numbers and extend their borders only thereafter to destroy and abandon them ».

[109] J. Aistleitner, *Die myth. u. kult. Texte aus RS*, 91. 93, trifft daher mit seinem synonymen Verständnis des Paares « Feld » // « Trift » nicht den Sinn der Aussage.

g. *šdm* // *smkt* - « Felder » // « Anhöhen »
UT, 125:34-35 (CTA 16 I:34-35):
al tšt bšdm mmh
bsmkt ṣat npšh
Sie soll nicht auf den *Feldern* ihre Wasser vergiessen,
auf den *Anhöhen,* was ihrer Kehle entströmt.

Der unmittelbare Zusammenhang des Verses ist zwar lückenhaft, so dass H. L. Ginsberg für Z. 31-37 statt einer Übersetzung folgende Bemerkung bringt: « (sense of lines 31-37 obscure) » [110]; es ist jedoch ganz klar, dass sich die Wendung auf das Beweinen der weichherzigen Tochter Kerets *Ṯtmnt* angesichts der Krankheit ihres Vaters bezieht. Falls die Übersetzung zutrifft, haben wir es hier mit einer klassischen meristischen Figur zu tun, die das ausserordentliche Ausmass des Beweinens beschreibt. Dies wird um so deutlicher, als in Ri 11, 37-38 ein Bericht anzutreffen ist, wie Jephtas Tochter mit ihren Freundinnen ihre Jungfrauschaft auf den Bergen (*hrym*) beweint. Dieses Zeugnis vom Beweinen auf den Bergen sollte man besonders hervorheben, weil an unserer Stelle gerade die Bedeutung « Anhöhen » für *smkt* umstritten ist. Das Wort wird entweder überhaupt nicht übersetzt oder als Synonym zu *šdm* verstanden. C. Gordon übersetzt das Wortpaar mit « field » // « meadow » [111]; TO I mit « campagne » // « les prés » [112]. G. R. Driver bringt hingegen folgende grundsätzlich befriedigende Übersetzung
Let her a truth set her waters in the fields,
the issue of her throat in the highlands (?) [113].
Hinsichtlich der Deutung des problematischen Wortes *smkt* beruft er sich auf die arabische Bedeutung von *samku*: « height; roof; canopy (of heaven) » [114].

245

a. *śmʾwl* // *ymyn* - « die linke Hand » // « die rechte Hand »
Ez 39,3; Hld 2,6 = 8,3.

Die Aussage von Ez 39,3: « Ich werde dir den Bogen aus der *Linken* schlagen und deiner *Rechten* die Pfeile entfallen lassen » kann

---

110 ANET, 147.

111 *Ugaritic Literature,* 78.

112 Seite 552.

113 *Canaanite Myths and Legends,* 41; vgl. ebd. die Anm. 8: « Namely ' let her drench fields with her tears and pour out her lamentation on the heights' (cf. Jud XI 37-38) ».

114 Ebd., Seite 147a, Anm. 7. Vielleicht hat sich auch J. Aistleitner von der arabischen Bedeutung des Wortes beeinflussen lassen, wenn er in *Die myth. u. kult. Texte aus RS,* 99, die Wendung folgendermassen übersetzt:
Nicht soll sie ihr Geschrei über die Felder erschallen lassen,
Und über das Himmelszelt, was ihrer Kehle entströmt.

man meristisch deuten, wenn das nicht-synonyme Wortpaar *qšt* // *ḥṣ* - « Bogen » // « Pfeil » alle Waffen in den Händen bezeichnet oder vor allem die « beiden » Hände betont werden.

b. *śmʾwl* // *ymyn* - « links - Norden » // « rechts - Süden »
Ijob 23,9.

246

a. *śmḥ* // *ʾbl* (Hithpa.) - « sich freuen » // « trauern »
Ez 7,12.

247

a. *šʾwl* // *šmym* / *rʾš hkrml* // *qrqᶜ hym* - « Unterwelt » // « Himmel » / « der Gipfel des Karmel » // « der Grund des Meeres »
Am 9,2-3.

b. *šʾwl tḥtyt* // *ʾrṣ* // *mwsdy hrym* - « die unterste Unterwelt » // « Erde - Ebene » // « die Grundfesten der Berge »
Dtn 32,22.

Die Viergliederung in Am 9,2-3 hebt die extremen Begriffe der kosmisch-geographischen Dimensionen hervor, die wegen ihrer chiastischen Stellung jedoch harmonisch von unten nach oben — von oben nach unten verlaufen. In Dtn 32,22 schliesst die Dreigliederung zur Schilderung des « überall » verzehrenden Feuers merkwürdigerweise auch die Zwischenstufe *ʾrṣ* ein.

248

a. *šʾlh* // *lmᶜlh* - « ins Totenreich, nach unten » // « nach oben »
Jes 7,11.

249

a. *šgg* (pt. Qal) + *šgh* (pt. Hi.) - « der Irrende - Verführte » + « Verführer ».
Ijob 12,16:
ᶜimmô ᶜōr wᵉtûšiyyāh
lô šōgēg ûmašgeh
Bei ihm (allein) ist Kraft und Gelingen,
sein ist, wer *irret* und wer *irreführt*.

Während die LXX den Sinn des zweiten Kolons mit der synonymen Wendung *autō epistēmē kaì sýnesis* völlig ändert, sind neuerdings einige grundsätzlich meristische Deutungen nachweisbar [115]. Es

[115] S. R. Driver - G. B. Gray, *The Book of Job,* Part II., 78, verstehen das betreffende Wortpaar richtig als « a proverbial expression for *all, every one* ». Nach F. Horst, *Hiob,* BK XVI/1 (²1969) 193, will damit gesagt sein, « dass auch unwissentliches und unwillentliches

ist jedoch überflüssig zu fragen, ob hier etwa « moralisches » oder « unwissentliches und unwillentliches » Fehlhandeln der Menschen gemeint ist. Die Figur will wahrscheinlich in einem allgemeinen Sinn die Überlegenheit Gottes gegenüber allem menschlichen Tun hervorheben.

250

a. *šwq* + *rḥwb* - « Strasse » + « Platz »
Hld 3,2.

251

a. *šwr* + *ḥmwr* + *śh* - « Rind » + « Esel » + « Schaf »
Ex 22,3.6; 1 Sam 22,19.
b. *šwr* + *ḥmr* + *ṣ*ʾ*n* - « Rind » + « Esel » + « Kleinvieh »
Gen 32,6; Jos 7,24.
c. *šwr* // *ḥmr* // *ṣ*ʾ*n* - « Rind » // « Esel » // « Kleinvieh »
Dtn 28,31.
d. *šwr* + *mry*ʾ + *ṣ*ʾ*n* - « Rind » + « Mastvieh » + « Kleinvieh »
1 Kön 1,19.25.
e. *šwr* + *ṣ*ʾ*n* - « Rind » + « Kleinvieh »
Ex 22,29.
f. *šwr* + *śh* - « Rind » + « Schaf »
Ex 21,37; 34,19; Lev 22,23.28; 27,26; Dtn 17,1; 18,3; 21,1; Jos 6,21; 1 Sam 15,3.
g. *šwr* + *śh* + *ḥmwr* - « Rind » + « Schaf » + « Esel »
Jos 6,21.
h. *šwr* // *śh* - « Rind » // « Schaf »
Jes 7,25.

252

a. *šḥr* // ʾ*ḥryt ym* - « Morgenrot » // « das westlichste Meer »
Ps 139,9.

253

a. *šṭḥ* + *nḥh* - « ausbreiten » + « wegführen »
Ijob 12,23.

Fehlhandeln im Bereich der Menschen sich nicht ausserhalb des Machtbereiches des göttlichen Willens vollzieht ».

254

a. *škb* (Inf.) + *qwm* (Inf.) - « sich niederlegen » + « aufstehen »
Dtn 6,7; 11,19.
b. *škb* // *qyṣ* - « sich niederlegen » // « erwachen »
Spr 6,22.

255

a. *šlwm* // *mlḥmh* - « Friede » // « Krieg »
1 Kön 20,18.

256

a. *šm* + *š*ʾ*r* / *nyn* + *nkd* - « Ruhm » + « Rest » / « Spross » + « Stamm »
Jes 14,22.
Die doppelte Zweigliederung, die jeweils etwa den deutschen Wendungen « mit Stumpf und Stiel » und « mit Kind und Kegel » entspricht [116], dient der Schilderung der vollständigen Vernichtung der Babylonier.

257

a. *šmym* + ʾ*rṣ* - « Himmel » + « Erde »
Gen 1,1; 2,4; 14,19.22; 24,3; 27,28; Ex 31,17; Dtn 3,24; 4,26; 10,14; 28,26; 30,19; 31,28; 2 Kön 19,15; Jes 37,16; Jer 23,24; 32,17; 33,25; 51,48; Joel 3,3; 4,16; Ps 89,12; 113,6; 115,15; 121,2; 124,8; 135,6; 146,6; Spr 25,3; 1 Chr 16,31; 29,11; 2 Chr 2,11; 6,14.
b. *šmym* + ʾ*rṣ* + *ym* - « Himmel » + « Erde » + « Meer »
Ex 20,11.
c. *šmym* + ʾ*rṣ* / *ym* + *thwmwt* - « Himmel » + « Erde » / « Meer » + « Tiefen »
Ps 135,6.
d. *šmym* + ʾ*rṣ* // *ym* - « Himmel » + « Erde » // « Meer »
Ps 69,35; 96,11; 146,6.
e. *šmym* // ʾ*rṣ* - « Himmel » // « Erde »
Lev 26,19; Dtn 4,39; 5,8; 32,1; Jos 2,11; 1 Kön 8,23; Jes 1,2; 13,13; 42,5; 44,24; 45,8.18; 49,13; 51,6.13.16; Jer 31,37; Am 9,6; Hab 3,3; Hag 1,10; 2,6.21; Sach 12,1; Ps 50,4; 57,6.12; 73,9.25; 108,6; 136,5-6; Ijob 20,27; 38,33.
f. *šmym* // ʾ*rṣ* // *ym* - « Himmel » // « Erde » // « Meer »
Ex 20,4 = Dtn 5,8; Am 9,6; Neh 9,6.

---

[116] Vgl. O. Kaiser, *Der Prophet Jesaja. Kapitel 13-39,* 38.

g. *šmyn* (e.) + *ʾrq* (e.) - « Himmel » + « Erde »
Jer 10,11.
h. *šmyn* (e.) + *ʾrʿ* (e.) - « Himmel » + « Erde »
Dan 6,28; Es 5,11.
i. *šmyn* + *ʾrq* - « Himmel » + « Erde »
Āfis B 25-26 (KAI 202 B); Sfîre A 11 (KAI 222 A)
j. *šmm* + *ʾrṣ* - « Himmel » + « Erde »
Karatepe A III 18 (KAI 26); Arslan Taş 13 (KAI 27).
k. *šmm* // *arṣ* - « Himmel » // « Erde »
UT, ʿnt II:39; IV:87 (CTA 3 II:39; IV:87)?
l. *šmym* + *ym* - « Himmel » + « Meer »
Ps 8,9.
m. *šmym* // *ym* - « Himmel » // « Meer »
Jer 33,22 (?).
n. *šmym* ... *ym* - « Himmel » ... « Meer »
Dtn 30,12-13.
o. *šmym* // *šʾwl* - « Himmel » // « Unterwelt »
Ps 139,8; Ijob 11,8.
p. *šmym* + *thwm* - « Himmel » + « Tiefe »
Ps 107,26.
q. *šmym* // *thwm* - « Himmel » // « Tiefe »
Gen 49,25; Spr 8,27.
r. *šmym* // *thwm* + *ʾrṣ* - « Himmel » // « Tiefe » + « Erde »
Sir 16,18.
s. *šmym* // *thwm* / *šmš* // *yrḥ* - « Himmel » // « Tiefe » / « Sonne » // « Mond »
Dtn 33,13-14.
t. *šmm* + *thm* - « Himmel » + « Tiefe »
UT, 607:1.

258

a. *šmn hʾrṣ* // *ṭl hšmym* - « Fett der Erde » // « Tau des Himmels »
Gen 27,39.
b. *šmn* // *nbt* - « Fett-Regen » // « Honig-Wasser »
UT, 49 III:6-7. 12-13 (CTA 6 III:6-7. 12-13).

259

a. *šmʿ* + *rʾh* - « hören » + « sehen »
Spr 20,12.
b. *šmʿ* // *rʾh* - « hören » // « sehen »
Jes 21,3; Ijob 29,11.

260

a. (*bty h*)*šn* // *btym rbym* - « Elfenbeinhäuser » // « die vielen (gewöhnlichen) Häuser »
Am 3,15b.

261

a. *špḥh* + *gbyrh* - « Magd » + « Herrin, Gebieterin »
Jes 24,2.
b. *špḥh* + *ᶜbd* - « Magd » + « Knecht »
Gen 30,43.

262

a. *šmš* + *yrḥ* - « Sonne » + « Mond »
Dtn 17,3; Jos 10,13; 2 Kön 23,5; Hab 3,11; Ps 148,3.
b. *šmš* + *yrḥ* - « Sonne » + « Mond »
Karatepe A IV 3; C V 7 (KAI 26).
c. *šmš* + *yrḥ* + *kwkbym* - « Sonne » + « Mond » + « Sterne »
Dtn 4,19.
d. *šmš* + *yrḥ* // *kwkbym* - « Sonne » + « Mond » // « Sterne »
Joel 2,10; 4,15.
e. *šmš* // *yrḥ* - « Sonne » // « Mond »
Dtn 33,14; Jos 10,12; Jes 13,10; 60,19.20; Ez 32,7; Joel 3,4; Ps 72,5; 89,37-38; 121,6.
f. *šmš* // *yrḥ* + *kwkbym* - « Sonne » // « Mond » + « Sterne »
Jer 31,35; Ps 136,8-9.

263

a. *špy* // *bqᶜh* - « der nackte Hügel » // « Tal »
Jes 41,18.

264

a. *špl* (Hi.) + *rwm* (Hi./Pi.) - « erniedrigen » + « erhöhen »
1 Sam 2,7; Ps 75,8.

265

a. *šqd* // *kl hywm* - « wachen, schlaflos sein » // « der ganze Tag »
Ps 102,8-9:
šaqadtî waᵓehyeh kᵉṣippōr
bôdēd ᶜal-gāg kol-hayyôm
Ich war *schlaflos* und bin wie ein Vogel geworden,

wie ein schilpender Sperling auf dem Dach den ganzen *Tag.*

Diese von M. Dahood vorgeschlagene Strukturierung und Übersetzung des Textes bringt den Merismus im Sinne von « allezeit » — nachts und bei Tag — zum Vorschein [117].

266

a. *šrš* + *ᶜnp* - « Wurzel » + « Zweig »
Mal 3,19.

Mit diesem Beleg beginnt eine Serie ähnlicher Gegensatzwortpaare, die meistens der Schilderung des Totalgerichtes dienen. Hier und in Jes 5,24 wird das Bild des Brandes aufgenommen, durch den alles verzehrt wird.

b. *šrš* // *prḥ* - « Wurzel » // « Knospe, Blüte »
Jes 5,24.

c. *šrš lmṭh* // *pry lmᶜlh* - « Wurzel nach unten » // « Frucht nach oben »
2 Kön 19,30 = Jes 37,31.

Aus den Parallelen Am 2,9 und ʾEšmunᶜazar-Inschrift 11-12 (KAI 14) geht hervor, dass die vorliegende Aussage einen meristischen Topos darstellt [118]. Amos bedient sich derselben Formel in umgekehrter Reihenfolge, um das Totalgericht über die Amoriter zu schildern.

d. *šrš lmṭ* + *pr lmᶜl* - « Wurzel nach unten » + « Frucht nach oben »
ʾEšmunᶜazar 11-12 (KAI 14).

Die Wendung erscheint hier als eine Fluchformel, die Sargschändern androht: *ʾl ykn lm šrš lmṭ wpr lmᶜl* — « Weder sollen sie nach unten Wurzel noch Frucht nach oben treiben ».

e. *šrš* // *qṣyr* - « Wurzel » // « Zweig, Gezweig »
Ijob 18,16; 29,19.

In Ijob 18,16 wird das Thema von der völligen Austilgung des Frevlers grundsätzlich mit derselben Formel unterstrichen:

Unten trocknen seine *Wurzeln,*
und oben verwelken seine *Zweige.*

Wieder muss man sich vor der sachlich-analytischen Deutung der Figur hüten und darf das Kolon b.) nicht als eine getrennte Folge des Kolons a.) verstehen, wie dies S. R. Driver - G. B. Gray — vollkommen im Sinne des Merismus — sehr gut betonen: « The purpose of the figure is rather to depict the immediate and simultaneous destruction of branch and root: both perish at once, and from the

---

[117] Siehe *Psalms* III, 13f.

[118] H. L. Ginsberg, « 'Roots Below and Fruit Above' and Related Matters », *Hebrew and Semitic Studies,* pres. to G. R. Driver, ed. D. W. Thomas and W. D. McHardy (Oxford 1963) 72-76 bestreitet mit allem Nachdruck die Bedeutung « Wurzel » // « Frucht » für *šrš* // *pry,* trifft aber damit nicht direkt unsere Fragestellung.

dried up roots no fresh branches will ever grow »[119]. Diese Bemerkung kann wohl für alle vorliegenden Belege gelten.

267

a. (*byt*) *štwʾ* // *byt kyṣʾ* - « Winterhaus » // « Sommerhaus »
Barrākib von Samʾal 18-19 (KAI 216). Vgl. hierzu Nr. 90.

268

a. *thwm* + *ʾrṣ* - « Tiefe (Meer ?) » + « Erde, Festland »
Sir 16,18.
b. *thwm rbh* // *ḥlq* - « die grosse Flut » // « das Ackerland »[120]
Am 7,4.
c. *thwm* // *šḥq* - « Tiefe, Flut » // « Himmel (Wolke) »
Spr 3,20.
d. (*mʿynt*) *thwm* // *ʾrbt hšmym* - « die Brunnen der Urflut » // « die Fenster des Himmels »
Gen 7,11; 8,2.

269

a. *tḥt* // *ʿl* - « unten » // « oben »
UT, ʿnt II:9-10 (CTA 3 II:9-10).
tḥth kkdrt ri/š/
ʿlh kirbym kp
Unterhalb ihrer (lagen) Köpfe wie Bälle,
oberhalb ihrer Hände wie Heuschrecken.

Diese Schilderung des mordgierigen Kampfes ʿAnats mit den sterblichen Gegnern von « überall » — Ost und West — (Z. 7-8) ist eine meristische Aussage zur Betonung, dass « überall » menschliche Glieder verstreut lagen, wenn man auch das Wortpaar « Köpfe » // « Hände » meristisch versteht. Bemerkenswert ist auch die Betonung, dass ʿAnat sowohl draussen in der Ebene — *ʿmq* (Z. 6ff.) als auch drinnen im Palast — *bt, hkl* (Z. 17ff.) gekämpft hat. Auch diese strukturell zwar weitläufige räumliche Zweigliederung mag einen Merismus im Sinne von « überall » darstellen.

270

a. *tymn* + *mzrḥ* - « Süden » + « Osten »
Dtn 3,27.

---

[119] Siehe *The Book of Job*, Part I., 161.

[120] Dazu ausführlicher eingehend macht H. W. Wolff, *Dodekapropheton 2. Joel und Amos*, BK XIV/2 (1969) 344-46 auf einige « Parallelen » aus der Hesiods Theogonie aufmerksam.

271

a. *tyrwš* // *gpn* - « Most, Wein » // « Rebe »
Jes 24,7.
In diesem Vers wird das Dürremotiv von V. 4 aufgenommen. Vgl. auch Joel 1,10.13; Hag 1,11.

b. *tyrwš* + *dgn* - « Most, Wein » + « Korn »
Num 18,12.

272

a. *tm* + *rš*ᶜ - « vollständig, redlich » + « gottlos, frevelhaft »
Ijob 9,22.

SCHLUSSERWÄGUNGEN

Wie aus den behandelten meristischen Texten hervorgeht, stimmt das Hebräische mit anderen nordwestsemitischen Sprachen in poetisch-sprachlicher Hinsicht weitgehend überein. Das wird um so mehr offenkundig, je archaischer die poetischen Stücke des AT sind. Aber selbst dann ist die Übereinstimmung bloss in der poetischen Grundstruktur und in einzelnen Motiven sichtbar, die meistens ziemlich individuell formuliert werden. Eindeutig vorgeprägte Formen gibt es nämlich in den älteren Texten des AT verhältnismässig wenige. Infolgedessen sollte der bereits geläufig gewordene Begriff « Topos » nur relativ genommen werden. Man muss sich natürlich dessen bewusst sein, dass gerade aus dieser Zeit viel zu wenig Texte erhalten sind, als dass man bei einzelnen Aussagen entscheiden könnte, ob sie eine originelle oder eine vorgeprägte Aussage darstellen.

Innerhalb der hebräischen Literatur, die ja umfangreicher ist als die übrigen Literaturen des nordwestsemitischen Sprachraumes, lassen sich die Grenzen zwischen den originellen und vorgeprägten meristischen Formen mit grösserer Sicherheit bestimmen. Der Grund dafür liegt wohl in der grossen geistigen Umwälzung, die Israel in eigene Bahnen gelenkt hat. Demzufolge mussten auch die altkanaanäischen Merismen eine neue Gestalt erhalten. Die Absicht ihrer Verwendung nämlich beeinflusste beträchtlich ihre Formulierung. Gewisse theologische Grundsätze, wie beispielsweise die Schöpfung, bedingten besonders in der Zeit ihrer Institutionalisierung, dass die Merismen so stark ausformuliert wurden, dass einzelne von ihnen zum typischen Stilmittel dieser theologischen Grundsätze wurden. Im Laufe der Zeit wurden sie dann zu immer mehr geprägten Wendungen, verschieden je nach der Bedeutung der zugrundeliegenden Ideen. So sieht man nicht nur in den Psalmen, sondern auch in anderen Büchern, wie etwa im Pentateuch, um so mehr formelhafte meristische Beispiele, je später die Texte sind und je mehr sie an Institutionellem wiedergeben. Wenn solche Wendungen ihre Individualität und möglicherweise ihre rhetorische Wirkung einbüssen, können sie doch mit ihrer Bezogenheit auf die verschiedensten geschichtlichen Manifestationen Jahwes beträchtlich zur Enthüllung der theologischen Eigenart in Israel beitragen. Infolgedessen bietet sich schon im Hinblick auf die Bewertung der Merismen in ihrem umfassenderen Zusammenhang folgende Erwägung T.R. O'Callaghan's an: « These last lines are but a reminder, although we must constantly comb the ancient literature of the extra-biblical world in order to grasp clearly the thoughts and to feel deeply the true emotions of Israel, still those thoughts and those emotions are even far more sublime in spiritual content, as compared with her neighbours', than the language in which they are clothed is similar to theirs »[1].

Diese Erwägung gewinnt an Bedeutung, wenn man die Merismen mit dem verwandten Stilmittel der Antithese vergleicht. Durch das Auftreten der antithetischen Stilisierung hat sich das individuelle Moment innerhalb des Hebräischen besonders klar durchgesetzt. Im Gegensatz zum Merismus stellt nämlich die Antithese ein hebräisches Charakteristikum ersten Ranges dar. Das wird vollends klar, wenn man bedenkt, dass im Nordwestsemitischen kein einziges Beispiel des strikten antithetischen Parallelismus anzutreffen ist[2]. Der antithetische Parallelismus setzt also ganz besondere Bedingungen voraus, die mit einer gewissen Dynamik zusammenhängen[3]. Diese ist im Gegensatz zu anderen semitischen Religionen in der hebräischen Theologie mehr als deutlich: Je schärfer die Ausschliesslichkeit Jahwes — häufig in Kontroverse gegen die Völker und ihre Götter — und die daraus folgenden moralischen Ansprüche verteidigt werden, um so mehr bietet sich von selbst die antithetische Aussageweise an. Dies kam in Israel mit dem Auftreten der Propheten zum Durchbruch, obwohl die alten gemein-orientalischen Sagen und sonstigen Überlieferungen mit ihrer zwar eindrucksvoll starken poetischen Wirkung, aber grundsätzlich statisch-synonymen Natur[4] problemlos weiterbestehen konnten, wenn sie nur für die israelitischen Religionsgefühle nicht allzu anstössig waren.

---

[1] Siehe « Echoes of Canaanite Literature in the Psalms », 176.

[2] In der Kilamuwa-Inschrift (KAI 24) tritt wohl mit Z. 10 eine geschickte Antithese auf, indem der allgemeine Wohlstand unter der Regierung des Königs Kilamuwa als Gegensatz zur Notlage in der Zeit seiner Vorgänger (vgl. besonders Z. 8) hervorgehoben wird. Trotzdem kann man dieses Beispiel nicht als ein Gegenstück zu den typischen hebräischen antithetischen Stilisierungen betrachten, zumal in ihnen meistens Jahwe — sei es direkt oder indirekt — als Subjekt auftritt.

[3] E. Norden, *Die antike Kunstprosa* I, 16ff., lässt gut verstehen, dass im Griechischen die antithetische Sprache ihre Wurzel in den grossen geistigen Umwälzungen des 5. Jh. v. Chr. hat. Besonders wichtig ist folgende Beobachtung: « Das gemeinsame Band, welches sie alle (die Geistestitanen jener Zeit) umschliesst, ist der Kampf gegen das traditionell Bestehende, und er findet seinen sinnlichen Ausdruck in der antithetischen Sprache. Heraklit, der Verächter der sophistischen Rhetorik, war in Wahrheit ihr Vater » (S. 20f.). Auch der hebräischen antithetischen Sprache liegt eine schroffe Wende zugrunde, diese jedoch ereignet sich in der hebräischen geistigen Welt offensichtlich viel früher und in eine andere Richtung. Angesichts der Einzigartigkeit seiner Religion musste Israel die Freisetzung der antithetischen Denkform auf eine ganz eigene Weise bestehen. Die aussergewöhnliche Beweglichkeit zeigt sich in unzähligen Variationsmöglichkeiten dieser Kunstform.

[4] Im allgemeinen darf man wohl die Synonymie, die grundsätzlich auch dem Merismus zugrundeliegt, im Gegensatz zur Antithese als ein statisches Gliederungsverfahren ansehen. Das gilt um so mehr, je älter die Literaturen sind und daher aus einem statischen Weltverständnis stammen. Die konsequent synonymen ugaritischen Gedichte sind beispielsweise charakteristisch hinsichtlich der Gleichförmigkeit der Paare, die kaum eine spürbare Bewegung ermöglichen. Im Hebräischen ist das anders. Die geistige Umwälzung hat da die starre Synonymie in Bewegung gebracht und ihr eine steigernd-aufsteigende Richtung gegeben, obwohl in den späteren Gedichten gelegentlich eine doktrinäre Starre spürbar wird.

Bezeichnet man die Antithese als das Kunstmittel einer dynamischen geistigen Welt,

Aus diesen Feststellungen lässt sich nun manches hinsichtlich des Buches Ijob folgern. Wie neuerdings M. H. Pope in der Einleitung seines Ijob-Kommentars eingehend darstellt, reichen die « Vorlagen » dieses Buches bis ins 2. Jahrtausend zurück. Trotzdem steht Ijob als das eigenständigste Buch innerhalb des AT sowie der Umwelt da. Ijob ist in gewissem Sinn durchaus antithetischer Natur. Seine rebellische Grundauffassung ist diametral entgegengesetzt zur Auffassung seiner Freunde, die nicht nur gemein-israelitisch, sondern gemeinantik war. Indem die Positionen einander gegenübergestellt sind, gewinnen die Dialoge an Beweglichkeit und Dramatik, so dass sich Ijob weit über die älteren « Ijoberzählungen » erhebt. In seiner Grundhaltung entfernt er sich nicht nur von der Umwelt, sondern auch von den Auffassungen der traditionellen israelitischen Kreise. Angesichts des Leitmotives jedoch kommt er der ugaritischen Keret-Legende näher als irgeneinem Buch des AT. Ausserdem spielt in Ijob, ähnlich wie im Ugaritischen, der antithetische Parallelismus im gewöhnlichen Sinn keine auffallende Rolle [5].

Im Zusammenhang dieser Untersuchung ist die Frage von Bedeutung, welche Rolle im Buche Ijob die Merismen spielen. Auffallend ist, dass sich fast keine meristischen Belege finden, die man auf Grund der vorhandenen Literaturen als Formeln bezeichnen könnte. Fast alle Merismen sind grossartige originelle Aussagen, so dass die Merismen des Buches Ijob eine besondere Stellung unter den anderen biblischen Merismen einnehmen. Auch hier kann man von einer Radikalisierung traditioneller Redeformen sprechen. Ist diese Tatsache aber nicht etwa ein Kennzeichen, dass Ijob eher von einem Nicht-Israeliten oder zumindest von jemanden, der sich nicht in typischen israelitischen Kreisen bewegte, verfasst wurde? Angesichts der Tatsache, dass der Held des Buches als ein Edomit vorgestellt wird, liegt es nahe, dass der Verfasser des Buches vor allem unter « den Söhnen des Morgenlandes » zu suchen ist [6]. Ein so grossartiges Meisterwerk einem Volke zuzuschreiben, von welchem wir nur annehmen können, dass es sich mit Weisheit befasst hatte, erweckt andererseits Bedenken, will man alles lückenlos dokumentiert sehen. Aber solange direkte Beweise (auch) von anderen Seiten fehlen, sollte man die Frage wenigstens offen lassen.

---

so darf man nicht vergessen, dass auch die Antithesen starr-statischer Natur sein können, besonders wenn sich Gegensätze monoton antipodisch entsprechen, ohne viel Variationsmöglichkeit aufzuweisen.

[5] Man findet da jedoch zumindest zwei klare antithetische Belege: Ijob 5,11-12. 15-16, so dass die Behauptung von M.H. Pope, *Job,* LII, nicht zutrifft, wenn er sagt: « It is difficult to find a clear case of antithetic parallelism in the Book of Job ».

[6] Einen Grund dafür finden wir in einzelnen biblischen Andeutungen, die auf eine intensive Beschäftigung mit der « Weisheit » bei den östlichen Völkerschaften (Moabitern, Ammoniten, Edomiten ...), deren Sprache mit dem Hebräischen besonders verwandt ist, schliessen lassen. Vgl. 1 Kön 5,10: « Und die Weisheit Salomos war grösser als die Weisheit aller Söhne des Morgenlandes (*bny-qdm*) und als alle Weisheit Ägyptens ». Jer 49,7: « Über Edom. So spricht Jahwe der Heerscharen: Ist denn keine Weisheit mehr in Theman (*tymn*)? Ist der Witz den Klugen ausgegangen? Ist Weisheit verschüttet? »

Wenn jetzt die Einzigartigkeit des Buches Ijob hervorgehoben wurde, sollen damit keineswegs die originellen meristischen Wendungen der anderen alttestamentlichen Bücher, wie etwa der poetischen Stücke des Pentateuch, einiger Psalmen und Propheten in den Hintergrund treten. Jedoch müssen sie hier nicht behandelt werden. Es soll nun auf einige Aspekte eingegangen werden, die die ganze Untersuchung durchziehen, weil sie für den Merismus als solchen charakteristisch sind. Es liess sich feststellen, dass die Merismen im AT grundsätzlich in allen möglichen Zusammenhängen und Gattungen aufgewiesen werden können, speziell aber in den Hymnen und Gerichtsreden mit grosser Vorliebe verwendet werden, so dass man geradezu auf eine innere Beziehung schliessen kann. Dasselbe gilt auch für die beherrschende Stellung des Merismus in den Fluch- und Begehrensgattungen im Phönizischen. Im Ugaritischen sind diese Gattungen zwar kaum vorhanden, aber die « Pathos »-Zusammenhänge [7] meristischer Belege kommen ihnen ziemlich nahe. Die Wechselbeziehung des Merismus und der genannten Gattungen, bzw. « Pathos »-Zusammenhänge liegt, wie gesagt, in der Natur der Sache: Die gegensätzlichen Zusammenstellungen sind für den feierlichen Klang der genannten Gattungen besonders geeignet und wirken als sehr starke rhetorische Kunstmittel [8].

Eine andere Frage ist, wieso in diesem Forschungsbereich der Merismus so stark vertreten ist. Eine Erklärung dieser Frage bietet uns J. Pedersens Verständnis von « striving after totality » im israelitischen Bereich [9]. Es muss nachdrücklich auf die konkrete Denkweise der alten Literaturen aufmerksam gemacht werden. Da die Erfassung der Welt, der Personen, der Dinge, der Eigenschaften und Zustände bei den betreffenden Völkern nicht durch abstrakte Begriffe wiedergegeben wird, sondern entsprechend der eigentümlichen Teilung der Ganzheit zu gegensätzlichen Wortpaaren und Wortgruppen führt, entstehen spontan die meristischen Gliederungen, die mit der Zeit sehr gut topische Klischees werden können. Es ist also vor allem die Art und Weise der Realitätserfassung, die sowohl die Entstehung der Merismen als auch ihre häufige Verwendung bedingt.

In diesem Fall spielt natürlich die zugrundeliegende poetische Struktur des Parallelismus eine besondere Rolle. Diese gewinnt eine solche Bedeutung, dass sie die Bildung ganzer Aussagen bestimmt. Das ist besonders deutlich im Hinblick auf die Tatsache, dass der Merismus für die Poesie viel charakteristischer ist als für die Prosa. Der sich reich offenbarende Gestaltungstrieb der

---

[7] J. Kroll, *Gott und Hölle,* 328f., spricht mit Nachdruck von « Pathosformeln », bzw. « pathetischen Gedanken », wenn er auf antithetische Redewendungen eingeht.

[8] Siehe J. Kroll. ebd., 329: « Formulierungen solcher Art muss man eine riesige Gewalt zuschreiben. Sie geben sich immer da wieder von selbst an die Hand, wo ein innerer Drang nach pathetischer Sprechweise vorliegt. Darum finden sie sich in rauschenden Schilderungen der Gewalt Gottes. Aber mit dem prachtvollen Bilde, das sie ergeben, ist ihre Bestimmung erfüllt und ihre Kraft dahin ».

[9] Siehe *Israel. Its Life and Culture* I, 123. Ausführliche und sehr anregende Bemerkungen zum angesprochenen Problemkreis finden sich ebd., S. 99-181.

vom Parallelismus bestimmten Poesie führt nämlich dazu, dass in ihr in reicherem Masse wechselnde Gegensätze vorkommen, die sich auch sonst weiter individualisieren und modifizieren, während in der Prosa stereotype und doppelte Gegensatzverbindungen bevorzugt werden. Das lässt sich jedoch nur mit einer gewissen Einschränkung behaupten: In einem Kulturkreis, in welchem die Poesie eine so dominierende Stellung besitzt, darf man Poesie und Prosa nicht so stark trennen. Wenn die Poesie mit ihrem Rhythmus die ursprünglichere Form der Literatur ist, muss man sich den Übergang in die Prosa ohne Brüche vorstellen [10]. Sind einmal entsprechend der Denkweise, der Psychologie und der poetischen Struktur einzelne Redewendungen in einem Kulturkreis beheimatet und werden sie zu vorgeprägten Formeln, so wandern sie automatisch weiter und können auch in den Prosatexten mehr oder weniger unverändert erscheinen und diesen den poetischen Rhythmus geben [11].

Mit dieser Feststellung dürfte der Kernpunkt der Arbeit getroffen sein; er hängt mit der Textkritik zusammen. Wenn der Merismus, wie er im jetzigen Zustand der Texte dasteht, nicht nur durch naturelle und psychologische Hintergründe, sondern wesentlich auch durch eine bestimmte literarische Technik bedingt ist, muss er in jedem Fall den Schlüssel zur Enthüllung dieser Technik und dementsprechend zur Festlegung des Sinnes einzelner Ausdrücke oder sogar sämtlicher Wendungen darstellen. Das gilt nicht nur für topische Beispiele, die eine längere Ausformungsgeschichte hinter sich haben, sondern auch für die originellen Merismen, weil auch diese grundsätzlich entsprechend einer bereits bestehenden literarischen Technik geformt sind.

Die Wahl einzelner Ausdrücke zu meristischer Zusammenstellung der zwei- oder mehrgliedrigen Redewendungen, sowie die beherrschende Stellung des Merismus in einzelnen poetischen Stücken, wie etwa in Ps 139,1-12 und Ps 148, rücken also die vorwiegend poetisch-textkritische Absicht der Arbeit nicht nur als Desiderat, sondern sogar als Notwendigkeit in das Blickfeld. Und mehr noch, sie kennzeichnen eine gewisse Wechselbeziehung zwischen Textkritik und Weltanschauung der behandelten Literaturen. Die eindrucksvoll reiche

---

[10] Siehe hierzu E. Norden, *Die antike Kunstprosa* I, 30: « Wenn wir gewohnt sind, Prosa und Poesie sich gegenüberzustellen, so dürfen wir nie vergessen, dass diese Unterscheidung durchaus sekundärer, keineswegs prinzipieller Natur ist. Wenn wir die verschiedensten Völker, mögen sie auf einer hohen oder niedrigen Kulturstufe stehen, in den primitivsten Äusserungen ihrer gehobenen Redeweise beobachten, so erkennen wir, dass die von uns modern empfindenden Menschen gezogene Grenzlinie zwischen Prosa und Poesie nicht vorhanden ist ».

[11] Deswegen ist es manchmal so schwierig, die Grenze zwischen poetischen und Prosa-Texten zu markieren, zumal die Rhythmus-Kriterien zu wenig bekannt sind. Eine klassische Studie über den Rhythmus im Hebräischen findet sich bei G. B. Gray, *The Forms of Hebrew Poetry*, 123-240. Es gilt jedoch besonders auf seine Bemerkung in « Restatement » des Parallelismus, S. 38, aufmerksam zu machen: « The validity of parallelism as a test to distinguish between prose and poetry in Hebrew literature might be, and has been either actually or virtually, challenged on two grounds: (1) that parallelism actually occurs in prose; and (2) that parts of the Old Testament from which parallelism is absent are metrical and, therefore, poetical in form ».

Sammlung der vielgestaltigen meristischen Redewendungen, die im grossen Masse mit Hilfe poetisch-textkritischer Kriterien zusammengetragen wurde, spiegelt das Verständnis der Welt und des Menschen wider, falls sie als einzelne Motive und Sprachbesonderheiten im Zusammenhang mit den natürlichen, sozialen und psychologischen Gegebenheiten der betreffenden Völker betrachtet werden.

Da die Stilfigur des Merismus, die besonders im Hebräischen eine gewichtige Rolle spielt, eine grundsätzliche Sprachgegebenheit darstellt, möge die vorliegende Monographie dem Übelstand abhelfen, dass die Grammatiken vom Merismus noch immer keine Notiz nehmen [12] und in den Übersetzungen und Kommentaren so viele meristische Wendungen missverstanden werden.

[12] Die einzige derartige Beobachtung bei F. E. König, *Historisch-Comparative Syntax der hebräischen Sprache,* § 91: « Conträre Gegensätze markieren den ganzen Umfang eines Begriffes u. deuten so das Pron. indefinitum ' alle(s; jeder) ' an » bezieht sich einerseits nur auf die « Zusammenstellung verschiedener Nomina », andererseits trifft sie nur die sogenannte « polare Ausdrucksweise ».

Register

1. Personen

Abel, F. M., 138
Ahlstrom, G. W., 108
Alt, A., 107
Aistleitner, J., 34, 41, 149, 150
Albright, W. F., 5, 59, 64, 65
Alonso Schökel, L., 8, 73, 104

Barucq, A., 148
Blommerde, A. C. M., 135, 148
Boccaccio, P., 8
Böhl, F. M. Th. de Liagre, 5, 26
Boling, R. G., 145
Bonnard, P. E., 5
Briggs, C. A., 30, 44, 86, 117
Bright, J., 88
Brongers, H. A., 8
Bühlmann, W., 3

Caquot, A., 147
Cassuto, U., 6, 9, 24, 28, 31, 40
Castellino, D. G., 43
Collins, T., 70, 72, 129
Couroyer, B., 120
Cowley, A., 129
Cross, F. M., 17
Culley, E. C., 6
Curtius, E. C., 6

Dahood, M., 5, 6, 8, 9, 10, 13, 15, 16, 17, 18, 28, 29, 30, 31, 32, 34, 35, 36, 38, 41, 43, 45, 48, 50, 54, 56, 58, 63, 66, 67, 68, 75, 76, 87, 89, 90, 92, 96, 97, 104, 106, 108, 109, 111, 117, 119, 120, 122, 131, 133, 140, 148, 156
Delcor, M., 22
Delitzsch, F., 35, 36, 44
Donner, H., 15
Duhm, B., 5, 47, 143
Driver, G. R., 63, 150, 156
Driver, S. R. - Gray, G. B., 81, 148, 151, 156

Ehrlich, A. B., 116
Eissfeldt, O., 45
Elliger, K., 87
Estienne, H., 1

Fansham, F. C., 62
Fisher, L. R., 7, 8, 9
Fitzmyer, J. A., 21, 144
Freedman, D. N., 89, 115

Galling, K., 93
Gaster, Th. H., 41, 145
Gerleman, G., 138
Gevirtz, S., 6, 23, 56, 57
Ginsberg, H. L., 6, 41, 63, 65, 86, 150, 156
Gordon, C. H., 6, 29, 41, 53, 63, 150
Gray, G. B., 10, 57, 142, 143, 163
Greenfield, J. C., 76, 122
Gressmann, H., 19
Gunkel, H., 4, 13, 18, 20, 21, 23, 45, 48, 55, 56, 59, 67, 68, 75, 107, 118
Gunkel, H. - Begrich, J., 10
Gurney, O. R., 22

Hartmann, B., 73
Haussig, H. W., 45
Herdner, A., 86
Higger, M., 28
Holladay, W. L., 96
Hommel, H., 27
Honeyman, A. M., 3, 8, 39, 51, 52
Horst, F., 135, 148, 151
Huffmon, H. B., 17
Humbert, O., 20

Jastrow, M., 107
Jellicoe, S., 27
Jirku, A., 5, 26, 41
Jones, H. St., 1
Jüngling, H. W., 55

Kaiser, O., 122, 123, 143, 153
Keel-Leu, O., 93
Keil, C. F., 78
Kemmer, E., 4, 51
Kittel, R., 21
König, F. E., 2, 164
Kramer, S. N., 62
Kraus, H. J., 43, 45, 48, 56, 59, 68, 107
Kroll, J., 18, 162

Lausberg, H., 1, 3
Levine, B., 70
Liddell, H. G., 1
Lidzbarski, M., 71
Loretz, O., 32
Luckenbill, D. D., 22

Margulis, B., 104
Massart, A., 8
McCarthy, D. J., 22
McHordy, W. D., 156
McKenzie, J. L., 38
McKenzie, R., 1
Melamed, E. Z., 104, 108, 135
Menge, H., 1
Mowan, O., 44, 46
Mowinckel, S., 4, 5, 21, 23, 26

Norden, E., 52, 160, 163
Noth, M., 131
Nougayrol, J., 22

O'Callaghan, T. R., 159

Parry, M., 6
Pasternak, B., 28
Pedersen, J., 162
Penar, T., 6
Pope, M. H., 31, 38, 44, 45, 77, 84, 139, 148, 161

Prato, G. L., 104, 113, 125
von Rad, G., 49

Ridderbos, Nic. H., 52
Ringgren, H., 15
Rudolph, W., 126

Sabottka, L., 37
Sauer, G., 57
Saydon, P. P., 131
Scherer, K., 3
Schmidt, H., 44, 45, 58, 59, 107
Scott, R., 1
Scott, R. B. Y., 93
Segert, S., 71
Smend, R., 124
Smith, M., 21, 120
Speiser, E. A., 49
Stuhlmueller, C., 12, 13, 104

Thomas, D. W., 156
Thureau-Daugin, F., 21
Tournay, R., 21
Tromp, N. J., 13, 25, 27, 28, 31, 38, 93, 119, 120, 122

Ungnad, A., 12

Vattioni, F., 124
de Vaux, R., 45
Virolleaud, C., 29
Vogt, E., 126
van der Weiden, W. A., 34

Weidner, R. F., 22
Westermann, C., 19, 57
Wildberger, H., 112, 139, 143
Wolff, H. W., 84, 102
Wright, G. H., 17

Zimmerli, W., 19, 141

2. Texte

Kursiv gesetzte Seitenziffern weisen auf eine ausführlichere Behandlung einer Textstelle hin.

a. Biblische Texte

Gen

1,1. . . . 20, 153
1,26.28 . . . 91
1,30 . . . 99
2,4. . . . *16*, 153
2,9. . . . 102
2,16 . . . 126
2,17 . . . 102
2,19 . . . 99
2,20 . . . 83, 128
4,24 . . . 57
3,5. . . . 102
3,14 . . . 83
3,22 . . . 102
4,15 . . . 57
4,23 . . . 77
4,23-24. . . . *57*
5,4.10.13.16 . . . 85
5,19.22.26.30 . . . 85
6,7. . . . 75
7,2. . . . 77, 127
7,11 . . . 157
7,21 . . . 83
7,23 . . . 75
8,2. . . . 157
8,17 . . . 127
8,22 . . . 98, 105, 142
9,2. . . . 99
9,10 . . . 127
11,11.13.15.17 . . . 85
11,19.21.23.25 . . . 85
12,16. . . . 135
13,2 . . . 113
13,5 . . . 135
13,14. . . . 40, 138
14,19.22 . . . 153
15,18. . . . 121
18,25. . . . 135
19,4 . . . 124
19,11. . . . 140
19,12. . . . 85
20,14. . . . 126, 135
20,21. . . . 123, 124
21,27. . . . 135
22,17. . . . 38
24,3 . . . 153
24,19.20 . . . 20
24,25. . . . 126, 135
24,49. . . . 108
24,50. . . . 102, 146
24,54. . . . 78
26,14. . . . 135
26,30. . . . 78
27,28. . . . 20, 70, 91, 103, 153
27,37. . . . 70, 91
27,39. . . . 23, *24*, 81, 154
28,7 . . . 74
28,14. . . . 108, 138
30,43. . . . 155
31,24. . . . 102
31,28. . . . 85
31,29. . . . 102
31,39. . . . 105
32,1 . . . 85
32,6 . . . 126, 152
32,29. . . . 49, 78
33,5 . . . 85
33,13. . . . 135
34,28. . . . 129, 135
36,6 . . . 85
41,44. . . . 104
43,33. . . . 85
45,6 . . . 101
45,10. . . . 135
46,32. . . . 135
47,1 . . . 105
48,22. . . . 101
49,6 . . . 78
49,25. . . . 23, *31*, 154
49,27. . . . 87
50,8 . . . 135
50,9 . . . 145

Ex

3,8.17 . . . 100
3,15 . . . 92
3,22 . . . 85

4,11 . . . . 79, 134
7,19 130
8,13.14 75
9,3. 86
9,9.10.19.22.25 75
10,9 . . . . 85, 124, 135
10,13. 105
10,24. 135
11,7 78
12,12. 75
12,19. 90
12,49. 76
12,32.38 135
13,5 100
13,15. 75
13,21. 105
14,9.17.18 145
14,22. 108
14,23.26.28 145
14,29. 108
15,1 126
15,14-15 130
15,18. 127
15,19. 145
15,21. 126
17,16. 92
19,13. 83
20,10. . . . . 85, 126
20,11. . . . . 20, 153
20,17. 126
20,24. 135
21,4 85
21,15.17 74
21,20.26.27 126
21,28.29 77
21,31. 85
21,32. 126
21,37. 152
22,3.6 152
22,20-21 . . . . 60, 90
22,23. 61
22,29. 152
23,11. 115
23,25. 116
23,31. 117
24,11. 78
25,11. 85
27,21. 132
28,35. 83
31,17. . . . . 20, 153
32,2 85
32,6 78
33,3 100
34,19. 152
34,28. 78
35,22.29 77
36,6 77
37,2 85

Lev

1,2. 86
5,4. 146
7,21 75
7,26 127
8,35 105
10,14. 85
11,9.10 108
11,46. 83
12,6 85
12,7 97
13,29.33.38 77
15,33. 97
16,29. 76
17,8.10 110
17,13. 110
17,15. 76
18,7.9 74
18,9 85
18,10. 85
18,26. 76
19,3 . . . . 74, 80
20,2 110
20,9.17 74
20,19. 80
20,24. 100
20,27. 77
21,2 . . . . 74, 80, 85
21,2-3 77
21,11. 74
21,18. 128
22,21. 86
22,23.28 152
24,16.22 90
25,6 126
25,7 83
25,44. 126
26,19. . . . . 20, 153
26,29. 85
27,12.14 102
27,26. 152
27,28. 75
27,32. 86
27,33. 102

Num

3,13 75
5,3. 97
5,6. 77
6,2. 77
6,7. . . . . 74, 77
8,17 75
9,14 90
11,22. 135
13,27. 100
14,8 100
15,3 86
15,29.30 76
16,13.14 100
17,13. 118
18,12. 158
18,15. 75
18,19. 85
18,27.30 91
19,10. 110
20,17. 108
21,5 5
22,18. 140
22,26. 108
22,40. 86
23,9 136
23,19. 56
23,24. 78
24,13. 103
31,11.26 75
31,28.30 . . . . 75, 86
31,47. 75

Dtn

1,39 102
3,24 153
3,27 . . . . 40, 157
4,16 97
4,17 . . . . 81, 83
4,18 . . . . 76, 145
4,19 . . . . 110, 155
4,26 . . . . 17, 22, 153
4,36 20
4,39 153
5,8. . . . . 20, 153
5,14 85
5,16 74
5,32 108
6,3. 100
6,7. . . . . 111, 153
6,11 . . . . 132, 115
7,3. 85
7,13 . . . . 79, 91
7,13-14. . . . . 68, *69*
7,14 132
8,7. . . . . 86, 123
8,13 86
9,18.25 105
10,10. 105
10,11. 105
10,14. . . . . 20, 153
11,4 126
11,9 100
11,11. 94
11,14. 91
11,19. . . . . 111, 153
11,24. . . . . 40, 117
11,26. 87
12,2 . . . . 95, 96
12,6 86
12,12. . . . . 85, 126
12,15. 103
12,17. . . . . 86, 91
12,18. . . . . 85, 126
12,21. 86
12,22. 103
12,27. 87
12,31. 85
13,7 85
14,23. . . . . 86, 91
14,26. 86
14,29. . . . . 60, 90
15,12. 127
15,13.14 91
15,19. 86
15,21. 133
16,2 135
16,11.14 . . . . 60, 85, 90, 126
17,1 151
17,2 77
17,3 155
17,5 77
17,11. 108
17,20. 109
18,3 152
18,4 91
18,9 85
20,1 126
21,1 152
21,13.18.19 74
22,15. 74
24,5 65
24,17. . . . . 60, 90

24,19.20.21 . . . . 60, 90
26,9 100
26,12.13 . . . . 60, 90
26,15. 100
27,3 100
27,16. 74
27,19. . . . . 60, 90
28,3 129
28,3-6 . . . . 68, *69*
28,4 79
28,6 83
28,13. 142
28,14. 109
28,16. 129
28,16-19 . . . . 68, *69*
28,18. 79
28,19. 83
28,26. . . . . 127, 153
28,31. 152
28,32. 85
28,36. 152
28,41. 85
28,44. 142
28,48. 146
28,50. 98
28,50-51 . . . . 68, *69*
28,51. . . . . 79, 91
28,53. 85
28,56. 85
28,64. 152
28,66. 116
28,68. 126
29,3 . . . . 128, 142
29,5 78
29,16. 130
29,17. 77
30,1 87
30,12-13 . . . . *38*, 154
30,13. 103
30,15. 99
30,19. . . . . 17, 22, 87, 99, 153
31,1 22
31,2 109
31,12. 77
31,20. 100
31,28. . . . . 17, 153
32,1 . . . . 16, 17
32,2 119
32,7 92
32,19. 85
32,22. 151
32,25. . . . . 84, 100, 105
32,35. 99
32,36. 131
32,39. 118
32,42. . . . . 92, 100
33,9 74
33,13. . . . . 23, *32*
33,13-14 154
33,14. 155
33,28. . . . . 70, 91

Jos

1,7. 109
1,8. 105
2,11 . . . . 20, 153
2,13 . . . . 74, 77
2,18 74
5,6. 100
6,21 . . . . 77, 124, 152
6,23 74
7 24 . . . . 85 152
8,3. 90
8,25 77
8,34 87
10,12. 155
10,13. 155
11,3 118
11,4 126
20,9 110
21,12. 87
23,6 109
24,6 145
24,12. 101
24,13. 115

Ri

5,2. . . . . 99, 134
5,4. . . . . *11*, 81
5,9. 99
5,10 145
5,26 104
6,4. 147
9,9.13 . . . . *48*, 78
9,49 77
9,51 77
11,34. 85
11,37-38 150
14,2.3.5.6.9.16. 74
15,5 . . . . 89, 115
16,27. 77
19,4 78
19,6 78

19,19 80
20,1 92

1 Sam

1,4 85
1,6 145
2,6 . . . . 110, 118
2,7 . . . . 110, 155
2,26 . . . . *50*, 105
3,12 100
3,20 92
5,9 140
6,12 109
8,12 101
8,16 126
14,32 135
15,3 . . . . 77, 152
15,9.14.21 135
17,44 127
17,46 128
18,13 110
18,16 110
20,2 89
22,3 74
22,15 140
22,19 . . . . 77, 152
25,16 116
25,36 140
27,9 . . . . 77, 135
27,11 77
28,20 105
29,6 109
30,2 140
30,3.6 85
30,11 116
30,12 . . . . 78, 105
30,16 78
30,19 . . . . 85, 140
30,20 135

2 Sam

1,21 103
1,23 99
2,19.21 109
3,10 92
3,25 110
5,6 128
5,8 . . . . 128, 133
5,13 85
6,19 77
10,9 133
11,11 78
12,2 135
12,3 78
12,4 135
13,22 . . . . 102, 146
14,17 102
14,19 109
15,21 118
16,2 78
16,6 109
17,11 92
17,29 146
19,6 85
19,36 102
19,38 74
21,10 128
22,8 . . . . *12*, 81
24,2 92
24,15 92

1 Kön

1,5 145
1,9 135
1,19 152
1,25 . . . . 78, 152
3,7 109
3,9 102
4,20 78
5,5 92
5,10 161
5,13 . . . . 83, 145
7,9 85
8,5 135
8,23 . . . . 20, 153
8,29 116
8,39 56
8,46 144
8,59 105
9,19.22 145
10,26 145
13.8.9.16.22 116
14,10 131
14,23 . . . . 88, 96
15,17 110
17,1 103
18,4.13 116
19,20 74
20,1.12 126
20,18 153
21,21 131
22,19 109
22,39 102

2 Kön

2,12 145
2,16 96
3,2. 74
3,13 74
5,7. 118
5,9. 126
5,26 . . . . 126, 135
6,14.15.17 126
6,22 . . . . 78, 101, 116
6,27 . . . . *90*
7,6. 145
7,8. 78
8,3.5 85
9,8. 131
10,2 145
13,14. 145
14,14. 97
14,26. 131
16,4 96
17,10. . . . . 88, 96
17,17. 85
18,24. 145
18,32. 91
19,15. . . . . 20, 153
19,18. 130
19,27. . . . . 109, 111, 140
19,29. . . . . 98, 123
19,30. . . . . 124, 156
22,2 109
23,2 . . . . 112, 140
23,5 155
23,10. 85
25,26. 140

Jes

1,2. . . . . 16f., 22, 153
1,17.23 . . . . *60*, 111
2,6. 139
2,7. 113
2,9.11 74
2,12 . . . . *125*
2,14 95
2,20 113
5,13 . . . . 88, 111f., 146
5,24 . . . . 124, 156
6,10 76
7,11 151
7,25 152
8,4. 74
8,21 120
8,21-22. 121
9,11 . . . . *139*
9,13 . . . . 114, 124, 142f.
9,16 . . . . 84, 111
9,19 109
10,2b 79
10,12. 60
10,18. 109
11,3 . . . . 128, 142
11,14. 108
11,15. 108
13,10. . . . . 94, 112, 155
13,13. . . . . *12*, 153
13,17. 113
13,20. 92
14,2 126
14,11. 109
14,13. 137
14,22. . . . . 123, 124, 153
15,3 99
18,2 120
18,6 . . . . *128*, 141
18,7 120
19,15. . . . . 124, 142f.
20,2 132
20,3 132
20,4 . . . . 124, 132
21,3 154
21,5 78
21,8 105
21,15. 101
22,4 42
22,13. . . . . 78, 86
23,4 84
24,2 . . . . 125, 126, 129, 155
24,4c. . . . . *121f.*
24,7 158
24,14-15 . . . . *106f.*
24,15. 80
24,18. . . . . 122, 124
24,21. 121
24,23. 115
26,14. 147
27,3 116
27,12. 123
27,13. 82
28,7 112
28,19. 105
29,8 . . . . 78, 146
30,21. 109
30,25. 95
30,26. 115

31,7 113
32,3 . . . . 128, 142
32,6 146
32,16. 117
32,19. 109
33,13. 144
33,16. 116
34,10. . . . . 92, 116
35,5 128
35,6 133
36,9 145
36,17. . . . . *91*, 92, 115
37,16. . . . . 20, 153
37,19. 130
37,28. . . . . 109, 111, 140
37,30. . . . . 98, 123
37,31. . . . . 119, 124, 156
38,12.13 105
39,22. 113
40,4 95
40,12. . . . . 95, 119f.
41,15. 95
41,18. . . . . 75, 86, 155
41,23. 106
42,5 . . . . *19*, 153
42,15. . . . . 95, 122
43,2 119
43,5-6 118
43,6 . . . . 85, 138
43,8 128
43,17. 145
44,6 143
44,23. . . . . *31*
44,24. . . . . *19*, 153
45,6 118
45,7 76
45,8 . . . . 20, 153
45,12. . . . . 13, 20, 81
45,18. . . . . *20*, 153
46,1 99
46,6 97
48,13. . . . . 20, 81, *104*
49,10. 146
49,12. . . . . 40, 107, 137
49,13. . . . . 20, 153
49,22. 85
51,6 . . . . 20, 153
51,8 92
51,10. 34
51,12. 56
51,13,16 . . . . 20, 153
51,19. 146
52,4 121
52,12. 133
52,14. 56
54,3 109
54,10. . . . . 95, 98
55,12. 95
56,2 56
56,5 85
56,9 149
56,10. 128
57,19. 144
58,8 133
58,12. 92
59,19. 121
60,9 113
60,11. 105
60,15. 92
60,19.20 155
61,4 92
62,6 105
65,7 95
65,10. 135
65,13. . . . . 78, 146
65,17. 20
65,20. 127
66,1 20
66,16. 82
66,20. 126
66,22. 20

Jer

1,10 . . . . 125f.
2,10 77
2,20 . . . . 88, 96
2,26 . . . . 112, 120
2,27 130
3,6. 96
3,9. 74
3,24 . . . . 85, 135
4,9. 120
4,23 81
4,24 . . . . 81, 95
4,26 115
5,1. 99
5,17 . . . . 85, 135, *141f.*
5,21 . . . . 128, 142
5,28 111
6,11 . . . . 77, 98
6,13 . . . . 112, 140
6,21 74
6,22 137
6,25 149
7,6. . . . . 60, 90

7,7 . . . 127
7,20 . . . 75
7,31 . . . 85
8,1 . . . 112
8,10 . . . 122, 140
8,23 . . . 105
9,9 . . . 127
9,20 . . . 99
10,5 . . . 146
10,11 . . . 154
10,12 . . . 13, *33*, 81
11,5 . . . 100
11,22 . . . 85
12,4 . . . 83
13,13 . . . 112
13,27 . . . *88*, 96
14,12.15 . . . 101
14,16 . . . 85, 146
14,17 . . . 116
14,18 . . . 110, 122, 149
15,3 . . . 127
16,2 . . . 85
16,3 . . . 80, 85
16,4 . . . 101, 127
16,6 . . . 89
16,7 . . . 74
16,8 . . . 78
16,13 . . . 105
16,16 . . . 95
17,2 . . . 96
17,3 . . . *96f.*
17,25 . . . 120, 145
18,21 . . . 77, 85
19,7 . . . 127
19,9 . . . 85
21,6 . . . 75
21,7 . . . 91, 101
21,8 . . . 99
21,9 . . . 101
22,3 . . . 60, 90
22,15 . . . 78
23,24 . . . 20, 153
23,33-34 . . . 122
24,10 . . . 101
25,5 . . . 127
25,18 . . . 120
25,26 . . . 142
26,7.8.11.16 . . . 112
27,5 . . . 75
27,8.13 . . . 101
29,1 . . . 112
29,6 . . . 85
29,17.18 . . . 101
31,8 . . . 97, 128, 137
31,12 . . . 91, 135
31,13 . . . 84, 87
31,27 . . . 75
31,34 . . . 140
31,35 . . . 105, 155
31,37 . . . 20, 153
32,15 . . . 85
32,17 . . . 20, 153
32,19 . . . 56
32,22 . . . 100
32,24 . . . 101
32,32 . . . 112, 120
32,35 . . . 85
32,36 . . . 101
32,43 . . . 75
33,10.12 . . . 75
33,22 . . . 38, 154
33,25 . . . 20, 153
34,9 . . . 126, 127
34,10.11 . . . 126
34,16 . . . 126
34,17 . . . 101
34,20 . . . 127
35,8 . . . 85
36,21 . . . 120
36,29 . . . 75
37,4 . . . 83
38,2 . . . 101
39,8 . . . 120
40,3 . . . 77
40,7 . . . 77
41,16 . . . 77, 88
42,1 . . . 140
42,6 . . . 102
42,8 . . . 140
42,17.22 . . . 101
43,6 . . . 88
44,7 . . . 77
44,12 . . . 101, 140
44,17 . . . 120
44,18 . . . 101
44,20 . . . 88
44,21 . . . 120
44,27 . . . 101
46,11 . . . 42
48,24 . . . 144
48,46 . . . 85
49,7 . . . 161
49,11 . . . 111
49,18.33 . . . 56
49,38 . . . 110
50,3 . . . 75

50,6 95
50,16. . . . . *98*
50,37. 126
50,38. 89
50,39. 92
50,40. 56
50,41. 137
51,6 20
51,15. . . . . 13, *33*, 81
51,21. . . . . 126, 145
51,22. . . . . 77, 84, 98
51,43. 56
51,48. 153
51,62. 75

Ez

2,10 133
4,17 116
6,3. 95
6,11 101
6,13 . . . . 88, 96
7,12 . . . . 141, 151
9,6. . . . . 84, 97
9,7. 85
9,19 113
12,2 . . . . 128, 142
12,16. 101
12,18. 78
14,7 110
14,13. 75
14,16. 85
14,17. 75
14,18. 85
14,19. 75
14,20. 85
14,22. 85
16,13.17 97
16,20. 85
16,61. 89
17,12. 120
20,6.15 100
21,8 135
21,9 . . . . 122, 135
21,21. 109
22,5 142
22,7 . . . . 74, 90
22,28. 96
23,4.10 85
23,25. . . . . 85, 100
23,47. 85
24,21.25 85
25,13. 75
26,5-6 . . . . 39, 108
26,7 . . . . 126, 145
26,12. 74
28,4 97
29,5 99
29,8 75
31,6.13 128
32,4 128
32,5 96
32,6 94
32,7 . . . . 112, 155
32,12. . . . . 88, 112
32,13. 75
34,6 95
34,21. 101
35,8 . . . . 88, 95
36,4.6 95
36,11. 75
38,6 . . . . 137f.
38,13. 113
38,15. . . . . 137f.
38,20. . . . . 39, 91, 99, 128
39,2 138
39,3 150
39,17. . . . . 78, 87, 138
39,18. . . . . 78, 87
39,19. 78
39,20. 126
43,25. 86
44,5 . . . . 128, 142
44,25. . . . . 74, 77, 88

Hos

1,7. 101
2,7. 116
2,10 . . . . 91, 113
2,11 91
2,20 99
2,24 91
3,4. 120
4,3. 99
4,5. 105
4,9. 129
4,13 95
5,6. 135
7,1. . . . . *83*
7,14 91
8,4. 113
8,10 120
9,2. . . . . *90f.*
9,3. 121

10,8 95
10,12. 98
10,13. 101
11,5.11 121
12,2 . . . . 82, *143f.*
12,4 . . . . *84*
13,10. 120

Joel

1,10 . . . . 91, 149, 158
1,13 158
1,18 87
1,19 117
2,2. . . . . 92, 127
2,3. 133
2,10 . . . . 11, 81, 155
2,16 98
2,19 91
2,20 140
3,1. . . . . 85, 97
3,2. 126
3,3. . . . . 20, 153
3,4. 155
4,3. 106
4,5. 113
4,8. 85
4,15 155
4,16 153
4,18 . . . . *95*, 101, 130
4,20 92

Am

2,9. . . . . 134, 156
3,15b 155
3,15-16. . . . . *102*
5,8. . . . . 87, 90
5,16 144
6,11 90
7,4. . . . . 122, 157
7,17 . . . . 82, 85
8,11 . . . . 116, 146
8,13 89
8,14 92
9,2. . . . . *26*
9,2-3. 151
9,3. 115
9,6. . . . . 20, 153
9,13 . . . . 95, *101*

Jon

1,9. 107
2,1. 105
3,5. 89
3,7. . . . . 75, 86
3,8. 75
4,2. 41

Mich

1,4. 96
4,5. 127
4,7. 133
5,6. . . . . 56, 103
6,1. . . . . 36, 95
6,2. . . . . 22, 94
6,7. . . . . *18*
7,12 107

Nah

1,5. 95
2,10 113
3,15 82

Hab

2,19 . . . . 87, 130
3,3. . . . . 20, 153
3,11 . . . . 100, 155
3,17 135

Zef

1,3. . . . . *37*, 75, 91, 127
1,12 106
1,18 113

Hag

1,6. 78
1,10 . . . . *32*, 153
1,11 . . . . 75, 81, 91, 158
2,6. . . . . 107, 153
2,8. 113
2,21 153
2,22 126

Sach

2,8. 75
4,3. 109
4,8. 141

5,4. 130
7,6. 78
7,10 . . . . 60, 79
7,14 126
8,4. 97
8,5. 106
8,7. 118
8,10 109
8,12 81
9,3. 113
9,10 107
9,13 84
9,17 91
12,1 153
12,6 109
13,3 74
13,9 113
14,4 40
14,8 140
14,14. 97

Mal

1,11 118
3,3. 97
3,5. . . . . 60, 79
3,19 . . . . 124, 156

Ps

1,2. 105
1,6. . . . . *4*
4,7. 91
8,2. . . . . *13*
8,4. 110
8,5. 56
8,8. . . . . 36, 135
8,8-9a *66*
8,9. . . . . 37, 138, 154
9,6. 127
10,6 92
10,16. 127
11,5 135
19,3 105
21,5 127
21,9 104
22,3 105
22,17. 104
22,30. 93
26,10. 104
27,10. 74
31,12. . . . . 127, 138f.
32,4 105
33,6-8 . . . . *34*
33,11. 92
34,16. 128
36,6-7 . . . . *30*
36,7 . . . . *66*, 75, 97
36,7-9 . . . . *47*
36,8 78
38,14. 102
41,14. 127
42,9 105
45,7 127
45,9 102
45,13. 42
45,18. . . . . 92, 127
46,3 . . . . *30*, 94
48,3 138
48,13. 12
48,15. 127
49,3 . . . . *56*, 75, 133
49,12. 92
50,1 118
50,3 133
50,4 . . . . *16*, 20, 153
50,11. 127
50,13. 87
51,8 92
52,10. 127
55,11. 105
55,18. 132
57,6.12 . . . . *18*, 153
61,7 92
62,10. . . . . *56*, 75
63,7 . . . . 110, 116
65,3 47
65,6a-9 . . . . *43*
65,9 87
66,12. 82
66,19. 43
68,6 . . . . *60*, 111, 141
68,6-7 . . . . *58*, 111
68,7 . . . . 64, 105
68,9 . . . . *11*, 81
68,14. 114
68,33. . . . . *51*, 120
69,35. . . . . *37*, 153
72,3 95
72,5 . . . . 92 155
72,6 90
72,8 107
73,9 . . . . *14f.*, 23, 153
73,25. 153
74,11. 104
74,15. . . . . 75, 86, 136

74,16. . . . . 94, 105, *116*
74,17. 141
75,7 117
75,8 155
76,7 145
77,9 92
77,19. . . . . *32*, 90
78,26. 41
78,63a-64a *82*, 84, 87
79,13. 92
80,6 78
80,12. 107
80,14. . . . . *38*, 109
80,18. 56
82,3-4 . . . . *61*
82,6-7 . . . . *55*
82,7 76
85,6 92
85,12. . . . . *12*, 30, 81
88,2 105
88,11. 147
89,2.5 92
89,12. . . . . 20, 153
89,12-13 . . . . *44f.*
89,13. 137
89,14. 104
89,26. 107
89,37-38 155
89,42. . . . . 127, 138
90,1 92
90,2 127
90,3 56
91,1 111
91,6 . . . . *80*
91,7 . . . . *135*
92,3 87
93,3 119
94,6 . . . . *61*, 79
95,4-5 . . . . *31*
95,5 . . . . 38, 107
96,11. 153
96,11-12 . . . . *37*, 39
96,12. 149
97,1 . . . . 38, 81
97,3 133
97,9 . . . . *50f.*, 81
98,7-8 . . . . *37*, 108
98,8 122
100,5. 92
102,8-9. . . . . *155f.*
102,13.25 92
102,26 . . . . *12*, 81
103,11 30
103,17 127
104,5. 127
104,14 66
104,19 110
104,25 140
105,14 . . . . *55f.*, 76
106,9. 34
106,31 92
106,37 85
106,48 127
107,3b 40, 107, 118, 137
107,5. 146
107,8.15.21 . . . . *50*, 105
107,26 . . . . *31*, 154
107,31 . . . . *50*, 105
107,33 . . . . 86, *123*
107,35 . . . . 75, 86
108,6. . . . . *18*, 153
109,9. . . . . 61, 85
113,2. 133
113,3. 118
113,4. 89
113,6. . . . . 20, 153
115,13 140
115,15 . . . . 19, 153
115,18 133
117,1. 89
118,5. 144
118,8-9. . . . . *54*, 76
119,44 127
119,55 . . . . *116*
119,90 92
121,2. . . . . 19, 153
121,6. . . . . 105, 155
121,8. 133
123,2. 126
124,8. . . . . 19, 153
125,2. 133
128,3. 82
131,3. 133
133,2a.3a 25
135,6. . . . . 34, 153
135,8. . . . . *66*, 75
135,13 92
136,5-6. . . . . *19*, 153
136,8-9. . . . . 105, 155
137,8. 42
138,7. 104
139,2. 111
139,3. 80
139,5. 77
139,8. 154

139,9. . . . . *26*, 40, 152
139,10 104
144,12 85
144,12-14a 68
144,13-14. 135
145,1.2 127
145,4.13 92
145,21 127
146,3. . . . . *54*, 122
146,6. . . . . *37*, 153
146,9. . . . . *61*, 111
146,10 92
148,3. 155
148,8. 82
148,9. . . . . 36, 95, *131*
148,10 . . . . 99, 146
148,12 . . . . 84, 98
148,13 . . . . *15*, 81

Ijob

1,4. 78
1,13.18 . . . . 78, 85
3,3. 105
3,19 140
5,5. 146
5,10 . . . . 36, 78, 81
5,11-12.15-16 161
5,18 111
5,23 74
9,22 158
10,15. 147
11,8 154
11,9 81
12,7 . . . . 83, 134
12,7-8 37
12,8 . . . . 81, 134
12,15. . . . . 75, 86, 131, 134
12,16. . . . . 134, *151f.*
12,18. . . . . *134f.*
12,22. . . . . 90, 134
12,23. . . . . 134, 148, 152
13,1 . . . . 128, 142
15,27. 133
16,21. 56
18,16. . . . . 124, 156
18,17. . . . . 36, 81
18,19. . . . . 123, 124
18,20. 77
20,27. . . . . 22, 153
22,7 . . . . 119, 129
22,9 79
22,9-10. . . . . *64*
23,8 139
23,9 . . . . 139, 151
25,6 56
29,8 124
29,11. . . . . 76, 154
29,15. 128
29,19. . . . . 125, 156
31,16-17 92
31,26. . . . . *94*
33,20. 115
35,8 56
35,11. . . . . 81, 83
38,16. 31
38,19. 76
38,28. 119
38,33. . . . . 20, 153
39,18. 126
40,20. . . . . *83f.*
41,10. 94
42,11. 77
42,13. 85

Spr

1,8. 74
1,20 99
2,18 147
3,3-4. . . . . *49*
3,4b 78
3,10 . . . . 69, *147f.*, 148
3,14 113
3,16 109
3,17 . . . . *4*
3,19 . . . . 13, 81
3,19-20. . . . . *35*
3,20 157
4,27 109
6,20 74
6,22 . . . . 93, 153
7,12 99
8,4. 56
8,10 113
8,19 101
8,25 95
8,24-29. . . . . *34f.*
8,26 81
8,27 154
8,29 107
15,3 146
16,16. 101
17,3 113
18,21. 118

19,26. 74
20,12. . . . . 76, 154
20,20. 74
22,1 113
22,2 133
23,7 78
23,10. 60
23,22. 74
23,25. 74
25,3 . . . . *31*, 153
25,21. . . . . 78, 116, 146
27,24. 92
28,24. 74
30,11.17 74

Rut

2,21 74
2,20 99
3,7. 78
3,10 92

Hld

2,6. 150
2,8. 95
3,2. 152
4,6. 95
4,11 100
4,16 . . . . *138*
6,10 115
7,5. 102
8,3. 150

Koh

1,4. 92
1,5. 98
1,6. 92
1,8. . . . . 128, 142
2,7. . . . . 86, 126
2,8. 113
3,11 143
3,17 135
3,19 75
5,11 121
5,17 78
7,15 . . . . *135f.*
8,16 105
9,1. 76
9,2. . . . . 102, 135
9,6. 76
11,3b-c. . . . . *92f.*

12,2 110
12,14. 102

Klgl

1,18 87
1,20 99
2,9. 120
2,18 105
2,20 112
2,21 . . . . 87, 124
3,38 146
3,63 111
4,21 42
5,14 97
5,19 92

Est

1,5.20 89
1,21 120
2,7. 74
3,13 124
4,11 77
4,16 . . . . 78, 116
7,4. 126
9,20 142
9,28 92

Dan

2,21 127
2,38 . . . . 80, 99
3,33 92
4,9. 99
4,31 92
5,2.4 97
5,19 . . . . 140, 144
6,8.13 . . . . *49*
6,28 154
8,4. . . . . 40, 108
9,7. 142
9,9.13 78
11,29. 143
11,38. 97
11,40. 145
11,43. 97
12,3 127
12,7 109

Esr

2,65 126

5,11 154
10,1 77
10,6 . . . . 78, 116

Neh

1,6. 105
4,3. 105
4,8. 85
5,2.5 85
5,11 91
7,67 126
8,2.3 77
8,12 78
8,18 143
9,5. 127
9,6. . . . . 20, 153
9,32 . . . . 112, 120
9,34 120
10,37. 86
10,40. 91
13,2 116
13,5.12 91

1 Chr

9,24 . . . . 118, 138
9,33 105
11,2 110
12,2 109
12,41. 86
14,3 85
16,3 77
16,21. . . . . *55f.*
16,31. 153
16,31-33a *37*
16,32. . . . . 39, 108
16,36. 127
18,6 145
21,2 82
24,6 120
26,13. 140
29,10. 127
29,11. . . . . 20, 153
29,22. 78

2 Chr

1,10 110
1,14 145
2,11 153
6,14 . . . . 20, 153
6,20 105
6,30 56
6,36 144
8,6.9 145
9,29 143
11,9 83
12,15. 143
13,14. 133
15,5 110
15,13. . . . . 77, 140
16,1 110
16,8 145
16,11. 143
18,2 135
18,18. 109
18,30. 140
19,10. 133
20,9 101
20,34. 143
23,7 83
23,8 83
24,3 85
25,8 128
25,26. 143
26,22. 143
28,4 96
28,8 85
28,10. 126
28,21. 120
28,26. 143
29,9 85
30,5 82
30,6.12 120
31,5 91
31,6 86
31,15. 89
31,18. 85
32,11. 146
32,28. 91
32,29. 135
34,2 109
34,30. 89
35,27. 143
36,17. 84
36,18. . . . . 89, 120

Sir

1,1-3. 119
3,6. 74
3,8. 117
3,16 74
4,9. 111
5,6. 145

5,13 112
5,15 121
7,4. 78
7,11 144
7,33 99
10,7 . . . . *50*, 74
10,22. 90
11,14. . . . . 99, 103, 145
14,18. 87
15,3 78
15,16. 82
15,17. 99
16,5 . . . . 128, 142
16,11. 145
16,18. . . . . 154, 157
35,14. 111
37,18. . . . . 99, 102, 103
38,27. 116
39,20. . . . . 127, 140
39,26. 100
39,29. 82
40,1 110
40,3 . . . . *113*
40,4 137
40,11. 81
40,15. . . . . *124f.*
41,3 143
41,17. 74
41,18. 74
42,19. 100
42,21. 109
43,25. 99
44,14.16 92
44,21. 107
45,1 . . . . *49*, 78
46,8 100
47,18. 97
47,22. . . . . 123, 124
49,7 125
51,28. . . . . *113*

Lk

18,2.4 . . . . 50, 52

Apg

24,15-16 50
24,16. 52

Phil

2,10 33

b. Ugaritische Texte

1 : 2.5 70
3 : 14 70
5 : 6.16 70
9 : 2 70
49 II : 16. 137
49 II : 16-17 . . . . *36*
49 II : 31-33 100
49 II : 31-35 39
49 III : 6-7.12-13 . . . . *25*, 95, 101, 154
49 V : 10-19 . . . . *39*
49 V : 13-14 100
49 V : 18-19 149
51 I : 26-27.27-28 114
51 II : 27-28 114
51 III : 7. 92
51 V : 77-78.93-95.100-101 . . 114, 137
51 V : 80.94-95 114
51 VI : 34-35.37-38 114
51 VI : 40-43 . . . . *67*
51 VI : 40f. 36
51 VI : 40-41 79
51 VII : 34 . . . . 41, 139
51 VII : 43 . . . . 53, 120
51 VII : 49-53 . . . . *28f.*, 47f.
51 VII : 51-52 79
51 VIII : 8-12. 30
52 : 30 . . . . *34*
52 : 52.53 41
52 : 61-63. . . . . *13*, 23
52 : 62-63. . . . . 37, 67, 132
52 : 64-65. 82
52 : 66 74
52 : 68 149
52 : 66-69. 149
62 : 44-48. . . . . **146f.**
67 I : 6-8. 30
67 II : 2-3 38
67 II : 2-6 . . . . **14**, 23
67 VI : 26-27 137
68 : 10 92
75 I : 7-8. 41
76 II : 6-7 104
121 I : 1-2 147
122 : 3-4.11.12. 147
123 : 5-6.10-11.19-20 147
124 : 12 79
124 : 12-14 67
125 : 34-35 150
126 III : 2 . . . . 16, 81
127 : 10-22 115

127 : 33-34.45-47 . . . . . . *60*, 79
127 : 32-36 63
127 : 44-52 . . . . *63*
127 : 48-50 133
127 : 49-50 111
171 : 1-2 67
607 : 1 . . . . *29*, 154
609 : 5 . . . . *16*, 81
612 : 8 114
1001 rev : 3. 131
1003 : 5-7. . . . . *38*
1080 : 2.8.13-14.17 . . . . . *67*
1 Aqht : 23-25 . . . . *59f.*, 79
1 Aqht : 40-41 . . . . *132*
1 Aqht : 41 119
1 Aqht : 44-45 . . . . *25*, 103
1 Aqht : 154.162.168 92
1 Aqht : 205 . . . . 39, 149
2 Aqht V : 7-8 . . . . *59f.*
2 Aqht V : 8 79
2 Aqht VI : 17-18 114
Krt : 96-102. . . . . 64f., *105f.*
Krt : 104-105 149
Krt : 126 114
Krt : 184-190 . . . . *64f.*, *105f.*
Krt : 193 149
Krt : 205-206 114
Krt : 238 114
Krt : 250-251 114
Krt : 269-270 114
ʿnt II : 7-8 . . . . *40*, 108
ʿnt II : 9-10. . . . . *157*
ʿnz II : 19-20 74
ʿnt II : 38-41 . . . . 23, *24*
ʿnt II : 39-40 103
ʿnt II : 40-41 103
ʿnt II : 42-43 . . . . 39, 149
ʿnt III : 19-20. 131
ʿnt III : 19-25. . . . . . . *27f.*
ʿnt IV : 58-59 . . . . 74, 131
ʿnt IV : 58-62 . . . . *27f.*
ʿnt IV : 87 . . . . 103, 154
ʿnt IV : 86-88 23
ʿnt IV : 87-88 103
ʿnt IV : 89 39
ʿnt pl. IX : II : 13-15 . . . *27f.*
RŠ 17.338 . . . . *22*
RŠ 17.353 . . . . *22*

c. KAI-Texte

10,10. 79
10,10-11 . . . . *53*, 130
13,4-5 113
13,7-8 100
13,8 147
14,4.6-7 . . . . *53f.*, 120
14,8 . . . . *147*
14,8-9 100
14,10.11 . . . . *53f.*, 120
14,11-12 . . . . 119, 124, *156*
14,20.22 . . . . *53f.*, 120
24,8 129
24,10. 74
24,10-12 . . . . *70f.*
24,11. 147
24,12. . . . . *113*
26 A I 3. 74
26 A I 4-5 . . . . *42*, 121
26 A I 18-19 . . . . *42*
26 A II 2-3 . . . . *42*, 121
26 A III 2 70
26 A III 7-9. . . . . *68*, 91, 147
26 A III 8-9. 79
26 A III 12-13. 120
26 A III 12-14. . . . . . . *54*
26 A III 18 154
26 A III 19-IV 1 . . . . . *54*, 120
26 A IV 3. 155
26 B 25-26 154
26 C III 13-14. 120
26 C IV 6. 70
26 C IV 7-9 . . . . *68*, 91, 147
26 C IV 8-9 79
26 C IV 13-14 54
26 C V 7 155
27,13. . . . . *21*, 154
30,4 . . . . *52*, 86
48,4 . . . . 52, 79
65,2 76
81,5 76
181,15 41
181,16 . . . . *89*, 90
189,3. 109
189,5. 40
191 B 1 113
195,9-10 103
214,9. 78
214,17.21 78
215,9. 78
215,11 113
215,13-14. 42
202 B 25-26 . . . . 21, 79
215,13 117
215,23 . . . . *53*, 49, 78
216,11-12. 113

216,18-19. . . . . 102, 157
222 A 6 129
222 A 10. 144
222 A 11. 154
222 A 11-12 136
222 A 12. 105
222 A 26. 81
228 A 20. 78
228 A 20-22 . . . . 49, *53*
266,2. . . . . *21*
279,6. 80

d. EA-Texte

151,70 40
169,7-9. 26
238,31-33. 26
264,15-19. . . . . *26*
266,9-15 26
282,14 40
288,5-7. . . . . *40*
288,6. 40
292,8-12 26
296,11-16. 26

21. — N. J. Tromp, Primitive Conceptions of Death and the Nether World in the Old Testament. 1969. xxiv-241 p.

22. — A. C. M. Blommerde, Northwest Semitic Grammar and Job. 1969. xxviii-151 p.

23. — W. A. van der Weiden, Le livre des Proverbes. Notes philologiques. 1970. 178 p.

24. — E. M. Meyers, Jewish Ossuaries: Reburial and Rebirth. Secondary Burials in Their Ancient Near Eastern Setting. 1971 xii-119 p.

25. — L. Sabottka, Zephanja. Versuch einer Neuübersetzung mit philologischem Kommentar. 1972. xix-177 p.

26. — K. J. Cathcart, Nahum in the Light of Northwest Semitic. 1973. 171 p.

27. — W. Kuhnigk, Nordwestsemitische Studien zum Hoseabuch. 1974. xxiv-177 p.

28. — T. Penar, Northwest Semitic Philology and the Hebrew Fragments of Ben Sira. 1975, 130 p.

29. — J. A. Soggin, Old Testament and Oriental Studies. 1975, 272 p.

30. — W. H. Irwin, Isaiah 28-33: Translation with Philological Notes.

31. — L. Viganò, Nomi e titoli di YHWH alla luce del semitico del Nordovest. 1976 xix-247 p.

32. — P. R. Davies, IQM, the War Scroll from Qumran. Its Structure and History. 1977, 131 p.

33. — J. Krašovec, Der Merismus im Biblisch-Hebräischen und Nordwestsemitischen. 1977. xvi-184 p.

PONTIFICIUM INSTITUTUM BIBLICUM

Biblical Institute Press, Piazza della Pilotta 35, 00187 Roma, Italia